CHRIS VOSS & TAHL RAZ

Après une carrière de policier puis de négociateur pour le FBI dans les affaires de prises d'otage les plus délicates, **Chris Voss** se consacre à l'enseignement des techniques de négociation. Il donne des cours à la Marshall School of Business, en Californie du Sud, et à la McDonough School of Business de l'université Georgetown, à Washington. Il est le fondateur du Black Swan Group, un cabinet de consulting auprès des plus grandes compagnies américaines. Il vit à Los Angeles.

Tahl Raz est journaliste et consultant auprès de sociétés de production cinématographique.

Ensemble ils ont écrit *Ne coupez jamais la poire en deux*, publié en 2018 aux éditions Belfond.

Ne coupez jamais la poire en deux

ÉVOLUTION

Des livres pour vous faciliter la vie !

Audrey AKOUN & Isabelle PAILLEAU
Vive les zatypiques !
Aidons nos enfants surdoués, hypersensibles, dys- et autres zèbres de 3 à 20 ans à s'épanouir

Catherine ALIOTTA
Pratiquer la sophrologie au quotidien
Une source de bien-être pour tous

Idriss ABERKANE
L'Âge de la connaissance
Traité d'écologie positive

Nicole BORDELEAU
Revenir au monde

Danielle GRAF & Katja SEID
Cet enfant qui nous épuise (mais que nous aimons tant)

Nicole PRIEUR
L'Hypnose pour simplifier les relations familiales

Sevim RIEDINGER
Le Sacré et l'Enfant

Valérie ROUMANOFF
Et si on arrêtait de crier sur nos enfants ?

Julie POINTER ADAMS
Le Livre du wabi-sabi

Chris VOSS & Tahl RAZ
Ne coupez jamais la poire en deux
Un manuel redoutable pour négocier gagnant
par un négociateur du FBI

Chris Voss
avec Tahl Raz

Ne coupez jamais la poire en deux

Un manuel redoutable pour négocier gagnant par un négociateur du FBI

Traduit de l'anglais (États-Unis)
par David Rochefort

belfond

Titre original :
NEVER SPLIT THE DIFFERENCE
Negociating as if your life depended on it
publié par Harper Business, une marque de HarperCollins Publishers, New York

MIXTE
Papier issu de sources responsables
FSC® C003309

Pocket, une marque d'Univers Poche, est un éditeur qui s'engage pour la préservation de l'environnement et qui utilise du papier fabriqué à partir de bois provenant de forêts gérées de manière responsable.

ISBN : 978-2-266-29637-3
Dépôt légal : novembre 2019

À mes parents, qui m'ont donné tout leur amour
et m'ont transmis les valeurs d'effort et d'intégrité

1

Les nouvelles règles du jeu

J'étais tétanisé.

Cela faisait plus de vingt ans que je travaillais pour le FBI – dont quinze années comme négociateur lors de prises d'otages à New York, aux Philippines ou au Moyen-Orient – et j'étais au sommet de mon art. Si 10 000 agents du FBI sont constamment en activité, il n'existait qu'un seul négociateur international pour les kidnappings : c'était moi.

Pourtant, je n'avais jamais connu de prise d'otage aussi tendue, avec des enjeux aussi personnels.

« On tient votre fils, Voss. Donnez-nous un million de dollars ou il mourra. »

Marquer un temps d'arrêt. Cligner des yeux. Ramener les battements du cœur à un rythme normal.

Bien sûr, je m'étais déjà trouvé dans ce genre de situation. Souvent, même. De l'argent en échange d'une vie. Mais pas de cette façon. Pas avec mon fils dans la balance. Pas contre un million de dollars. Et pas face à des gens qui possédaient de beaux diplômes et une longue expérience dans l'art de la négociation.

Voyez-vous, mes interlocuteurs étaient professeurs de négociation à la Harvard Law School.

J'étais venu à Harvard pour suivre un cours de négociation destiné à des cadres. Je voulais voir si j'aurais quelque chose à apprendre du monde de l'entreprise. C'était censé être une expérience calme et sans histoire, un petit bonus professionnel pour un type du FBI qui cherche à élargir son horizon.

Quand Robert Mnookin, le directeur du Harvard Negotiation Research Project, apprit que j'étais sur le campus, il m'invita à prendre un café dans son bureau. « Juste pour discuter », me dit-il.

J'étais honoré. Et effrayé. Mnookin est quelqu'un d'impressionnant et je le suivais depuis des années : non seulement il est professeur de droit à Harvard, mais c'est aussi l'un des plus grands pontes dans le domaine de la résolution de conflit, et l'auteur de *Bargaining with the Devil. When to Negotiate, When to Fight*[1].

Honnêtement, ça semblait assez injuste que Mnookin ait envie de parler de négociation avec moi, un ancien agent de police de Kansas City. Mais c'est ensuite que les choses empirèrent. Dès que Mnookin et moi fûmes assis, la porte s'ouvrit et une autre professeure de Harvard entra. Il s'agissait de Gabriella Blum, une spécialiste des négociations internationales, des conflits armés et du contre-terrorisme. Pendant huit ans, elle

1. Robert Mnookin, *Bargaining with the Devil. When to Negotiate, When to Fight*, New York, Simon & Schuster, 2010.

avait été négociatrice pour le Conseil de sécurité nationale israélien et l'Armée de défense israélienne – les durs à cuire de Tsahal.

Au même moment, la secrétaire de Mnookin arriva et posa un enregistreur sur la table. Mnookin et Blum m'adressèrent un sourire.

Je m'étais fait avoir.

« On tient votre fils, Voss. Donnez-nous un million de dollars ou il mourra, lança Mnookin en souriant. Je suis le ravisseur. Que comptez-vous faire ? »

Je connus un bref moment de panique, mais c'était prévisible. Même après deux décennies passées à négocier pour sauver des vies humaines, la peur est toujours présente. Même dans des jeux de rôles.

Je me calmai. Bien sûr, moi, le simple policier de terrain, j'étais devenu cet agent du FBI qui était en train de jouer contre de vrais poids lourds. Et je n'étais pas un génie. Mais je me trouvais dans cette pièce pour une bonne raison. Au fil des ans, j'avais développé des compétences, des tactiques et une approche globale des interactions humaines qui ne m'avaient pas seulement aidé à sauver des vies, mais – comme je le constate désormais, si je regarde en arrière – avaient aussi commencé à changer ma propre vie. Ces années passées à négocier avaient eu une influence sur toute mon existence, de ma façon de traiter les chargés de clientèle à l'éducation que je donnais à mes enfants.

« Allez. Apporte-moi l'argent ou je tranche la gorge de ton fils sur-le-champ », poursuivit Mnookin, d'un ton sec.

Je lui adressai un long regard. Puis je souris.

« Comment faire ? »

Mnookin marqua une pause. Son visage affichait une expression de pitié amusée, comme un chien qui verrait le chat qu'il chasse faire demi-tour pour essayer de le poursuivre à son tour. C'était comme si nous jouions à deux jeux différents, aux règles différentes.

Mnookin se reprit et me fixa, les sourcils froncés, comme pour me rappeler que la partie continuait.

« Donc ça ne vous dérange pas que je tue votre fils, monsieur Voss ?

— Je suis désolé, Robert, mais je ne sais même pas s'il est en vie », répondis-je.

J'utilisai une formule d'excuse et son prénom, introduisant un ton chaleureux dans la conversation afin de compliquer ses manœuvres d'intimidation.

« Je suis vraiment désolé, répétai-je, mais comment pourrais-je vous apporter de l'argent, surtout un million de dollars, alors que je ne sais même pas s'il est en vie ? »

Qu'un homme aussi brillant soit ébranlé par de telles inepties, ça valait vraiment le coup d'œil. Mais, en vérité, mon discours était tout sauf idiot. J'avais recours à ce qui était devenu l'un des outils de négociation les plus puissants du FBI : la question ouverte.

Après quelques années passées à faire évoluer cette tactique pour le secteur privé dans le cadre de mon cabinet de conseil, le Black Swan Group, nous l'appelons désormais la tactique des questions calibrées : des demandes auxquelles l'autre partie peut répondre, mais qui n'ont pas de réponse déterminée. Cela vous fait gagner du temps. Cela donne à votre interlocuteur l'illusion du contrôle – après tout, c'est lui qui possède les réponses et le pouvoir –, sans qu'il soupçonne jamais les limites que lui imposent ces questions.

Comme on pouvait s'y attendre, Mnookin commença à bredouiller parce que le cadre de la conversation avait dévié : désormais, il ne s'agissait plus de savoir comment j'allais répondre à la menace sur la vie de mon fils, mais de déterminer comment le professeur pouvait gérer les problèmes logistiques impliqués par la recherche d'argent. Comment il pouvait résoudre *mes* problèmes. En réponse à chaque menace et à chaque exigence qu'il formulait, je continuais à lui demander comment j'étais censé le payer et comment je pouvais être sûr que mon fils était en vie.

Au bout de quelques minutes, Gabriella intervint.

« Ne le laisse pas jouer à ça avec toi, dit-elle à Mnookin.

— OK, alors maintenant c'est *toi* qui essaies », dit-il, jetant l'éponge.

Blum fonça. Elle avait été endurcie par ses années passées au Moyen-Orient.

Mais elle pratiquait quand même la tactique du bulldozer, et tout ce qu'elle obtint en retour, ce furent encore et toujours les mêmes questions.

Mnookin revint dans la conversation mais n'en tira rien non plus. Il rougit, la frustration se lisait sur son visage. Je devinais que l'irritation l'empêchait de penser clairement.

« OK, OK, Bob. On va s'arrêter là », lui dis-je, le tirant d'affaire.

Il acquiesça. Mon fils était sauvé.

« Bien, dit-il, je suppose que le FBI *pourrait* avoir quelque chose à nous enseigner. »

Je n'avais pas simplement tenu bon face à deux des principales figures de Harvard. J'avais affronté les meilleurs parmi les meilleurs, et j'avais gagné.

S'agissait-il d'un simple coup de chance ? Depuis plus de trois décennies, Harvard avait été l'épicentre mondial de la théorie et de la pratique de la négociation. Moi, tout ce que je savais des techniques que l'on utilisait au sein du FBI, c'était qu'elles fonctionnaient. Au cours de mes vingt années au Bureau, nous avions conçu un système qui nous avait permis de résoudre presque tous les cas de kidnapping auxquels nous l'avions appliqué. Mais nous ne disposions d'aucune grande théorie.

Nos techniques avaient été forgées par l'expérience : elles avaient été développées par des agents de terrain, négociant pendant des crises et partageant le récit de ce qui avait marché ou non. C'était un processus itératif, pas intellectuel, dans la mesure où nous affinions jour après jour les outils dont nous nous servions. Et il y avait urgence. Nos outils *devaient* fonctionner, parce que, dans le cas contraire, quelqu'un mourrait.

Pourquoi ces outils étaient-ils efficaces ? Voilà la question qui m'avait conduit dans ce bureau, à Harvard, en présence de Mnookin et de Blum. En dehors de mon petit univers, je manquais de confiance. Et surtout, j'avais besoin d'expliciter mes connaissances et d'apprendre comment les associer aux leurs – et, clairement, ils en avaient –, pour pouvoir les comprendre, les systématiser et les accroître.

Oui, nos techniques donnaient de bons résultats avec les mercenaires, les dealers de drogue, les terroristes et les meurtriers. Mais avec les gens ordinaires ?

Comme je le découvris dans les murs chargés d'histoire de Harvard, nos techniques étaient intellectuellement très sensées, et elles fonctionnaient *en toutes circonstances*.

Il s'avéra qu'avec notre approche de la négociation nous détenions les clés permettant de développer des relations humaines bénéfiques dans tous les domaines.

Ce sont ces clés que le présent ouvrage va vous livrer.

L'idiot le plus intelligent dans la pièce

Pour obtenir des réponses à ces interrogations, je réussis à intégrer un an plus tard, à l'hiver 2006, le cours de négociation de la faculté de droit de Harvard. De brillants étudiants de Harvard suivant des cursus en droit ou en business aux meilleurs étudiants d'autres universités de Boston, comme le Massachusetts Institute of Technology ou Tufts, ce sont les meilleurs, les plus doués qui s'affrontent dans l'espoir d'intégrer cette formation. Les qualifications olympiques de la négociation, en somme. Et j'étais l'unique outsider.

Le premier jour de cours, les 144 élèves s'entassèrent dans un amphithéâtre pour écouter un discours d'introduction ; puis nous fûmes séparés en quatre groupes, chacun dirigé par un instructeur en négociation. Après une discussion avec notre instructeur – la mienne s'appelait Sheila Heen, et nous sommes devenus par la suite de bons amis –, on nous regroupa par binômes pour un exercice très simple : l'un de nous voulait vendre un produit, l'autre était l'acheteur, et chacun avait des limites claires sur le prix qu'il pouvait accepter.

Mon interlocuteur était un roux léthargique qui disait s'appeler Andy (c'était un pseudonyme), un de ces types qui arborent leur supériorité intellectuelle comme ils portent leur treillis : avec une confiance décontractée. Nous avons pénétré dans une salle de classe vide qui donnait sur un parc à l'anglaise typique du campus de Harvard, et chacun a utilisé les outils dont il disposait. Andy faisait une offre et m'expliquait – d'une façon rationnellement inattaquable – pourquoi celle-ci était bonne (un piège logique inéluctable) et je répondais avec une variante du « comment faire ? ».

Nous avons répété et échangé un certain nombre de fois avant de nous mettre d'accord sur un montant final. En quittant la pièce, j'étais content. Je trouvais que je m'en étais plutôt bien sorti pour un imbécile.

Après que l'on se fut tous retrouvés dans la salle de classe, Sheila passa parmi les étudiants : elle demandait sur quel prix chaque groupe s'était mis d'accord, puis recopiait les résultats sur le tableau.

Enfin, mon tour arriva.

« Chris, comment ça s'est passé avec Andy ? me demanda-t-elle. Quel prix as-tu obtenu ? »

Je n'oublierai jamais l'expression de Sheila quand je lui ai révélé ce qu'Andy avait accepté de payer. Elle devint toute rouge, comme si elle manquait d'air, puis elle lâcha un petit cri étranglé avant d'éclater de rire.

Andy, lui, se tortillait sur son siège.

« Mais tu lui as littéralement extorqué chaque centime, me dit-elle, alors qu'il était censé en conserver un quart, en réserve, pour les prochains exercices. »

Andy s'enfonça dans sa chaise.

Le lendemain, la même scène se produisit à nouveau, avec un autre partenaire. J'avais complètement englouti le budget du type. C'était insensé. Avoir un coup de chance une fois, ça pouvait arriver, mais là, ça se répétait. Avec mes bonnes vieilles connaissances de terrain, je ratatinais des gens qui maîtrisaient l'ensemble des techniques les plus avancées, celles que l'on apprenait dans les livres.

En fait, c'étaient leurs techniques avancées qui paraissaient vieilles, datées. J'avais l'impression d'être une sorte de Roger Federer qui serait revenu dans les années 1920 pour participer à un tournoi de tennis avec des gentlemen distingués portant des costumes blancs et des raquettes en bois, s'entraînant à temps partiel. De mon côté, j'avais une raquette en alliage de titane, un entraîneur personnel et des exercices de service-volée gérés par ordinateur. Ceux contre qui je jouais étaient aussi intelligents que moi – et même davantage – et on jouait au même jeu, selon les mêmes règles. Mais je possédais des compétences qu'ils n'avaient pas.

« Tu es en train de devenir célèbre avec ton style si particulier, Chris », me dit Sheila après que je lui eus annoncé mes résultats du deuxième jour.

Je souriais comme le chat du Cheshire. C'était grisant de vaincre.

« Chris, pourquoi ne nous expliquerais-tu pas ton approche ? proposa Sheila. On dirait qu'il te suffit de dire "non" à ces étudiants de la Harvard Law School en les fixant pour qu'ils perdent leurs moyens. Est-ce vraiment aussi simple que ça ? »

Je voyais ce qu'elle voulait dire. Je ne disais pas « non », mais les questions que je posais sans relâche donnaient cette impression. Elles semblaient insinuer que la partie adverse se comportait de manière malhonnête et injuste. Et cela suffisait pour que mes interlocuteurs faiblissent et commencent à négocier avec eux-mêmes. Pour répondre à mes questions calibrées, il fallait une grande force émotionnelle et une perspicacité psychologique tactique que ne contenait pas la boîte à outils qu'on leur avait donnée.

Je haussai les épaules.

« Je pose juste des questions. C'est une approche passive-agressive. Je pose les mêmes trois ou quatre questions ouvertes, encore et encore, inlassablement. Ils s'épuisent à répondre et me donnent tout ce que je veux. »

Andy sauta sur sa chaise comme si une abeille l'avait piqué.

« Mais oui ! dit-il. C'est *ça* qui s'est passé. Et je ne m'en suis pas rendu compte. »

À la fin de ce cours qui s'était tenu pendant la session d'hiver à Harvard, j'avais sympathisé avec certains des étudiants. Même avec Andy.

Si j'ai tiré un enseignement de Harvard, c'est que le FBI avait beaucoup de choses à transmettre au sujet de la négociation.

J'ai découvert que si l'on ne comprenait pas profondément la psychologie humaine, si l'on n'acceptait pas le fait que nous sommes tous des animaux fous, irrationnels, impulsifs, mus par nos émotions, alors toute l'intelligence et toute la logique mathématique du monde ne seraient pour ainsi dire d'aucune utilité dans l'interaction – tendue et en constante évolution – entre deux personnes qui négocient.

Oui, nous sommes peut-être le seul animal qui marchande (un singe n'échange pas un peu de sa banane contre la noix d'un autre), mais on peut enrober les négociations d'autant de théories mathématiques que l'on veut, nous n'en restons pas moins un animal, agissant et réagissant toujours d'abord et avant tout à partir de ses peurs, besoins, perceptions et désirs mal définis, profondément enfouis, presque impossibles à percevoir.

Mais ce n'était pas ce que l'on enseignait aux élèves de Harvard. Leurs théories et leurs techniques n'étaient qu'intellect, pure logique, acronymes experts comme Batna[1] et Zopa[2], notions rationnelles de valeur, et conception morale de ce qui est juste et ce qui ne l'est pas.

Au sommet de cet édifice faussement rationnel, il y avait bien sûr la procédure à suivre. Il y avait un scénario, une séquence d'action prédéterminée, des offres et des contre-offres pensées selon un certain ordre pour parvenir à un certain résultat. C'était comme s'ils traitaient avec un robot, comme si en enchaînant *a*, *b*, *c* et *d* dans un ordre fixé, on obtenait *x*. Mais, dans le

---

1. *Best Alternative to a Negotiated Agreement*. En français, on traduit l'expression par « meilleure solution de rechange », Mesore. *(N.d.T.)*

2. *Zone of Possible Agreement*. En français, « zone d'accord possible ». *(N.d.T.)*

monde réel, la négociation est bien trop imprévisible et complexe. On aura peut-être besoin de commencer par *a*, puis de poursuivre par *d*, et peut-être ensuite *q*.

Si j'arrivais à surclasser les étudiants les plus brillants du pays simplement en employant l'une des nombreuses techniques de négociation émotionnellement adaptée que j'avais développées et utilisées contre des terroristes et des ravisseurs, qu'est-ce qui m'empêchait de les appliquer au monde des affaires ? Quelle différence y a-t-il entre quelqu'un qui cambriole une banque et prend des otages et un P-DG qui a recours à une tactique agressive pour faire baisser le prix d'une acquisition à un milliard de dollars ?

Après tout, un kidnappeur n'est-il pas un homme d'affaires qui cherche à obtenir le meilleur prix ?

La négociation à l'ancienne

Les prises d'otages – et donc les négociations pour faire libérer les otages – existent depuis la nuit des temps. L'Ancien Testament regorge de récits où des Israélites prennent leurs ennemis en otages, comme butin de guerre, et réciproquement. De leur côté, les Romains forçaient les princes des États inféodés à envoyer leurs fils à Rome pour leur éducation, afin de s'assurer de leur loyauté.

Jusqu'à la présidence de Richard Nixon, la procédure de négociation pour relâcher des otages se limitait à faire intervenir des soldats et à tenter de les libérer par les armes. Dans la police, notre approche consistait pour l'essentiel à parler jusqu'à ce que l'on trouve un moyen de les exfiltrer. La force brute.

Une série d'expériences désastreuses nous obligea à évoluer.

En 1971, 39 otages furent tués quand la police essaya de mettre fin par la force aux émeutes de la prison d'Attica, dans le nord de New York. Puis, aux Jeux olympiques de Munich en 1972, 11 athlètes et entraîneurs israéliens furent tués par leurs ravisseurs palestiniens après l'échec d'une tentative de sauvetage menée par la police allemande.

Mais le déclic qui poussa la police américaine à un changement institutionnel se produisit sur le tarmac de l'aéroport de Jacksonville, en Floride, le 4 octobre 1971.

Les États-Unis connaissaient à l'époque une série de détournements d'avion : en 1970, il y en eut cinq en trois jours. C'est dans cette atmosphère pesante qu'un déséquilibré nommé George Giffe Jr détourna un charter qui quittait Nashville, Tennessee, à destination des Bahamas.

À la fin de cet épisode, Giffe avait abattu deux otages – son ex-femme et le pilote – et s'était suicidé.

Cette fois, personne n'accusa le preneur d'otages ; le FBI fut directement mis en cause. En effet, deux otages avaient réussi à convaincre Giffe de les libérer sur le tarmac de Jacksonville, où ils s'arrêteraient pour se ravitailler. Mais les agents perdirent leur calme et tirèrent sur l'appareil, ce qui poussa Giffe à choisir l'option la plus radicale.

En réalité, les accusations portées contre le FBI étaient si bien étayées que, quand Mme Downs, la veuve du pilote, et la fille de Giffe portèrent plainte pour homicide délictuel en plaidant la négligence du FBI, le tribunal jugea la plainte recevable.

Dans la décision Downs *vs* United States de 1975, qui marque un véritable tournant, la Cour d'appel des États-Unis écrit qu'« il existait une solution plus adaptée pour protéger le bien-être des otages » et affirme que le FBI avait transformé « ce qui avait été un "jeu d'attente" efficace, dans lequel deux personnes quittaient l'avion en sécurité, en "compétition de tir", où trois personnes trouvèrent la mort ». La cour conclut qu'« il est nécessaire de procéder à une tentative raisonnable de négociations avant toute intervention tactique ».

Ce détournement en vint à incarner parfaitement tout ce qu'il ne fallait *pas* faire dans une situation de crise et inspira le développement des théories, entraînements et techniques actuels pour les négociations avec des preneurs d'otages.

Peu de temps après cette tragique affaire, le New York City Police Department (NYPD) devint la première force de police du pays à mettre en place une équipe de spécialistes chargée de deux missions : concevoir une procédure spécifique et prendre en charge les négociations de crise. Le FBI et les autres suivirent.

Pour la négociation, une nouvelle ère s'ouvrait.

Le cœur contre l'esprit

Au début des années 1980, Cambridge, dans le Massachusetts, était *le* lieu important dans le monde de la négociation : des chercheurs venus de différentes disciplines se mirent à échanger et à explorer de nouveaux concepts enthousiasmants. Le grand changement s'était produit en 1979, quand le Harvard Negotiation Project fut créé, avec pour mission d'améliorer la théorie, l'enseignement et la pratique de la négociation afin que les gens puissent gérer de façon plus efficace toutes les situations, des traités de paix aux fusions d'entreprises.

Deux ans plus tard, Roger Fisher et William Ury – les cofondateurs du projet – publièrent *Getting to Yes*[1], un manuel de négociation révolutionnaire qui bouleversa la manière dont les professionnels abordaient ce domaine.

L'approche de Fisher et Ury consistait à systématiser la résolution de problème afin que les deux parties parviennent à un accord mutuellement bénéfique – atteindre ce « oui » dont parle le titre. Leur supposition fondamentale était que le cerveau émotionnel – cette bête primitive, peu fiable et irrationnelle – pouvait être surmonté grâce à un état d'esprit plus rationnel, cherchant à résoudre les problèmes collectivement.

Leur système était simple à suivre et séduisant, avec ses quatre principes de base. Premièrement, séparer la personne – l'émotion – du problème ; deuxièmement, ne

1. Roger Fisher et William Ury, *Getting to Yes. Negotiating Agreement without Giving In*, Boston, Houghton Mifflin, 1981.

pas se laisser absorber par la position de l'interlocuteur (*ce* qu'il demande), mais se concentrer plutôt sur ses intérêts (*pourquoi* il le demande), afin de comprendre ce qu'il désire réellement ; troisièmement, travailler de façon coopérative pour générer des options gagnant-gagnant ; quatrièmement, établir des standards acceptés des deux côtés pour évaluer ces solutions possibles.

Il s'agissait d'une synthèse brillante, rationnelle et profonde de la théorie des jeux et de la pensée juridique la plus avancée de l'époque. Pendant des années, tout le monde – y compris au FBI et au NYPD – se concentra sur cette approche des négociations par la résolution de problème. Cela semblait tellement moderne et tellement intelligent.

Pourtant, au centre des États-Unis, deux professeurs de l'université de Chicago observaient le monde – de l'économie à la négociation – d'un point de vue très différent.

Il s'agissait d'Amos Tversky et de Daniel Kahneman, tous deux psychologues et économistes. Ensemble, ils créèrent le champ de l'économie comportementale – Kahneman obtint pour cela un prix Nobel – et démontrèrent que l'homme était un animal très irrationnel.

Ils découvrirent que l'émotion est une forme de pensée.

Quand des écoles de commerce comme celle de Harvard se mirent à enseigner la négociation dans les années 1980, la procédure était présentée comme une pure analyse économique. À cette époque, les économistes les plus réputés du monde affirmaient que nous étions tous des « acteurs rationnels ». Il en allait donc ainsi dans les cours de négociation : on supposait que la partie adverse agissait de façon rationnelle et égoïste en essayant de s'assurer le meilleur résultat possible – et le but consistait à trouver la meilleure solution, dans différents scénarios, pour tenter d'imposer ses propres vues.

Cette conception laissait Kahneman perplexe. Ayant étudié la psychologie depuis des années, il savait qu'« il va de soi que les gens ne sont ni totalement rationnels ni complètement égoïstes, et que leurs goûts sont tout sauf stables ».

Au cours de décennies de recherche avec Tversky, Kahneman démontra que tous les humains souffrent de *biais cognitifs*, c'est-à-dire de processus cérébraux inconscients – et irrationnels – qui déforment littéralement la façon dont nous percevons le monde. Kahneman et Tversky en découvrirent plus de 150.

Il y a notamment l'*effet de cadrage*, qui montre que les gens répondent de manière différente à des propositions similaires, selon la manière dont elles sont présentées (les gens valorisent davantage le fait de passer de 90 à 100 % – d'une probabilité élevée à la certitude – que de 45 % à 55 %, même s'il s'agit chaque fois d'une augmentation de 10 %). La *théorie des perspectives* explique pourquoi nous prenons des risques injustifiés devant des pertes incertaines. Et le biais le plus célèbre est l'*aversion à la perte*, qui montre que, statistiquement, les gens préfèrent éviter une perte plutôt qu'agir pour obtenir un gain équivalent.

Quelques années plus tard, Kahneman synthétisa ses recherches dans son best-seller de 2011, *Thinking,*

Fast and Slow[1]. L'homme, écrit-il, a deux systèmes de pensée : le système 1, notre esprit animal, est rapide, instinctif et émotionnel ; le système 2 est lent, réfléchi et logique. Et c'est le système 1 qui a le plus d'influence. En réalité, il guide et conduit nos pensées rationnelles.

Les croyances, les sensations et les impressions mal définies du système 1 sont les principales sources des convictions explicites et des choix délibérés du système 2. Ils sont le courant qui alimente la rivière. Nous réagissons émotionnellement (système 1) à une suggestion ou une question. C'est cette réaction du système 1 qui informe et provoque la réponse du système 2.

À présent, réfléchissez à ceci : selon ce modèle, si vous savez comment atteindre le système 1 de votre interlocuteur, ses sentiments non exprimés, grâce à votre façon de cadrer et de formuler vos questions et affirmations, alors vous êtes en mesure de piloter sa rationalité (système 2) et donc de modifier ses réponses. C'est ce qui est arrivé à Andy, à Harvard. En lui demandant « Comment faire ? » j'ai influencé son esprit émotionnel (système 1) afin qu'il accepte l'idée que son offre n'était pas suffisamment bonne ; ensuite, son système 2 a rationalisé la situation pour qu'il lui paraisse sensé de me faire une meilleure offre.

Si vous suivez Kahneman, conduire une négociation fondée sur des concepts du système 2 sans posséder les outils pour lire, comprendre et manipuler les fondements émotionnels du système 1 revient à faire une omelette sans savoir comment casser un œuf.

---

1. Daniel Kahneman, *Thinking, Fast and Slow*, New York, Farrar, Straus & Giroux, 2011.

Le FBI découvre les émotions

Au cours des années 1980 et 1990, alors que la nouvelle équipe de négociateurs se développait au FBI et acquérait de l'expérience dans la résolution de problème, il devint évident qu'il manquait un ingrédient essentiel à notre système.

À l'époque, nous ne jurions que par *Getting to Yes*. Et aujourd'hui encore, en tant que négociateur, consultant et enseignant qui possède plusieurs décennies d'expérience, je suis d'accord avec bien des stratégies présentées dans ce livre. À sa parution, il apporta des idées révolutionnaires sur la résolution de problème coopérative et donna naissance à des concepts absolument fondamentaux comme l'entrée dans la négociation avec une Batna : *Best Alternative to a Negotiated Agreement*.

C'était une idée de génie.

Mais, après les sièges désastreux menés contre la ferme de Randy Weaver, à Ruby Ridge (Idaho), en 1992, et contre le camp de la secte des Davidiens de David Koresh, à Waco (Texas), en 1993, il n'était plus possible de nier que la plupart des négociations impliquant des otages étaient tout sauf des situations rationnelles de résolution de problème.

Sérieusement, avez-vous déjà essayé de concevoir une solution gagnant-gagnant mutuellement bénéfique avec un type qui est persuadé d'être le messie ?

Il devenait évident que *Getting to Yes* ne fonctionnait pas avec les kidnappeurs. Même si de nombreux agents avaient lu le livre le Stabilo à la main, ses méthodes ne suffisaient pas à améliorer la façon dont nous – en tant que négociateurs impliqués dans des prises d'otages – cherchions à obtenir un accord.

Il y avait clairement un hiatus entre la théorie brillante du livre et l'expérience quotidienne de la police. Comment expliquer que si peu de lecteurs de cet immense succès de librairie parviennent effectivement à en appliquer la théorie, alors qu'il était considéré comme l'un des plus grands ouvrages sur la négociation jamais écrit ?

Étions-nous tous des idiots ?

Après Ruby Ridge et Waco, beaucoup de gens posaient la question. Philip B. Heymann, procureur général adjoint des États-Unis, voulait savoir pourquoi nos techniques de négociation en situation de prise d'otages étaient aussi inefficaces. En octobre 1993, il publia un rapport intitulé « Lessons of Waco. Proposed Changed in Federal Law Enforcement[1] », qui résumait les analyses d'un panel d'experts à propos de l'incapacité de la police fédérale à gérer des situations complexes impliquant des otages.

Par conséquent, en 1994, Louis Freeh, le directeur du FBI, annonça la création du Critical Incident Response Group (CIRG), une division qui associerait les équipes chargées de la négociation et de la gestion de crise aux spécialistes des sciences du comportement et du secours des otages, pour inventer de nouvelles méthodes.

L'unique question qui se posait désormais était la suivante : quelles techniques allions-nous utiliser ?

---

1. Philip B. Heymann and United States Department of Justice, « Lessons of Waco. Proposed Changes in Federal Law Enforcement », Washington, DC, U.S. Department of Justice, 1993.

À peu près à cette époque, deux des négociateurs les plus décorés dans l'histoire du FBI, mon collègue Fred Lanceley et mon ancien patron Gary Noesner, donnaient un cours de négociation en situation de prise d'otages à Oakland, en Californie. Face à eux, un groupe de 35 officiers de police expérimentés, à qui ils posèrent une question toute simple : combien d'entre eux s'étaient trouvés dans une situation classique de négociation, où la résolution de problème s'était révélée la meilleure technique ?

Pas une seule main ne se leva.

Puis ils posèrent une seconde question : combien de ces étudiants avaient négocié dans un contexte instable, intense et incertain, où le preneur d'otages était dans un état de crise émotionnelle et ne formulait aucune demande claire ?

Toutes les mains se levèrent.

Si la plupart des négociateurs des forces de l'ordre étaient essentiellement confrontés à des incidents où les émotions jouaient un rôle moteur – et non pas à des relations de marchandage rationnel –, alors nos compétences de négociation devaient résolument se concentrer sur la part animale, émotionnelle et irrationnelle.

Nous allions devoir mettre l'accent non pas sur la formation aux échanges avec contreparties et la résolution de problème, mais sur l'enseignement des compétences psychologiques nécessaires lors des interventions de crise. Il fallait que les émotions et l'intelligence émotionnelle soient placées au centre d'une négociation efficace, et non pas considérées comme des obstacles à surmonter.

Ce dont nous avions besoin, c'était de tactiques et de stratégies psychologiques simples, efficaces sur le terrain, pour calmer les gens, établir une bonne relation, gagner leur confiance, susciter la verbalisation des besoins et persuader l'interlocuteur de notre empathie. Nous avions besoin de techniques faciles à enseigner, faciles à assimiler et faciles à mettre en œuvre.

Les élèves étaient des policiers et des agents, après tout, et ils n'aspiraient pas à devenir chercheurs ou thérapeutes. Ce qu'ils voulaient, c'était modifier le comportement du preneur d'otages, quel qu'il soit et quoi qu'il veuille, agir sur la charge émotionnelle de la crise, juste assez pour qu'on puisse assurer la sécurité de l'ensemble des personnes impliquées.

Au début, le FBI fit des expériences avec des techniques thérapeutiques récentes et d'autres, plus anciennes, que les services d'assistance psychologique avaient développées. Ces techniques visaient à nouer des relations positives avec autrui, en faisant preuve de compréhension pour ce qu'il vivait et la façon dont il le ressentait.

Tout partait de cette prémisse universelle : les gens veulent être compris et acceptés. Les écouter est la concession la plus facile et cependant la plus efficace que l'on puisse faire pour arriver à ses fins.

En écoutant avec intensité, un négociateur fait preuve d'empathie et montre un désir sincère de mieux comprendre ce que ressent son interlocuteur.

Les recherches en psychothérapie prouvent que, quand des individus se sentent écoutés, ils tendent à s'écouter eux-mêmes plus attentivement et à mieux évaluer et définir leurs propres pensées et sentiments.

En outre, ils sont moins sur la défensive, moins dans l'opposition, et sont davantage prêts à entendre les autres points de vue. Ainsi, redevenant calmes et logiques, ils peuvent, comme l'explique *Getting to Yes*, contribuer eux-mêmes à résoudre les problèmes.

Ce concept, qui sera au centre du livre, s'appelle *empathie tactique*. C'est l'écoute considérée comme un art martial : on navigue entre les techniques discrètes de l'intelligence émotionnelle et les techniques affirmatives d'influence pour obtenir l'accès à l'esprit d'une autre personne. Contrairement à l'opinion populaire, l'écoute n'est pas une activité passive. C'est même ce que vous pouvez faire de plus actif.

Quand nous avons commencé à développer nos nouvelles techniques, le monde de la négociation s'est scindé en deux courants : la négociation enseignée dans les meilleures écoles du pays poursuivait sur la route bien tracée de la résolution rationnelle de problème, tandis que (ironiquement) les têtes de lard du FBI se mirent à former leurs agents avec un système non démontré fondé sur la psychologie, la psychothérapie et l'intervention de crise. Alors que les universités de l'Ivy League[1] enseignaient les mathématiques et l'économie, nous devenions des experts en empathie.

Et, des deux, c'était notre approche qui fonctionnait le mieux.

---

1. L'Ivy League regroupe huit universités parmi les plus prestigieuses et les plus anciennes des États-Unis. *(N.d.T.)*

La vie, c'est de la négociation

Vous vous êtes peut-être déjà demandé comment les négociateurs du FBI réussissent à convaincre les pires criminels du monde de libérer leurs otages ; et si vous ne voyez pas le rapport entre ces histoires de négociation avec des preneurs d'otages et votre vie quotidienne, vous êtes tout excusé.

Parce que, fort heureusement, très peu de gens sont amenés à traiter un jour avec des terroristes islamistes ayant kidnappé leurs proches.

Mais permettez-moi de vous livrer un secret : dans la vie, tout est négociation.

La majorité des relations que l'on a au travail ou à la maison sont des négociations qui se résument à l'expression d'un désir simple, animal : *je veux*.

« Je veux que tu libères les otages » est un exemple très pertinent ici, bien sûr.

Mais tout comme : « Je veux que vous acceptiez ce contrat à un million de dollars » ; « Je veux payer cette voiture 20 000 dollars » ; « Je veux que vous m'accordiez une augmentation de 10 % » et « Je veux que tu ailles au lit à 21 heures ».

La négociation remplit deux fonctions essentielles – collecter l'information et influencer les comportements – et intervient dans la plupart des interactions où une partie souhaite obtenir quelque chose de l'autre. Votre carrière, vos finances, votre réputation, votre vie sentimentale, et même le destin de vos enfants – à un certain moment, tout cela repose sur votre capacité à négocier. La négociation, comme vous l'apprendrez ici, n'est rien d'autre que de la communication avec des résultats. Obtenir ce que vous voulez de la vie, c'est obtenir ce que vous voulez des autres gens – et avec eux. Dans toute relation, le conflit entre les deux parties est inévitable. Il est donc utile – crucial, même – de savoir comment entrer dans ce conflit pour obtenir ce que vous désirez sans causer de dommages.

Je m'appuie ici sur plus de deux décennies de carrière au FBI pour synthétiser les principes et la pratique que j'ai utilisés sur le terrain et livrer une nouvelle approche stimulante conçue pour désarmer, recadrer et dérouter votre interlocuteur dans presque toute négociation. Et pour le faire d'une façon qui enrichisse la relation.

Oui, vous allez apprendre comment nous avons réussi à libérer, sains et saufs, de nombreux otages. Mais aussi comment, grâce à une compréhension profonde de la psychologie humaine, vous pouvez négocier le prix d'une voiture, une augmentation de salaire ou l'heure de coucher d'un enfant. Ce livre vous enseignera comment reprendre le contrôle des conversations décisives pour votre vie ou pour votre carrière.

La première étape consiste à surmonter votre aversion pour la négociation. Pour bien négocier, vous n'avez pas besoin d'aimer cela, vous devez juste comprendre comment fonctionne le monde. Négocier ne signifie pas intimider ou écraser quelqu'un, mais simplement jouer sur les émotions selon les règles de la société humaine. Dans ce monde, vous obtenez ce que vous demandez ; il suffit de le faire correctement. Alors, affirmez votre droit à demander ce que vous pensez être juste.

L'objet de ce livre est de vous conduire à accepter la négociation et de vous montrer comment obtenir ce que vous voulez grâce à une bonne maîtrise de la psychologie. Vous apprendrez à vous servir de vos émotions, de votre instinct, de vos connaissances dans n'importe quelle rencontre pour mieux vous connecter aux autres, les influencer, et atteindre votre but.

La négociation efficace, c'est de l'intelligence sociale appliquée, un avantage psychologique dans tous les domaines de la vie : comment jauger quelqu'un, comment influencer la façon dont on vous jauge, et comment utiliser ce savoir pour obtenir ce que vous désirez.

Il ne s'agit pas ici d'un énième livre de psychologie populaire. J'apporte une vision approfondie et réfléchie (et par-dessus tout pratique) de la théorie psychologique la plus avancée, qui distille des leçons tirées de vingt-quatre années de carrière au FBI et de dix années d'enseignement et de consulting dans les meilleures écoles de commerce et entreprises du monde.

Et cela marche pour une raison toute simple : cette théorie a été conçue dans et pour le monde réel. Elle n'est pas née dans une salle de classe ou dans un centre de formation, elle s'est forgée et améliorée à partir d'années d'expérience, jusqu'à atteindre la quasi-perfection.

N'oubliez pas que, dans une prise d'otages, un négociateur ne joue qu'un seul rôle : il doit gagner. L'imagine-t-on dire à quelqu'un qui cambriole une banque : « OK, vous avez pris quatre otages. Coupons la poire en deux : vous m'en donnez deux et on s'arrête là pour aujourd'hui » ?

Non. Dans une prise d'otages, un bon négociateur doit obtenir tout ce qu'il demande, sans rien concéder d'important en échange, tout en donnant à son adversaire l'impression qu'ils ont une très bonne relation. Son travail, c'est de l'intelligence émotionnelle sous stéroïdes. Tels sont les outils que vous apprendrez ici.

Le livre

Comme un entrepreneur bâtissant une maison, ce livre part de la base : d'abord viennent les grandes dalles des fondations, et ensuite les murs porteurs, la toiture élégante mais imperméable et les ravissantes décorations intérieures.

Chaque chapitre se développe à partir du précédent. Vous découvrirez d'abord les techniques sophistiquées de l'*écoute active*, puis vous avancerez vers les outils spécifiques, les tournures de phrase, les tenants et les aboutissants du marchandage et, enfin, vous apprendrez comment débusquer la perle rare qui peut vous aider à atteindre la véritable excellence en négociation : le cygne noir.

Le chapitre 2 vous montrera comment éviter les présupposés qui aveuglent les négociateurs néophytes et comment les remplacer par des techniques d'*écoute active* comme la *réponse en miroir*, le *silence* et la *voix d'animateur de talk-show nocturne*. Vous découvrirez comment ralentir le cours des choses et comment faire en sorte que votre interlocuteur se sente suffisamment en sécurité pour se dévoiler ; comment distinguer les vœux (aspirations) et les besoins (le strict minimum pour un accord) ; et comment se focaliser sur ce que la partie adverse a à dire.

Le chapitre 3 plongera dans l'*empathie tactique*. Vous apprendrez à reconnaître la perspective de votre interlocuteur et à gagner confiance et compréhension grâce à l'*étiquetage* – c'est-à-dire en répétant à votre interlocuteur sa perspective. Vous apprendrez aussi comment désamorcer des dynamiques négatives en les mettant au grand jour. Enfin, j'expliquerai comment désarmer les récriminations de votre interlocuteur à votre égard en les exprimant à voix haute dans un *passage en revue des accusations*.

Puis, dans le chapitre 4, j'examinerai les méthodes permettant à votre interlocuteur de se sentir compris et en confiance dans une négociation afin de créer une atmosphère de regard positif inconditionnel. Ici, vous apprendrez pourquoi il faut chercher à obtenir la réponse « c'est ça » plutôt que « oui » à toutes les étapes de la négociation, et comment identifier, reformuler et affirmer émotionnellement la vision des choses de votre interlocuteur avec des *résumés* et des *paraphrases*.

Le chapitre 5 revient sur *Getting to Yes*. Vous y découvrirez l'importance cruciale d'entendre « non », parce que ce « non » est le commencement d'une négociation. Vous apprendrez aussi à sortir de votre ego pour que la négociation s'inscrive dans l'univers de votre interlocuteur – c'est l'unique façon d'obtenir un accord que la partie adverse mettra en œuvre. Enfin, vous verrez comment impliquer votre interlocuteur en reconnaissant son droit à choisir, et je vous enseignerai une technique pour que vos mails ne restent plus jamais sans réponse.

Dans le chapitre 6, vous découvrirez l'art de déformer la réalité de votre interlocuteur. Grâce à une série d'outils permettant de cadrer une négociation, vous verrez comment lui faire accepter inconsciemment les limites que vous aurez posées à la discussion. Vous apprendrez à jouer avec les échéances pour créer un sentiment d'urgence, à utiliser la notion de justice, à fixer les émotions de votre interlocuteur pour lui donner le sentiment que refuser votre offre représenterait une perte.

Le chapitre 7 est dédié à cet outil incroyablement puissant dont je me suis servi à Harvard : les *questions calibrées*, les demandes qui commencent par « comment » ou « pourquoi ». En éliminant les réponses de type « oui » ou « non », elles obligent votre interlocuteur à mettre toute son énergie mentale au service de la résolution de vos problèmes.

Dans le chapitre 8, je montre comment se servir de ces *questions calibrées* pour se protéger des échecs dans la phase de mise en œuvre. Comme je le dis toujours, le « oui » n'est rien sans le « pourquoi ». Vous découvrirez également l'importance de la communication non verbale ; comment utiliser les questions de type « pourquoi » pour exprimer « non » en douceur ; comment mener votre interlocuteur à enchérir contre lui-même ; et comment agir sur les obstacles invisibles qui bloquent l'accord.

Il y a toujours un moment où la négociation passe aux choses sérieuses, c'est-à-dire à du marchandage à l'ancienne. Le chapitre 9 propose une méthode efficace, étape par étape : comment se préparer, comment esquiver un interlocuteur agressif et comment passer à l'offensive. Avec le système Ackerman, vous découvrirez la meilleure tactique dont dispose le FBI pour déterminer et faire des offres.

Enfin, le chapitre 10 explique comment trouver et utiliser le plus rare des animaux dans la négociation : le cygne noir. Dans toute négociation se dissimulent trois à cinq informations qui, si elles étaient mises au jour, pourraient tout faire basculer. Ce concept est révolutionnaire – à tel point que j'ai appelé ma société le Black Swan Group. Dans ce chapitre, vous verrez comment reconnaître les signes qui indiquent où se niche un cygne noir et vous trouverez des outils pour, grâce à ces cygnes noirs, prendre l'avantage sur votre interlocuteur et arriver à d'excellents accords.

Chaque chapitre débutera par le court récit d'une négociation. Les cas seront ensuite disséqués pour analyser ce qui a marché et ce qui a échoué. Après l'explication de la théorie et des outils, nous aborderons des études de cas tirés de ma vie ou de celle de personnes qui se sont servies de ces outils pour l'emporter quand elles négociaient une augmentation de salaire, l'achat d'une voiture, ou pour régler un problème à la maison.

Quand vous aurez refermé ce livre, j'aurai rempli ma mission si vous appliquez ces techniques décisives pour améliorer votre carrière et votre vie. Je suis sûr que vous le ferez. Souvenez-vous juste d'une chose : pour bien négocier, il est essentiel de se préparer. Voilà pourquoi, en annexe, vous trouverez un outil précieux dont je me sers avec tous mes clients et étudiants : la feuille de négociation. C'est un livret concis recensant presque toutes nos tactiques et stratégies, à méditer et à personnaliser pour n'importe quel accord que vous essayez d'obtenir.

Le plus important pour moi, c'est que vous compreniez à quel point la négociation est urgente, essentielle, et même belle. Quand on saisit les possibilités de changement qu'elle offre, on est alors en mesure d'apprendre à obtenir ce que l'on veut et à faire progresser les autres.

La négociation se trouve au cœur de toutes les collaborations. C'est elle qui rend le conflit potentiellement intéressant et productif pour l'ensemble des participants. Elle peut changer votre vie, comme elle a changé la mienne.

Je me suis toujours considéré comme un type normal. Travailleur et désireux d'apprendre, certes, mais pas particulièrement doué. Et j'ai toujours pensé que la vie offrait des possibilités extraordinaires. Dans mes jeunes années, j'ignorais seulement comment créer les conditions favorables pour qu'elles se concrétisent.

Mais avec tout ce que j'ai appris, j'ai pu réaliser des choses incroyables et voir les gens que j'avais formés atteindre des résultats spectaculaires. Quand je me sers de l'expérience que j'ai acquise ces trente dernières années, je sais que j'ai vraiment le pouvoir de changer le cours de ma vie et d'aider les autres à faire de même. Il y a trente ans, je sentais que c'était possible, mais je ne savais pas comment y parvenir.

Désormais, je le sais. Voici comment y arriver.

2

Être un miroir

30 septembre 1993

Un frais matin d'automne, vers 8 h 30. Deux braqueurs déclenchent une alarme en déboulant dans la Chase Manhattan Bank, au coin de la Septième Avenue et de Carroll Street, à Brooklyn. À l'intérieur, il n'y a que deux guichetières et un agent de sécurité. Les braqueurs frappent ce dernier – qui a 60 ans et qui n'est pas armé – au visage avec un .357, le traînent jusqu'aux toilettes pour hommes et l'y enferment. L'une des guichetières subit le même traitement, frappée avec le pistolet. Puis l'un des braqueurs se tourne vers l'autre guichetière, place le canon dans sa bouche et appuie sur la gâchette – *clic*, le barillet vide résonne.

« La prochaine sera vraie, lance le cambrioleur. Maintenant, ouvre la salle des coffres. »

Un braquage de banque, avec des otages. Au cinéma, ça arrive tout le temps, mais ça faisait presque vingt ans qu'il n'y en avait plus eu à New York, la ville américaine où l'on comptait le plus grand nombre de négociateurs.

Et il se trouve que c'était ma première mission frontale, sous pression, de libération d'otages.

Je m'entraînais depuis environ un an et demi à négocier, mais je n'avais pas encore eu l'occasion de mettre en pratique mes nouvelles compétences. Pour moi, l'année 1993 avait déjà été très riche et bien remplie. Avec la Joint Terrorism Task Force (JTTF) du FBI, nous avions réussi à déjouer un plan visant à poser des bombes sur les tunnels Lincoln et Holland, aux Nations unies et au 26 Federal Plaza, le siège du FBI à New York. Nous étions intervenus juste au moment où les terroristes fabriquaient les bombes. Les criminels étaient associés à une cellule égyptienne qui avait des liens avec le « cheikh aveugle », qui serait plus tard jugé coupable d'avoir orchestré le complot.

Un braquage de banque peut sembler anodin comparé à un complot terroriste, mais à cet instant j'avais déjà compris que la négociation serait ma grande passion. J'étais désireux de mettre à l'épreuve mes nouvelles compétences. Et en outre, il n'y avait rien de « petit » dans cette situation.

Quand nous avons reçu l'appel, mon collègue Charlie Beaudoin et moi avons foncé sur les lieux ; sautant de sa Crown Victoria noire, nous nous sommes dirigés vers le poste de commandement. Cette fois, toute la cavalerie était mobilisée – le NYPD, le FBI, le SWAT (Special Weapons and Tactics, unité de police d'élite) –, tous les costauds et les cerveaux de la police unis contre le désespoir irréfléchi de deux braqueurs manifestement dépassés par les événements. La police de New York, derrière un mur de camions et de voitures de patrouille bleu et blanc, s'était installée de l'autre côté de la rue, dans les locaux d'une autre banque. Les équipes du SWAT, scrutant la scène à travers les lunettes de visée depuis les toits des immeubles en grès rouge voisins, pointaient leurs armes en direction des portes avant et arrière de la banque.

Les suppositions nous aveuglent, les hypothèses nous guident

Les bons négociateurs, quand ils entament la discussion, savent qu'ils doivent être prêts à faire face aux imprévus ; les grands négociateurs aspirent à utiliser leur savoir-faire pour anticiper les surprises qui, ils en sont sûrs, se produiront.

L'expérience leur aura appris qu'il est plus utile d'émettre plusieurs hypothèses – sur la situation, sur les revendications de l'interlocuteur, sur tout un ensemble de variables – en même temps. Présents et vigilants dans l'instant, ils se servent de toutes les nouvelles informations qui se présentent à eux et séparent les hypothèses vraies des fausses.

Dans la négociation, chaque nouvel élément de connaissance psychologique ou chaque nouvelle information est un pas en avant qui permet d'éliminer certaines hypothèses au profit d'autres. Vous devez entamer le processus avec un état d'esprit ouvert à la découverte. Au commencement, votre but est d'extraire et d'étudier autant d'informations que possible. C'est, soit dit en passant, l'une des raisons pour lesquelles les gens vraiment intelligents ont souvent du mal à être des négociateurs – ils se savent tellement intelligents qu'ils pensent ne rien avoir à découvrir.

Trop souvent, les gens considèrent qu'il est plus simple de s'en tenir uniquement à leurs croyances. Sur la base de ce qu'ils ont entendu ou de leurs propres *a priori*, ils partent de présupposés avant même d'avoir rencontré leurs interlocuteurs. De même, pour se conformer aux conclusions qu'ils ont déterminées à l'avance, ils ignorent leurs propres perceptions. En agissant de la sorte, nous nous enfermons dans une version immuable – et souvent faussée – de la réalité.

Les grands négociateurs sont capables de remettre en question les présupposés que les autres protagonistes acceptent par foi ou par orgueil ; ils restent ainsi plus ouverts émotionnellement à toutes les possibilités et plus agiles intellectuellement face à une situation qui évolue.

Malheureusement, en 1993, j'étais loin d'être un grand négociateur.

Tout le monde pensait que cette crise serait rapidement réglée. Les braqueurs n'avaient pas d'autre choix que de se rendre – c'est du moins ce que l'on croyait. Selon nos renseignements, ils étaient même prêts à capituler. Nous étions loin d'imaginer qu'il s'agissait en fait d'une ruse du meneur pour gagner du temps. Tout au long de la journée, l'homme fit constamment référence à l'influence que les quatre autres braqueurs avaient sur lui. Je n'avais pas encore appris à être attentif à l'usage excessif de pronoms personnels – nous/

eux ou moi/je. En réalité, moins votre interlocuteur s'accorde d'importance, plus il est probable qu'il en ait (et *vice versa*). Par la suite, nous découvririons qu'il n'y avait qu'un seul autre braqueur, qui avait été embarqué malgré lui dans ce hold-up. Il y avait en tout trois braqueurs, si l'on comptait le chauffeur, qui avait pris la fuite avant même que nous entrions en scène.

Le « meneur » conduisait sa propre « opération de contre-renseignement », nous abreuvant de fausses informations. Il voulait nous faire croire qu'il avait de nombreux complices – venant de différents pays – et que ses partenaires étaient bien plus instables et dangereux que lui.

Avec le recul, bien sûr, sa tactique était claire – il cherchait à nous embrouiller autant que possible, jusqu'à ce qu'il trouve une façon de s'en sortir. Il répétait constamment qu'il n'était responsable de rien et que les autres prenaient toutes les décisions. Il affirmait qu'il avait peur – ou il était un peu hésitant – quand on lui demandait de nous communiquer certaines informations. Et cependant, il s'exprimait toujours avec un calme complet, une confiance absolue. C'était un rappel pour mes collègues et moi : avant de savoir à qui tu as affaire, tu ne sais pas à qui tu as affaire.

Bien que l'appel ait été reçu vers 8 h 30, il était peut-être 10 h 30 quand nous sommes arrivés devant la banque et avons établi le contact. Tout le monde pensait que l'affaire serait résolue de façon classique, selon les règles, rapidement et en douceur. Nos supérieurs pensaient que l'on en viendrait à bout en dix minutes, parce que les braqueurs étaient censés vouloir se rendre. Par la suite, ces suppositions fondées sur des informations erronées allaient s'avérer problématiques. Quand les négociations furent bloquées, le commandement, qui avait partagé son optimisme avec la presse, se trouva bien embarrassé.

Alors que nous arrivions sur place pour accueillir une reddition, la situation s'envenima presque immédiatement.

En vérité, tout ce que nous *pensions* savoir était faux.

Calmer le schizophrène

Notre centre des opérations de négociation s'installa dans un bureau de cette banque située en face de la Chase, de l'autre côté d'une rue étroite. Bien trop proches du lieu de la prise d'otages, nous nous trouvions donc dès le début dans une situation défavorable, à moins de 30 mètres du point critique. Bien sûr, dans l'idéal, il vaut mieux se protéger en mettant une certaine distance entre vous et la catastrophe qui pourrait se produire.

Quand mes collègues et moi sommes arrivés, je fus immédiatement nommé pour coacher le négociateur de la police au téléphone. Il s'appelait Joe et il s'en sortait bien – mais dans ce genre de situation, personne n'agit seul. On travaille toujours en équipe, l'idée étant que plus il y a de paires d'oreilles, plus on récolte d'informations. Dans certains cas, nous avions jusqu'à cinq personnes en ligne, analysant les informations au fur et à mesure, proposant en direct des données et des conseils au négociateur – et c'est dans cette configuration que nous étions ici. Joe prenait l'initiative au téléphone et nous étions trois ou quatre à écouter, faisant circuler des notes, cherchant à donner du sens à cette situation confuse. L'un d'entre nous essayait d'évaluer l'humeur du malfaiteur qui menait les débats et un autre écoutait, à la recherche d'indices qui pourraient nous apporter une meilleure lecture de ce que nous affrontions, et ainsi de suite.

Mes étudiants rechignent devant cette notion. Ils me demandent toujours : « Sérieusement, vous avez vraiment besoin de toute une équipe pour… écouter quelqu'un ? » Le fait que le FBI en soit arrivé à cette conclusion, leur dis-je, devrait les alerter : ce n'est pas si simple de bien écouter.

Notre attention est facilement détournée. Nous pratiquons l'écoute sélective, n'entendant que ce que nous voulons entendre ; nos esprits, agissant avec un biais cognitif, favorisent la cohérence plutôt que la vérité. Et ce n'est que le début. La plupart des gens s'engagent dans une négociation en étant tellement focalisés sur leurs arguments qu'ils sont incapables d'écouter avec attention. Dans l'un des articles scientifiques les plus cités en psychologie[1], George A. Miller défend de façon convaincante l'idée que notre esprit conscient ne peut traiter, à un instant x, que sept informations. En d'autres termes, nous sommes facilement débordés.

Les gens qui considèrent la négociation comme un duel d'arguments sont submergés par les voix dans

1. George A. Miller, « The Magical Number Seven, Plus or Minus Two. Some Limits on Our Capacity for Processing Information », *Psychological Review*, vol. 63, n° 2, 1956, p. 81-97.

leur tête. Quand ils ne parlent pas, ils pensent à leurs arguments et, quand ils parlent, ils défendent leur point de vue. Souvent, les deux parties qui négocient font la même chose, et on arrive à ce que j'appelle un état de schizophrénie : chacun n'écoute que les voix dans sa tête (et pas bien, puisqu'elles font sept ou huit autres choses en même temps). On a l'impression qu'il n'y a que deux personnes dans une conversation, mais en réalité c'est plutôt comme s'il y avait quatre personnes parlant en même temps.

Il existe une méthode redoutable pour calmer à la fois la voix dans votre tête et dans celle de votre interlocuteur : traiter deux schizophrènes avec une seule et même pilule. Au lieu de hiérarchiser vos arguments – en fait, avant même de commencer à penser à ce que vous allez dire –, ne portez votre attention que sur l'autre personne, de façon exhaustive, et sur ce qu'elle a à dire. Dans ce mode d'écoute active – et grâce aux tactiques que vous apprendrez dans les prochains chapitres –, vous désarmerez votre interlocuteur. Il aura le sentiment d'être en sécurité. Ses voix intérieures commenceront à se calmer.

Le but est de discerner ce dont votre interlocuteur a vraiment besoin (sur le plan monétaire, émotionnel ou autre) en l'amenant à se sentir suffisamment en sécurité pour parler, parler et encore parler de ce qu'il désire. Il est facile d'exprimer ses volontés, de montrer son désir d'avoir gain de cause et de maintenir l'illusion de contrôle quand nous commençons à négocier ; les besoins sous-entendent la survie, le strict minimum pour nous faire agir, et nous rendent donc vulnérables. Mais pour nous, le point de départ ne se situe ni dans les volontés ni dans les besoins : tout commence par l'écoute, en mettant l'accent sur l'autre personne, en prenant en compte ses émotions et en créant suffisamment de confiance et de sécurité pour qu'une véritable conversation puisse s'instaurer.

Quand nous avions le preneur d'otages au bout du fil, nous étions bien loin de cet objectif. Il utilisait sans cesse de curieux subterfuges. Il ne voulait même pas donner son nom, il essayait de changer sa voix, il répétait à Joe qu'il mettait le haut-parleur pour que ses complices puissent entendre puis, d'une façon abrupte, il annonçait qu'il plaçait Joe « en attente » et raccrochait. Il nous demandait de lui trouver une camionnette pour que lui et ses partenaires puissent se rendre au commissariat le plus proche avec leurs otages. Les contresens à propos de leur reddition venaient de là – et, bien sûr, il s'agissait bien plus de s'évader que de se rendre. Au fond de lui, ce type pensait qu'il pourrait d'une façon ou d'une autre sortir de la banque sans être interpellé ; maintenant que le complice qui l'avait conduit ici s'était enfui, il avait besoin d'avoir accès à un véhicule.

Quand tout fut terminé, d'autres détails firent sens. D'abord, nous n'étions pas les seuls à qui il avait menti. Manifestement, ce matin-là, il n'avait pas annoncé à ses partenaires qu'ils partaient faire un braquage. L'homme, convoyeur de fonds, travaillait avec cette banque. Ainsi, ses complices avaient cru qu'ils allaient juste dévaliser le distributeur de billets. Ils n'avaient pas eu l'intention de prendre des otages, et nous découvrîmes donc que, en quelque sorte, les associés du braqueur étaient également ses otages. Ils avaient été embarqués dans une sale histoire qu'ils n'avaient pas vue venir – et, en fin de compte, c'est cette « coupure » entre les preneurs d'otages qui nous permit de les monter les uns contre les autres et de débloquer la situation.

Ra-len-ti-ssez

Le braqueur voulait nous faire croire que les otages étaient bien traités, mais l'agent de sécurité était mal en point et la seconde guichetière s'était réfugiée au sous-sol. Chaque fois que Joe demandait à parler aux otages, son interlocuteur temporisait, faisant croire qu'une grande agitation régnait à l'intérieur de la banque, nous expliquant en long et en large à quel point s'occuper des otages prenait du temps et de l'énergie. Très souvent, c'était une excuse pour mettre Joe en attente ou pour interrompre l'appel. Il disait : « Les filles ont besoin d'aller aux toilettes », ou : « Les filles veulent appeler leurs familles », ou : « Les filles veulent manger quelque chose. »

Joe parvenait bien à le faire parler, mais il était contraint par les méthodes que les services de police adoptaient à l'époque. Leur approche était à moitié de l'improvisation et à moitié commerciale – en gros, il s'agissait d'essayer de persuader, de contraindre ou de manipuler de n'importe quelle façon. Nous étions trop pressés et nous recherchions avant tout une solution rapide – essayant de résoudre le problème plutôt que de faire évoluer les gens.

Tous les négociateurs ont tendance à commettre la même erreur en voulant aller trop vite en besogne. Si nous sommes trop pressés, nos interlocuteurs peuvent avoir l'impression de ne pas être entendus et nous risquons de saper les bonnes relations et la confiance que nous avons bâties. De nos jours, de nombreux travaux ont montré que le temps était l'un des outils les plus importants pour un négociateur. Quand vous ralentissez le processus, vous l'apaisez également. Après tout, tant que quelqu'un vous parle, il ne tire pas de coups de feu.

Nous avons saisi notre chance quand les braqueurs ont commencé à s'inquiéter pour la nourriture. Joe les balada pendant un moment sur ce qu'ils allaient manger et comment on allait pouvoir le leur livrer. Cela devint une négociation à part entière. Nous avons tout mis en place ; nous étions prêts à envoyer le repas sur une sorte de robot, pour rassurer le braqueur, quand celui-ci fit volte-face, nous disant de laisser tomber. Il avait trouvé à manger à l'intérieur, et on avait l'impression de parler à un mur, de n'avoir face à nous que des écrans de fumée. Dès que l'on pensait avoir progressé, il opérait un virage abrupt, raccrochait ou changeait d'avis.

Dans l'intervalle, nos enquêteurs en profitaient pour vérifier les plaques d'immatriculation de tous les véhicules qui se trouvaient à proximité, dans la rue, et réussirent à contacter les propriétaires de chaque voiture, à l'exception d'une seule – celle d'un certain Chris Watts. Cela devint alors notre seule et unique piste et, tandis que nos interminables va-et-vient se poursuivaient au téléphone, nous envoyâmes un groupe d'enquêteurs à l'adresse indiquée dans les fichiers pour ce Chris Watts. Ils trouvèrent quelqu'un qui connaissait l'individu et qui accepta de nous accompagner sur les lieux pour essayer de l'identifier.

Nous n'avions toujours pas de vue sur l'intérieur des locaux et il fallait donc que notre témoin oculaire soit plutôt un « témoin auditif ». Finalement, il reconnut Chris Watts au son de sa voix.

Nous en savions désormais plus sur notre adversaire que ce qu'il croyait, ce qui nous conférait provisoirement un avantage. Nous assemblions toutes les pièces du puzzle, mais cela ne nous rapprochait pas encore de notre but : déterminer avec précision qui se trouvait dans le bâtiment, s'assurer de la santé et du bien-être des otages et faire sortir tout le monde en sécurité – les victimes comme les malfaiteurs.

La voix

Au bout de cinq heures, nous nous retrouvions dans une impasse ; le lieutenant qui était chargé de l'opération me demanda de prendre le relais. Joe sortait du jeu, j'y entrais. De tous les mouvements stratégiques à notre disposition, c'était le seul qui n'impliquait pas une escalade de la violence.

L'homme que nous connaissions désormais sous le nom de Chris Watts avait pris l'habitude de mettre fin brusquement à ses appels, et mon travail consistait donc à chercher une façon de le faire parler. Je pris ma voix d'animateur de talk-show nocturne : profonde, douce, lente et rassurante. On m'avait demandé d'attaquer Watts le plus tôt possible sur son identité. Par ailleurs, ne tenant pas compte du protocole standard, je pris le téléphone sans avertir Watts du changement d'interlocuteur. C'était une manœuvre astucieuse du lieutenant du NYPD pour faire bouger la situation, mais cela aurait facilement pu se retourner contre nous. Cette voix apaisante était la clé pour calmer l'affrontement.

Chris Watts m'entendit au bout du fil et me coupa immédiatement la parole :

« Hey, où est Joe ?

— Joe est parti, ai-je répondu. Ici, c'est Chris. C'est à moi que tu parles maintenant. »

Je ne le formulai pas comme une question. C'était une affirmation, prononcée avec une intonation descendante. La meilleure façon de décrire la voix d'animateur de talk-show nocturne, c'est de la présenter comme celle du calme et de la raison.

Quand ils étudient une stratégie ou une approche de négociation, les gens ont tendance à concentrer toute leur énergie sur ce qu'il importe de dire ou de faire. Pourtant, le plus simple à mettre en œuvre et le mode d'influence le plus immédiatement efficace, c'est notre façon d'être (notre comportement et notre élocution dans leur ensemble). Nos cerveaux ne se limitent pas à traiter et comprendre les actions et les mots des autres, mais aussi leurs sentiments et leurs intentions, le sens social de leur comportement et de leurs émotions. Inconsciemment, nous pouvons comprendre les autres, non pas par la pensée mais en saisissant littéralement ce qu'ils ressentent.

Vous pouvez voir ça comme une sorte de télépathie neurologique involontaire – chacun de nous, à chaque instant, indique au monde qui nous entoure si nous sommes prêts à jouer, à nous battre, à rire ou à pleurer.

Quand nous dégageons de la chaleur et de la reconnaissance, le flux des conversations semble naturel. Quand nous pénétrons dans une pièce avec aisance et enthousiasme, nous attirons les gens vers nous. Si vous souriez à quelqu'un dans la rue, la personne aura le réflexe de vous sourire en retour. Comprendre ce réflexe, et le mettre en pratique, est essentiel au succès de toutes les compétences de négociation.

Voilà pourquoi l'outil le plus puissant de toute communication verbale est votre voix. Vous pouvez vous en servir pour atteindre le cerveau de quelqu'un et contrôler ses émotions. De la méfiance à la confiance. De la nervosité au calme. En un instant, simplement avec la bonne intonation, les émotions basculent.

Pour l'essentiel, le négociateur dispose de trois intonations : la voix d'animateur de talk-show nocturne, la voix positive ou enjouée et la voix directe, assurée. Pour l'instant, oubliez cette dernière ; à de rares exceptions près, l'utiliser revient à se tirer une balle dans le pied. Vous donnez le signal d'une domination sur votre interlocuteur, qui repoussera – de façon agressive ou passive-agressive – cette tentative de contrôle.

La plupart du temps, vous emploierez la voix positive ou enjouée. C'est la voix d'une personne aimable, décontractée. Votre attitude est légère et encourageante. Ici, la clé est de se détendre et de sourire quand vous parlez. Un sourire, même quand on échange par téléphone, se ressent dans l'intonation et est perçu par votre interlocuteur.

L'effet de l'intonation est interculturel et ne dépend pas de la langue parlée. En vacances en Turquie, l'un de nos formateurs au Black Swan Group fut stupéfait – pour ne pas dire assez embarrassé – de constater que sa compagne obtenait de meilleurs résultats que lui lorsqu'ils discutaient les prix dans les ruelles du marché aux épices d'Istanbul. Pour les vendeurs des souks du Moyen-Orient, le marchandage est élevé au rang d'art. Leur intelligence émotionnelle est affûtée et ce sont des virtuoses de l'hospitalité et de l'amabilité. Ainsi, ils vous attirent et créent une réciprocité qui se terminera par un échange monétaire. Mais cela fonctionne dans les deux sens, comme notre instructeur put le découvrir en observant sa compagne : elle abordait chaque rencontre comme un jeu amusant, de sorte que, même quand son insistance se faisait plus agressive, son sourire et son attitude enjouée préparaient les vendeurs à trouver une issue favorable.

Quand les gens adoptent un état d'esprit positif, ils pensent plus vite et ont plus de chances de collaborer et de résoudre des problèmes (au lieu de combattre et de résister). Cela s'applique tout autant à celui qui sourit qu'à son interlocuteur : un sourire sur votre visage, et dans votre voix, accroîtra votre agilité mentale.

Face à Chris Watts, nous n'étions pas dans le même registre. Avec la voix d'animateur de talk-show nocturne, quand vous prenez une intonation descendante, vous signifiez que vous avez les choses en main. En parlant lentement et clairement, vous faites passer le message suivant : *j'ai le contrôle de la situation.* Quand vous prenez une intonation ascendante, vous appelez une réponse. Pourquoi ? Parce que vous avez introduit une dose d'incertitude. Votre affirmation sonne comme une question. Vous avez laissé la porte ouverte à votre interlocuteur pour qu'il prenne l'initiative. Ici, je m'efforçai donc d'être calme et sûr de moi.

C'est la même voix que j'emploie dans les négociations contractuelles, quand un sujet n'est pas ouvert à la discussion. Si je vois une clause de « contrat de location de services », par exemple, je peux dire : « Nous ne faisons pas de contrat de location de services. » Juste comme ça, franchement, simplement et de façon aimable. Je ne propose pas d'autre option, parce que cela appellerait d'autres discussions ; je fais donc une déclaration directe.

C'est cette approche que j'ai utilisée avec Watts quand je lui ai dit : « Joe est parti. C'est à moi que tu parles maintenant. »

Affaire réglée.

Vous pouvez être très direct et aller droit au but tant que vous créez de la sécurité par une intonation qui laisse entendre : « Je suis correct, tu es correct, trouvons une solution. »

La situation était en train de se renverser. Chris Watts était secoué, mais il lui restait encore quelques coups à jouer. L'un des braqueurs descendit au sous-sol et alla chercher la guichetière. Elle avait disparu dans les entrailles de la banque, mais Chris Watts et son complice ne l'avaient pas poursuivie, sachant qu'elle ne pourrait pas s'échapper. Et à présent, l'un des braqueurs la ramenait au rez-de-chaussée et lui passait le combiné.

Elle dit : « Je vais bien. » C'est tout.

Je répondis : « Qui est à l'appareil ? »

Elle répéta : « Je vais bien. »

Je voulais qu'elle continue à parler et lui demandai donc son nom – mais, subitement, elle n'était plus au bout du fil.

Une idée brillante de Chris Watts. C'était une menace ; il nous provoquait avec la voix de la femme, mais d'une façon subtile et indirecte. C'était une façon pour lui de nous faire savoir qu'il menait le jeu de son côté, mais sans faire directement dégénérer la situation. Il nous avait donné une « preuve de vie », confirmant qu'il avait bien des otages avec lui en assez bonne santé pour parler au téléphone ; mais il s'était arrêté à temps pour nous empêcher de recueillir des informations utiles.

Il avait réussi à reprendre un certain contrôle de la situation.

Mettre en miroir

Chris Watts reprit le combiné en essayant de faire comme si de rien n'était. Il était un peu ébranlé, c'est sûr, mais à présent il parlait.

« Nous avons identifié chaque véhicule dans la rue et interrogé tous leurs propriétaires, à l'exception d'un seul, dis-je à Watts. Il y a une camionnette dehors, une camionnette bleu et gris. Nous avons pu mettre la main sur les propriétaires de tous les véhicules sauf celui-ci. Est-ce que vous avez une idée ?

— L'autre véhicule n'est pas là parce que vous avez chassé mon chauffeur…, laissa-t-il échapper.

— Nous avons chassé votre chauffeur ? répondis-je en miroir.

— Ben, quand il a vu la police, il s'est tiré.

— Nous ne savons rien de ce type : est-ce que c'est lui qui conduisait la camionnette ? » demandai-je.

La mise en miroir continua entre Watts et moi, et j'en tirai une série d'aveux préjudiciables. Il « vomissait » des informations (comme on le dit maintenant dans mon cabinet de conseil). Il évoqua un complice dont nous ignorions alors l'existence. Et cet échange nous permit de mettre la main sur le conducteur de la voiture qui devait leur servir à s'enfuir.

La mise en miroir, également appelée isopraxie, est essentiellement de l'imitation. C'est un neurocomportement que les humains (et les autres animaux) déploient, par lequel nous nous copions les uns les autres pour nous rassurer. Cela peut passer par la façon de parler, le langage corporel, le vocabulaire, le tempo et l'intonation. C'est généralement un comportement inconscient – nous en avons rarement conscience quand cela se produit, mais cela indique que les gens créent des liens, sont en phase et sont en train d'établir le type de relation qui aboutit à la confiance.

C'est un phénomène (et, à présent, une technique) qui suit un principe biologique basique, mais très profond : nous craignons ce qui est différent et nous sommes attirés par ce qui est similaire. Comme le dit le proverbe, qui se ressemble s'assemble. Dès lors, la mise en miroir, si on la pratique en connaissance de cause, est l'art d'insinuer de la ressemblance. « Crois-moi, dit le miroir à l'inconscient de la personne à qui l'on parle, toi et moi, nous sommes pareils. »

Une fois que vous serez sensibilisé à cette dynamique, vous la verrez à l'œuvre partout : des couples marchant dans la rue, leurs pas parfaitement synchronisés ; une conversation entre deux amis dans un parc, hochant la tête et croisant les jambes au même moment. En un mot, ces gens sont connectés.

Si la mise en miroir est le plus souvent associée à des formes de communication non verbale, et particulièrement au langage corporel, un « miroir » utilisé par un négociateur se focalise sur les mots et rien d'autre. Pas sur le langage corporel. Ni sur l'accent. Ni sur le ton ou le débit. Seulement les mots.

C'est presque enfantin : pour le FBI, un « miroir », c'est quand vous répétez le ou les derniers mots importants que quelqu'un vient de prononcer. De tout l'appareil de techniques de négociation en situation de prise d'otages dont dispose le FBI, la mise en miroir est celle qui se rapproche le plus d'une astuce de Jedi. Simple et pourtant étrangement efficace.

En répétant ce que les gens disent, vous enclenchez cet instinct de mise en miroir et votre interlocuteur va inévitablement développer ce que vous venez de répéter et soutenir ce processus de connexion.

Le psychologue Richard Wiseman a mené une étude avec des serveurs afin de déterminer la méthode la plus efficace pour créer une connexion avec des étrangers : la mise en miroir ou le renforcement positif.

Un groupe de serveurs, utilisant le renforcement positif, couvrait les clients d'éloges et d'encouragements, à l'aide de termes comme « génial », « aucun problème » et « bien sûr » en réponse à chaque commande. L'autre groupe de serveurs répondait en miroir aux clients, simplement en leur répétant les commandes. Les résultats furent sans équivoque : le pourboire moyen pour les serveurs qui pratiquaient la mise en miroir était 70 % plus élevé que pour ceux qui pratiquaient le renforcement positif.

Je décidai que le moment était venu de révéler son nom – de lui montrer que nous l'avions démasqué. Je lâchai donc : « Il y a un véhicule dehors, enregistré sous le nom de Chris Watts. »

Il répondit : « OK. » Sans cracher le morceau.

Je poursuivis : « Est-il à l'intérieur ? Est-ce que c'est vous ? Êtes-vous Chris Watts ? »

C'était une question stupide. Une erreur. Pour qu'un miroir soit efficace, vous devez le laisser agir. Il a besoin d'un peu de silence. Moi, je venais de le briser. Je regrettai aussitôt d'avoir prononcé ces mots.

« Êtes-vous Chris Watts ? »

Que pouvait-il bien répliquer à ça ? Bien sûr, il répondit « non ».

J'avais mal joué et j'avais donné à Chris Watts un moyen d'éluder cette confrontation, mais il était quand même touché. Jusqu'alors, il pensait être anonyme. Quelque idée étrange qu'il ait en tête, il y avait pour lui une porte de sortie, un levier pour tout recommencer. Maintenant, les choses avaient changé. Je me ressaisis, ralentis un peu et, cette fois-ci, ne parlai pas après la mise en miroir. Je dis : « Non ? Mais vous aviez dit “OK”. »

À présent, je pensais le tenir. Sa voix monta. Il lâcha quelques éléments, vomissant d'autres informations, et se troubla tellement qu'il cessa finalement de parler. Soudain, son complice – on apprendrait plus tard qu'il s'agissait de Bobby Goodwin – prit le combiné.

Jusqu'à cet instant, nous n'avions pas entendu parler de ce second preneur d'otages. Nous savions depuis le début que Chris Watts n'agissait pas seul, mais nous ne disposions pas d'informations fiables sur le nombre de personnes présentes à ses côtés. Maintenant, nous étions en ligne avec son complice involontaire qui, pensant que notre négociateur des services de police était encore au bout du fil, m'appelait « Joe ». Cela nous apprit qu'il avait été dans la boucle au début, puis relativement moins impliqué au fur et à mesure que la situation s'éternisait.

À tout le moins, cette coupure me montrait que ces types n'étaient pas exactement au diapason – mais je ne m'empressai pas de le faire remarquer.

Autre chose encore : on aurait dit que ce second type parlait à travers une serviette ou un sweat-shirt – ou même comme s'il mordait un bout de tissu. Il voulait masquer sa voix, ce qui signifiait qu'il avait clairement peur. Il était nerveux, totalement instable ; il se demandait comment cette confrontation allait se terminer.

J'essayai de le mettre à l'aise – toujours avec ma voix d'animateur radio à l'intonation descendante. Je dis : « Personne ne va nulle part. Personne ne va être blessé. »

Au bout d'une minute et demie, la nervosité sembla disparaître – tout comme les tissus qui travestissaient sa voix. Celle-ci sonnait de façon beaucoup plus claire quand il me lança : « Je vous crois, Joe. »

Plus j'échangeais avec ce second type, plus il paraissait clair qu'il se trouvait à un endroit où il ne voulait pas être. Bobby voulait sortir – et, naturellement, il voulait sortir sans être blessé. Il était déjà très impliqué, et il ne voulait pas aggraver sa situation. Il n'avait pas commencé sa journée en prévoyant de braquer une banque ; il fallut qu'il entende ma voix calme à l'autre bout du fil pour entrevoir une porte de sortie. La septième plus grande armée de métier du monde – c'est la taille et la portée du NYPD – se tenait prête, de l'autre côté des portes de la banque, et ses armes étaient pointées sur lui et son partenaire. Clairement, Bobby était prêt à tout pour quitter les lieux sain et sauf.

Je ne savais pas où se trouvait Bobby à l'intérieur de la banque. À ce jour, je ne sais toujours pas s'il avait réussi à s'éloigner de son partenaire ou s'il me parlait au vu et au su de Chris Watts. Tout ce que je sais, c'est que j'avais toute son attention et qu'il cherchait comment sortir de l'impasse – ou au moins à ne plus y jouer aucun rôle.

J'appris plus tard qu'entre les appels, Chris Watts cachait de l'argent dans les murs de la banque. Il brûlait également des piles d'argent liquide, devant les deux femmes qu'il avait prises en otage. À première vue, c'était une attitude bizarre, mais pour quelqu'un comme Chris Watts il y avait une certaine logique à cela. Selon toute vraisemblance, il s'était mis en tête que, s'il brûlait 50 000 dollars et que si 300 000 dollars manquaient, les dirigeants de la banque ne penseraient pas à chercher les 250 000 dollars restants. C'était une ruse intéressante – pas vraiment intelligente, mais intéressante. Cela démontrait une attention étrange aux détails. Dans son esprit au moins, si Chris Watts parvenait à s'échapper de cette nasse, il lui serait possible de faire profil bas quelque temps avant de revenir chercher l'argent qu'il avait planqué – de l'argent qui n'apparaîtrait plus dans les livres comptables de la banque.

Ce que j'aimais avec Bobby, le second type, c'est qu'il n'essayait pas de ruser avec moi au téléphone. C'était une personne franche et directe, et je pus donc lui répondre sur un ton franc et direct. Nous faisions tous les deux face aux conséquences de nos actes. L'expérience me disait que tout ce que j'avais à faire, c'était de le laisser parler ; il viendrait. Nous trouverions un moyen de le sortir de cette banque – avec ou sans Chris Watts.

Un membre de mon équipe me tendit un morceau de papier : « Demande-lui s'il veut sortir. »

Je dis : « Est-ce que vous voulez sortir en premier ? »

Je marquai une pause.

« Je ne sais pas comment je pourrais le faire, dit finalement Bobby.

— Qu'est-ce qui vous empêche d'y aller maintenant ? demandai-je.

— Comment je fais ça ? me demanda-t-il à nouveau.

— Je vais vous le dire. Retrouvez-moi à l'entrée tout de suite. »

C'était une avancée décisive pour nous – mais nous devions encore faire sortir Bobby d'ici et trouver un moyen de lui faire savoir que je l'attendrais de l'autre côté de la porte. Je lui avais donné ma parole que je serais là et qu'il ne serait pas blessé, et maintenant il fallait que nous rendions la chose possible. Bien souvent, c'est cette phase de mise en œuvre qui se trouve être la plus difficile.

Notre équipe s'agita pour mettre en place un plan. J'enfilai une tenue pare-balles. Nous inspectâmes les lieux, imaginant que je pourrais me positionner derrière un des gros camions que l'on avait garés devant la banque pour avoir une couverture, juste au cas où.

Puis nous fûmes confrontés à une de ces situations exaspérantes, quand la main droite ne sait pas ce que fait la main gauche. La porte de la banque avait été fermée de l'extérieur au début de la prise d'otages – une précaution pour s'assurer qu'aucun des braqueurs ne s'échappe. Nous savions tous cela, bien sûr, à un certain niveau, mais quand arriva le moment où Bobby devait se rendre et passer la porte, c'était comme si nos cerveaux s'étaient mis en mode sommeil. Personne dans les unités d'intervention ne songea à rappeler ce détail essentiel à un membre de l'équipe de négociateurs ; et donc, pendant un long moment, Bobby se trouva dans l'impossibilité de sortir, et j'avais la désagréable sensation que tous les progrès que nous venions de réaliser avec lui ne serviraient à rien.

Et nous étions donc là, cherchant péniblement à repartir de l'avant. Bientôt, deux hommes du SWAT s'avancèrent vers l'entrée, avec des gilets pare-balles, armes au poing, pour retirer les serrures et les protections de la porte – et, à ce stade, ils ne savaient toujours pas ce qu'ils trouveraient derrière. C'était un moment de tension extrême. Même s'ils avaient peut-être une douzaine d'armes sur eux, la seule chose à faire était d'avancer lentement. Ces types étaient solides comme le roc. Ils déverrouillèrent la porte, reculèrent, et enfin nous pûmes y aller.

Bobby sortit – les mains en l'air. Je lui avais donné un ensemble d'instructions détaillées sur ce qu'il devait faire au moment où il franchirait la porte, ce à quoi il devait s'attendre. Deux membres du SWAT le fouillèrent. Bobby se retourna, regarda autour de lui et demanda : « Où est Chris ? Amenez-moi à Chris. »

Enfin, ils le conduisirent auprès de moi et nous pûmes procéder au débrief dans notre poste de commande improvisé. Pour la première fois, nous apprenions qu'il n'y avait qu'un seul autre preneur d'otages à l'intérieur – et naturellement, cela mit le responsable des opérations hors de lui. Je ne le sus que plus tard, mais je peux comprendre pourquoi cette nouvelle information l'avait mis en colère et embarrassé. Pendant tout le temps qu'avait duré la prise d'otages, il avait affirmé aux médias qu'il y avait une flopée de voyous à l'intérieur – une bande internationale de malfaiteurs, vous vous souvenez ? Mais maintenant, il s'avérait qu'il s'agissait juste d'une opération menée à deux, et que l'un des deux y avait participé malgré lui. Ce qui laissait penser que le commandant n'avait rien compris à la situation.

Mais, comme je l'ai dit, nous ne connaissions pas alors la réaction du responsable. Tout ce que nous savions, c'est que nous venions d'obtenir tous ces nouveaux renseignements, et que nous étions plus près du but que nous ne l'avions imaginé. C'était une évolution positive. Avec ce que nous savions à présent, il allait être beaucoup plus aisé de négocier une issue, et pourtant notre commandant était toujours en colère. Il n'aimait pas avoir été trompé, alors il se tourna vers un gars de la Technical Assistance Response Unit (TARU) du NYPD et exigea qu'ils placent une caméra dans la banque, un micro… *quelque chose.*

Maintenant que j'étais avec Bobby, le chef laissa la place à un autre négociateur principal. Le nouveau négociateur prit la main de la même façon que je l'avais fait quelques heures plus tôt : « Ici Dominick. C'est à moi que vous parlez maintenant. »

Dominick Misino était un excellent négociateur pendant les prises d'otages – à mon sens l'un des plus grands du monde pour conclure un accord, le type que l'on appelait pour écrire à la hâte les derniers détails et assurer le deal. Il ne se laissait pas impressionner et il était bon dans ce qu'il faisait.

Pragmatique. Et malin.

Dominick prit donc le relais. Et c'est alors qu'une chose extraordinaire se produisit – une chose extraordinaire et presque désastreuse. Tandis que Chris Watts parlait à Dominick, il entendit un outil qui perçait le mur situé derrière lui. C'était un de nos agents de la TARU qui tentait de poser un micro caché dans la banque – exactement au mauvais endroit, exactement au mauvais moment. Chris Watts était déjà suffisamment furieux comme ça : son partenaire l'avait balancé et laissé tenir le siège tout seul. Et là, d'entendre des types creuser dans les murs, ça le mit dans une colère noire.

Il répondit comme un pitbull acculé. Il traita Dominick de menteur. Dominick était imperturbable. Il gardait son calme pendant que Chris Watts s'emportait à l'autre bout du fil et, en fin de compte, l'attitude détachée et calme de Dominick fit retomber la pression.

Avec le recul, c'était une idée stupide de chercher à installer un micro à un stade aussi avancé de la négociation – une idée née de la frustration et de la panique. Nous avions réussi à faire sortir l'un des preneurs d'otages de la banque, mais nous venions de perdre à nouveau un peu de contrôle. C'était tout sauf une bonne idée d'effrayer le dernier preneur d'otages, qui aurait pu être un danger public.

Alors que Dominick se mettait au travail pour essayer d'apaiser les tensions, Chris Watts retourna la situation. Il lança : « Et si je libère un otage ? »

Cette proposition sortait de nulle part. Dominick n'avait même pas songé à poser la question ; Chris Watts offrait l'une des guichetières comme si ça n'avait pas vraiment d'importance – et pour lui, à ce stade avancé de la confrontation, j'imagine que ça n'en avait pas beaucoup. De son point de vue, un tel geste de conciliation pourrait lui faire gagner suffisamment de temps pour trouver une façon de s'échapper.

Dominick resta calme mais saisit l'opportunité qui lui était offerte. Il dit qu'il voulait d'abord parler à un otage, afin de s'assurer que tout allait bien. Chris Watts appela donc une des femmes et lui passa le téléphone. La femme avait été vigilante, elle savait qu'il y avait eu une certaine confusion quand Bobby avait voulu se rendre ; bien qu'elle soit toujours complètement terrifiée, elle eut la présence d'esprit de poser la question de la porte. Je me rappelle avoir pensé que ça démontrait une grande audace – être terrifiée, retenue contre son gré, être un peu malmenée et toujours garder ses esprits.

Elle dit : « Êtes-vous sûr que vous avez une clé pour la porte de devant ? »

Dominick répondit : « La porte de devant est ouverte. » Et elle l'était.

Finalement, une des femmes sortit, indemne, et environ une heure plus tard l'autre femme suivit, également indemne.

Il restait à libérer le vigile de la banque mais, d'après le récit des guichetières, on ne pouvait pas être sûrs de son état. Nous ne savions même pas s'il était en vie. Elles ne l'avaient pas vu depuis tôt le matin. Il aurait tout aussi bien pu avoir eu une crise cardiaque et être mort – nous n'avions aucun moyen de le savoir.

Mais Chris Watts avait encore un tour dans son sac. Il tenta un dernier coup, et sans crier gare offrit de sortir. Il pensait peut-être qu'il pourrait nous prendre au dépourvu une dernière fois. Le plus étonnant, avec sa soudaine apparition, c'est qu'il paraissait regarder tout autour de lui, analyser le terrain, comme s'il continuait à croire qu'il pourrait échapper à la police. Jusqu'au moment où les policiers lui passèrent les menottes, son regard allait et venait de tous côtés, à la recherche d'une opportunité. Les projecteurs étaient braqués sur ce type, il était complètement cerné, mais quelque part au fond de son esprit, où les pensées se bousculaient, il croyait encore qu'il avait une chance.

La journée avait été interminable mais, en fin de compte, ce fut un succès. Personne ne fut blessé.

Les braqueurs avaient été interpellés. J'en sortis plein d'humilité quant à tout ce qu'il me restait à apprendre. Et en même temps, j'avais pris conscience du pouvoir fondamental des émotions, du dialogue et j'avais été inspiré par les outils de tactique psychologique appliquée élaborés par le FBI pour influencer et persuader à peu près n'importe qui dans n'importe quelle situation.

Au cours des décennies qui ont suivi mon entrée dans le monde des négociations à fort enjeu, j'ai souvent été frappé par la grande valeur que ces approches en apparence si simples peuvent posséder. La capacité à entrer dans la tête – et finalement dans la peau – de son interlocuteur dépend de ces techniques et d'une faculté à modifier son approche, fondée sur de nouveaux éléments, en cours de route. Comme j'ai travaillé avec des cadres et avec des étudiants pour développer ces compétences, j'essaie toujours d'insister sur ce message : la clé d'une négociation qui réussit, ce n'est pas d'avoir raison ; ce qui compte, c'est d'avoir le bon état d'esprit.

Comment faire face – et obtenir gain de cause – sans affrontement

Quand je parle de la mise en miroir comme d'une astuce de Jedi, je ne plaisante qu'à moitié, parce qu'elle vous donne le pouvoir de ne pas être d'accord sans être désagréable. Pour imaginer à quel point cela peut se révéler utile, essayez de vous figurer un lieu de travail classique : invariablement, on y trouvera dans une position d'autorité quelqu'un qui est arrivé là par son assurance agressive, voire parfois avec de l'intimidation franche, avec des postulats de commandement *top down* « à l'ancienne », selon lesquels le patron a toujours raison. Et ne nous voilons pas la face : quelles que soient les règles éclairées de la « nouvelle école », dans chaque environnement (au travail ou ailleurs), vous aurez toujours à traiter avec des gens déterminés qui préfèrent le consentement à la collaboration.

Si vous adoptez une approche de pitbull avec un autre pitbull, les choses risquent de mal se terminer, avec beaucoup de sentiments blessés et de rancœur.

Par chance, il existe une autre méthode, qui ne comporte que quatre étapes :

1. Utiliser la voix d'animateur de talk-show nocturne.
2. Commencer par « je suis désolé… ».
3. Mettre en miroir.
4. Se taire. Au moins quatre secondes pour laisser la mise en miroir faire son effet magique sur votre interlocuteur.
5. Et recommencer.

À son travail, l'une de mes étudiantes put vérifier l'efficacité de cette procédure toute simple. Son chef était quelqu'un d'impulsif, connu pour ses « raids » – une pratique exaspérante consistant à débarquer en coup de vent dans un bureau ou le box d'un open space avec une mission mal pensée, « urgente », qui débouchait sur beaucoup de travail inutile. Ceux qui avaient tenté de discuter avaient été immédiatement repoussés. Pour lui, si l'on supposait qu'« il existait une meilleure méthode », c'était toujours que l'on optait pour « la méthode paresseuse ».

Vers la fin d'une longue mission de conseil – l'une de ces missions qui génèrent littéralement des milliers de documents –, il se livra à l'un de ces raids. Toujours sceptique quant à ce qui était « numérique », il voulait avoir des copies papier, par sécurité.

Passant la tête dans le bureau de la consultante, le chef lança donc :

« Faisons deux copies de tous ces documents.

— Je suis désolée, deux copies ? » répondit-elle en miroir, se souvenant non seulement de la voix d'animateur de talk-show, mais de proposer le miroir sous forme interrogative.

L'intention derrière la plupart des miroirs devrait être : « S'il vous plaît, aidez-moi à comprendre. » Chaque fois que vous proposerez une réponse en miroir, votre interlocuteur reformulera ce qu'il vient de dire. Il ne le dira jamais exactement de la même façon. Demandez à quelqu'un : « Que voulez-vous dire par là ? » et vous susciterez probablement de l'irritation ou une réaction défensive. Un miroir, toutefois, vous apportera la clarté que vous recherchez tout en faisant preuve de respect et d'intérêt pour ce que l'autre personne est en train de dire.

« Oui, répondit son supérieur. Une copie pour nous et une pour le client.

— Je suis désolée, vous dites que le client demande une copie et qu'il nous en faut une en interne ?

— En fait, je vais vérifier avec le client – ils n'ont rien demandé pour le moment. Mais je veux vraiment une copie. C'est comme ça que je travaille.

— Absolument, répondit-elle. Merci de vérifier avec le client. Où voulez-vous que je range les copies que nous conservons ? Il n'y a plus de place dans la salle d'archives.

— C'est bon. Vous pouvez les ranger n'importe où, dit-il, légèrement perturbé à présent.

— N'importe où ? » répondit-elle en miroir, exprimant calmement sa préoccupation.

Quand l'intonation ou le langage corporel de quelqu'un ne colle pas avec ses paroles, un bon miroir peut se révéler particulièrement utile.

Dans ce cas précis, son chef marqua une longue pause – ce qu'il ne faisait que rarement. Mon étudiante resta silencieuse.

« À vrai dire, vous pourrez les mettre dans mon bureau, lança-t-il avec davantage de sang-froid qu'il n'en avait eu dans toute la conversation. Je demanderai à la nouvelle assistante de me les imprimer quand le projet sera terminé. En attendant, vous pouvez simplement faire deux sauvegardes numériques. »

Le lendemain, son patron lui envoya un mail, où il écrivait juste : « Les deux sauvegardes numériques suffiront. »

Peu de temps après, je reçus un mail enthousiaste de cette étudiante : « J'étais sidérée ! J'adore les miroirs ! Je viens de m'épargner une semaine de travail ! »

La première fois que vous pratiquerez la réponse en miroir, vous serez extrêmement gêné. C'est la seule difficulté ; la technique requiert un peu de pratique. Une fois que vous aurez pris le coup de main, cependant, elle deviendra un couteau suisse pour votre conversation, valable dans n'importe quelle situation professionnelle et sociale.

Leçons clés

La négociation se résume avant tout à dialoguer et à établir de bons rapports ; une façon de créer rapidement des relations et de faire parler et penser ensemble plusieurs personnes. Si vous pensez aux plus grands négociateurs de tous les temps, j'ai une surprise pour vous – pensez seulement à Oprah Winfrey.

Son émission de télévision quotidienne montrait une très grande professionnelle en action : sur une scène, face à face avec quelqu'un qu'elle n'avait jamais rencontré, dans un studio rempli de centaines de personnes, avec des millions de téléspectateurs regardant depuis chez eux, elle avait pour tâche de persuader son interlocuteur, parfois à l'encontre de ses intérêts, de parler, parler et encore parler, partageant en fin de compte avec le monde entier des secrets profonds, sombres, qui avaient été enfouis pendant des années.

Observez bien ce genre d'interactions après avoir lu ce chapitre et, d'un coup, vous apercevrez un ensemble très fin de techniques puissantes : un sourire volontaire pour faire baisser la tension ; l'usage d'un langage verbal et non verbal subtil pour indiquer l'empathie (et donc la sécurité) ; une intonation descendante ; le choix d'un certain type de questions au détriment d'autres ; tout un spectre de techniques qui étaient auparavant cachées et qui se révéleront d'une valeur inestimable pour vous une fois que vous aurez appris à vous en servir.

Voici quelques leçons clés à retenir de ce chapitre :

- Un bon négociateur se tient prêt à faire face aux imprévus ; un grand négociateur cherche à utiliser ses techniques pour anticiper les surprises qu'il est certain de trouver.
- Ne vous attachez pas à vos suppositions ; considérez-les plutôt comme des hypothèses et servez-vous de la négociation pour les tester rigoureusement.
- Ceux pour qui la négociation est un duel d'arguments sont débordés par leurs voix intérieures. La négociation n'est pas une bataille ; c'est un processus de découverte. Le but est de mettre au jour le plus d'informations possible.
- Pour calmer les voix dans votre tête, dirigez votre attention uniquement, et exclusivement, sur l'autre personne et ce qu'elle a à dire.
- Ra-len-ti-ssez. Se précipiter est une des erreurs que tous les négociateurs ont tendance à commettre. Si vous allez trop vite, vos interlocuteurs peuvent avoir l'impression de ne pas être entendus. Vous risquez de saper les bonnes relations et la confiance que vous avez bâties.
- Souriez. Quand les gens sont dans un état d'esprit positif, ils pensent plus vite et ont plus de chances de collaborer et de résoudre des problèmes (au lieu de lutter et de résister).

La positivité engendre de l'agilité mentale à la fois chez vous et chez votre interlocuteur.

Le négociateur dispose de trois intonations :

1. La voix d'animateur de talk-show nocturne : à employer ponctuellement, pour faire passer un message. Votre voix prend une intonation descendante, reste calme et lente. Bien utilisée, elle crée une aura d'autorité et de confiance sans déclencher de réaction défensive.
2. La voix positive ou enjouée : elle devrait être votre voix par défaut. C'est celle d'une personne décontractée, de bonne composition. Votre attitude est légère et encourageante. La clé ici est de se détendre et de sourire quand vous parlez.
3. La voix directe, ou assurée : rarement utilisée. Elle causera des problèmes et un rejet.

Les miroirs sont magiques. Il suffit de répéter les trois derniers mots (ou les derniers mots importants, entre un et trois) que quelqu'un vient de prononcer. Nous craignons ce qui est différent et nous sommes attirés par ce qui est similaire. La mise en miroir est l'art d'introduire de la similarité, ce qui facilite la création de liens. Utilisez les miroirs pour encourager vos interlocuteurs à avoir de l'empathie et à créer des liens affectifs avec vous, pour que les gens continuent à parler, pour que votre camp gagne un temps précieux pour se restructurer ou pour pousser vos interlocuteurs à révéler leur stratégie.

3

Ne ressentez pas leur douleur, donnez-lui un nom

C'était en 1998. Je me trouvais dans un couloir étroit, en face d'un appartement situé au 27e étage d'une tour de Harlem. À la tête de l'équipe de négociation de crise du FBI pour la ville de New York, j'étais ce jour-là le négociateur en chef.

L'unité d'enquête avait rapporté qu'au moins trois fugitifs lourdement armés s'étaient réfugiés à l'intérieur de l'appartement. Quelques jours auparavant, ils avaient fait usage d'armes automatiques dans une fusillade avec un gang rival ; l'équipe d'intervention (SWAT) du FBI de New York était déployée derrière moi et nos snipers étaient positionnés sur les toits des immeubles environnants, leurs fusils pointés en direction des fenêtres de l'appartement.

Dans ce genre de situation tendue, on conseille traditionnellement, pour la négociation, de garder un visage impassible. Ne pas se laisser gagner par les émotions.

Jusqu'à récemment, la plupart des universitaires et des chercheurs ignoraient totalement le rôle des émotions dans une négociation. Ils affirmaient qu'elles étaient juste un obstacle pour atteindre un bon résultat. « Séparez les personnes du problème », tel était leur leitmotiv.

Mais réfléchissez-y : comment pouvez-vous séparer les personnes du problème quand leurs émotions *sont* le problème ? Surtout quand il s'agit de personnes aux abois et armées. Les émotions sont l'un des principaux facteurs susceptibles de faire dérailler la communication. Une fois que les gens sont irrités par d'autres, toute pensée rationnelle disparaît.

Voilà pourquoi, au lieu de refuser de reconnaître les émotions, ou de les ignorer, les bons négociateurs cherchent à les identifier et à les influencer. Ils sont capables de nommer avec précision les émotions, celles des autres et surtout les leurs. Et une fois qu'ils ont nommé ces émotions, ils en parlent sans s'énerver. Pour eux, elles sont un instrument.

Les émotions ne sont pas des obstacles ; ce sont des moyens.

La relation entre un négociateur possédant une intelligence émotionnelle et son interlocuteur est fondamentalement thérapeutique. Elle reproduit la relation entre un psychothérapeute et son patient. Le psychiatre scrute à la loupe son patient pour comprendre ses problèmes, puis lui retourne ses réponses pour l'amener à aller plus en profondeur et à modifier son comportement. C'est exactement ce que font les bons négociateurs.

Parvenir à ce niveau d'intelligence émotionnelle exige d'ouvrir ses sens, de parler moins et d'écouter davantage. Vous pouvez apprendre presque tout ce que vous devez savoir – et bien plus que ce que les autres voudraient que vous sachiez – simplement en regardant et en écoutant, les yeux et les oreilles grands ouverts, et la bouche bien fermée.

Songez au divan du thérapeute en lisant les prochains paragraphes. Vous verrez de quelle façon une voix apaisante, une écoute attentive et une répétition calme des mots de votre « patient » peuvent vous mener beaucoup plus loin qu'une argumentation froide et rationnelle.

Vous aurez peut-être l'impression d'être trop familier mais, si vous savez percevoir les émotions des autres, vous aurez une chance de les tourner à votre avantage. Plus vous en savez sur quelqu'un, plus vous avez de pouvoir.

L'empathie tactique

Ce jour-là, à Harlem, nous avions un gros problème : nous n'avions pas de numéro de téléphone pour joindre l'intérieur de l'appartement. Et donc, pendant six heures – relevé de temps en temps par deux agents du FBI qui étaient en train d'être formés à la négociation de crise –, j'ai parlé à travers la porte de l'appartement.

Je me suis servi de ma voix d'animateur de talk-show nocturne.

Je n'ai pas donné d'ordre ni demandé ce que voulaient les fugitifs. Au lieu de ça, je me suis mis à leur place.

« On dirait que vous n'avez pas envie de sortir, leur ai-je répété à maintes reprises. J'ai l'impression que ce qui vous inquiète, c'est que, dès que vous ouvrirez la porte, on arrivera en tirant dans tous les sens. J'ai l'impression que vous n'avez pas envie de retourner en prison. »

Pendant six heures, on n'a pas obtenu de réponse. Les instructeurs du FBI adoraient ma voix d'animateur radio. Mais est-ce que ça fonctionnait ?

Et alors, au moment où on commençait à croire qu'il n'y avait personne à l'intérieur, un sniper posté sur un immeuble adjacent nous prévint par radio qu'il avait vu bouger un des rideaux de l'appartement.

La porte d'entrée de l'appartement s'ouvrit lentement. Une femme apparut, les mains devant elle.

Je continuai à parler. Les trois fugitifs sortirent. Aucun d'eux ne prononça un mot avant qu'on leur passe les menottes.

Puis je leur posai la question qui me taraudait : pourquoi étaient-ils sortis après six heures de silence radio ?

Les trois me donnèrent la même réponse.

« On ne voulait pas se faire arrêter ou se faire tirer dessus, mais vous nous avez calmés, me dirent-ils. Nous avons finalement pensé que vous ne partiriez pas, alors on est juste sortis. »

Il n'y a rien de plus frustrant ou perturbant pour un négociateur que d'avoir le sentiment de parler à quelqu'un qui n'écoute pas. Jouer à l'idiot est une technique valide de négociation et « je ne comprends pas » est une réponse légitime. Mais ignorer la position de la partie adverse n'aboutit qu'à une chose : cela crée de la frustration. Il est dès lors plus difficile d'obtenir de son interlocuteur qu'il fasse ce que l'on veut.

Le contraire de cette attitude, c'est l'empathie tactique.

Dans mon cours de négociation, j'explique à mes étudiants que l'empathie est « la capacité à reconnaître le point de vue d'un interlocuteur et l'expression de cette reconnaissance ». C'est une façon académique de dire que l'empathie consiste à prêter attention à un autre être humain, à lui demander ce qu'il ressent et à s'engager à comprendre son monde.

Vous noterez que je ne parle aucunement d'être d'accord avec les valeurs et croyances de l'autre personne, ou de distribuer des câlins. Ça, c'est la sympathie. Ce dont je parle, c'est juste d'essayer de comprendre une situation du point de vue de l'autre personne.

L'empathie tactique est l'étape suivante.

Elle consiste non seulement à comprendre les sentiments et l'état d'esprit d'autrui à un moment donné, mais aussi à entendre ce qu'il y a derrière ces sentiments afin d'accroître son influence. Notre attention est portée à la fois sur les obstacles émotionnels et sur les chemins possibles pour trouver un accord.

C'est de l'intelligence émotionnelle sous stéroïdes.

Quand j'étais policier à Kansas City, je me demandais comment une petite poignée de policiers expérimentés parvenaient à dissuader des gens agressifs et violents de se battre ou à les convaincre de poser leurs couteaux et pistolets.

Quand je leur posais la question, j'obtenais rarement plus qu'un haussement d'épaules. Ils ne pouvaient pas exprimer ce qu'ils faisaient. Mais à présent, je connais la réponse : c'est l'empathie tactique. Ils étaient capables de penser depuis le point de vue d'une autre personne pendant qu'ils lui parlaient et de rapidement évaluer ce qui la faisait agir.

La plupart d'entre nous s'engagent dans une joute verbale avec peu de chances de persuader quiconque de quoi que ce soit, parce que nous ne nous intéressons qu'à nos propres buts et perspectives. Mais les meilleurs officiers sont à l'écoute de la partie adverse – leur audience. Ils savent que, s'ils font preuve d'empathie, ils peuvent l'influencer par la façon dont ils l'approchent et lui parlent.

C'est pourquoi, si un surveillant de prison aborde un détenu en s'attendant à ce qu'il résiste, c'est souvent ainsi que celui-ci agira. Mais s'il l'aborde calmement, le détenu aura bien plus de chances de se comporter de façon pacifique. Ça ressemble à de la sorcellerie, mais ce n'en est pas : quand le surveillant a clairement à l'esprit qui est son interlocuteur, il peut adapter son comportement pour mieux gérer la situation.

L'empathie est une technique classique de communication « douce », mais elle possède une base physique. Quand on observe attentivement le visage, l'intonation et les gestes d'une personne, notre cerveau commence à se synchroniser avec le sien dans un processus de « résonance neuronale », ce qui nous permet de savoir plus en détail ce qu'il ressent et ce qu'il pense.

Grâce à des scanners cérébraux par IRMf (imagerie par résonance magnétique fonctionnelle), des chercheurs de l'université de Princeton ont montré que la résonance neuronale disparaissait quand les gens communiquaient mal[1]. Les chercheurs pouvaient ainsi prévoir la qualité de communication des gens en observant le degré de synchronisation de leurs cerveaux. Et ils découvrirent que les gens qui prêtaient le plus attention à leur interlocuteur – ceux qui écoutent bien – pouvaient réellement anticiper ce qu'il allait dire.

Si vous voulez accroître vos compétences en résonance neuronale, arrêtez-vous un instant et entraînez-vous tout de suite. Portez votre attention sur quelqu'un qui parle près de vous, ou regardez une personne qui se fait interviewer à la télé. Pendant qu'ils parlent, imaginez que vous êtes cette personne. Visualisez-vous dans la situation qu'ils décrivent et mettez autant de détails que possible, comme si vous y étiez vraiment.

Mais soyez prévenus, pour beaucoup de professionnels formés selon les méthodes classiques, cette approche est faible et conciliante.

L'ancienne secrétaire d'État Hillary Clinton en a d'ailleurs fait les frais.

Il y a quelques années, lors d'un discours à l'université de Georgetown, elle avait défendu l'idée de « montrer du respect, même pour ses ennemis. Essayer de comprendre et, autant qu'il est possible de le faire psychologiquement, de faire preuve d'empathie pour leur perspective et leur point de vue ».

Vous pouvez imaginer ce qui s'est passé ensuite. Une meute de commentateurs et de politiciens s'est

---

1. Greg J. Stephens, Lauren J. Silbert et Uri Hasson, « Speaker-Listener Neural Coupling Underlies Successful Communication », *Proceedings of the National Academy of Sciences of the USA*, vol. 107, n° 32, 10 août 2010, p. 14425-14430.

jetée sur elle. Pour eux, ses déclarations étaient stupides et naïves, et même le signe qu'elle avait rejoint la Fraternité musulmane. Certains affirmaient qu'elle avait gâché ses chances pour l'élection présidentielle.

Le problème, c'est qu'elle avait raison.

Laissons la politique de côté : l'empathie ne signifie pas être gentil ou être d'accord avec autrui – mais juste le comprendre. Elle nous aide à apprendre dans quelle position se trouve l'ennemi, pourquoi ses actions sont sensées (de son propre point de vue) et ce qui serait susceptible de le faire évoluer.

En tant que négociateurs, nous avons recours à l'empathie parce que ça marche. C'est grâce à elle que les trois fugitifs sont sortis après que j'ai parlé six heures avec ma voix d'animateur de talk-show nocturne. C'est ce qui m'a aidé à réussir ce que Sun Tzu appelle « l'art suprême de la guerre » : neutraliser l'ennemi sans se battre.

L'étiquetage

Retournons un instant à notre embrasure de porte à Harlem.

Nous disposions de peu d'éléments mais, si vous avez trois fugitifs coincés dans un appartement au 27e étage d'un immeuble de Harlem, ils n'ont pas besoin de parler pour que vous sachiez que deux choses les préoccupent : être tués et aller en prison.

Et donc dans ce couloir étouffant, six heures durant, les deux étudiants en négociation du FBI et moi-même avons parlé à tour de rôle. Nous nous relayions pour éviter les hésitations verbales et autres erreurs causées par la fatigue. Et nous martelions sans relâche le même message, répétant tous trois la même chose.

Maintenant, lisez attentivement ce que nous disions : « On dirait que vous n'avez pas envie de sortir. Il semble que ce qui vous inquiète, c'est que l'on tire dans tous les sens dès que vous ouvrirez la porte. On dirait que vous n'avez pas envie de retourner en prison. »

Avec notre empathie tactique, nous avons reconnu, puis mis des mots sur les émotions prévisibles liées à la situation. Nous ne nous sommes pas juste mis à la place des fugitifs. Nous avons identifié leurs sentiments, les avons mis en mots et ensuite, très calmement et respectueusement, nous leur avons renvoyé leurs émotions.

En négociation, cela s'appelle l'étiquetage.

C'est une façon de valider les émotions de quelqu'un en les reconnaissant. Donnez un nom à l'émotion que ressent une personne et vous montrerez que vous vous identifiez à ce qu'elle ressent. Cela vous rapproche d'elle sans avoir besoin de poser des questions sur des facteurs extérieurs dont vous ignorez tout (« Comment va votre famille ? »). Pensez à l'étiquetage comme à un raccourci vers l'intimité, une astuce émotionnelle qui vous fera gagner du temps.

L'étiquetage est particulièrement efficace dans les situations où votre interlocuteur est tendu. Quand on expose à la lumière du jour des pensées négatives – « On dirait que vous n'avez pas envie de retourner en prison » –, celles-ci paraissent moins effrayantes.

Matthew Lieberman, professeur de psychologie à l'université de Californie à Los Angeles (UCLA), a montré dans une étude en imagerie cérébrale[1] que, quand on présentait à des individus des photos de visages exprimant des émotions fortes, le cerveau connaissait une plus grande activité dans l'amygdale, la zone qui génère la peur. Mais quand on leur demandait de nommer l'émotion en question, l'activité se déplaçait vers les zones qui contrôlent la pensée rationnelle. En d'autres termes, le fait de nommer une émotion – d'appliquer des termes rationnels à une peur – perturbe son intensité brute.

L'étiquetage est une technique simple, aux usages multiples, qui vous permet de renforcer un aspect favorable de la négociation ou d'en adoucir un aspect négatif. Elle obéit toutefois à des règles très strictes de protocole et de mise en œuvre – ce qui la rapproche plus d'un art formel comme la calligraphie chinoise que d'un simple bavardage.

Pour la plupart des gens, l'étiquetage est l'un des instruments de négociation les plus gênants à utiliser. Avant de l'essayer pour la première fois, mes étudiants me disent presque toujours qu'ils s'attendent à ce que leur interlocuteur se lève d'un bond et se mette à crier : « Comment oses-tu me dire ce que je ressens ? »

Je vais vous confier un secret : personne ne s'en rend jamais compte.

La première étape est la détection de l'état émotionnel d'autrui. À Harlem, derrière cette porte, on ne

---

1. Matthew D. Lieberman *et al.*, « Putting Feelings into Words. Affect Labeling Disrupts Amygdala Activity in Response to Affective Stimuli », *Psychological Science*, vol. 18, n° 5, mai 2007, p. 421-428.

pouvait même pas voir les fugitifs ; mais, la plupart du temps, vous disposerez d'une mine d'informations grâce aux mots, à l'intonation et au langage corporel de l'autre personne. Nous appelons cette trinité « les mots, la musique et la danse ».

Le truc pour repérer les sentiments, c'est d'être très attentif aux transformations que les gens subissent quand ils répondent à des événements extérieurs. La plupart du temps, ces événements déclencheurs, ce sont vos mots.

Si vous demandez à quelqu'un « comment va votre famille ? » et qu'il répond « super » mais en abaissant la commissure des lèvres, vous pouvez détecter que tout ne se passe pas pour le mieux ; si sa voix devient blanche quand on mentionne un collègue, il est possible qu'il y ait un problème entre les deux ; si votre propriétaire remue ses pieds inconsciemment au moment où vous parlez des voisins, il est assez clair qu'il n'en pense pas grand bien (dans le chapitre 9, nous irons plus loin sur la façon de repérer et d'utiliser ces signaux).

Les voyants relèvent ces toutes petites bribes d'informations. Ils évaluent le langage corporel de leur client et lui posent quelques questions innocentes. Quand, quelques minutes plus tard, ils lui « révèlent » son futur, ils ne font que répéter ce qu'il a envie d'entendre sur la base des petits détails qu'ils ont observés. Pour cette raison, bien des voyants feraient de bons négociateurs.

Une fois que vous avez repéré une émotion sur laquelle vous entendez mettre l'accent, l'étape suivante consiste à la nommer à voix haute. Les étiquettes peuvent être formulées comme des affirmations ou comme des questions. La seule différence, c'est la fin de la phrase, qui aura une inflexion ascendante ou descendante. Mais peu importe comment la phrase se termine, les étiquettes commencent presque toujours avec à peu près les mêmes mots :

On dirait que...

Il semble que...

On a l'impression que...

Vous remarquerez que nous disons « on dirait que... » et non « j'ai entendu dire que... ». C'est parce que avec le mot « je » les gens restent à distance. Quand vous dites « je », cela indique que vous êtes plus intéressé par vous que par l'autre, et vous prenez personnellement la responsabilité des mots qui suivent – et de l'indignation qu'ils sont susceptibles de provoquer.

Mais quand votre étiquette est présentée comme l'affirmation neutre de votre compréhension, votre interlocuteur est encouragé à réagir. En général, il vous accordera une réponse plus longue qu'un simple « oui » ou « non ». Et s'il est en désaccord avec l'étiquette, ce n'est pas grave. Vous pouvez toujours faire marche arrière et préciser : « Je n'ai pas affirmé que c'était ainsi. J'ai juste dit que ça y ressemblait. »

La dernière règle de l'étiquetage est le silence. Une fois que vous avez soumis une étiquette, taisez-vous et écoutez. Nous avons tous une tendance à développer ce que nous venons de dire, à conclure « on dirait que vous aimez cette chemise » par une question précise comme : « Où l'avez-vous achetée ? » Mais le pouvoir d'une étiquette, c'est qu'elle invite l'autre personne à se révéler.

Si vous le voulez bien, marquez une pause et faites l'expérience : engagez une conversation et mettez un nom sur une des émotions de la personne à qui vous parlez – que ce soit le facteur ou votre fille de 10 ans, peu importe. Ensuite, taisez-vous et laissez l'étiquette faire son œuvre.

Neutraliser le négatif, renforcer le positif

L'étiquetage relève de la tactique, pas de la stratégie, de la même façon qu'une cuillère est un outil formidable pour mélanger la soupe mais n'est pas une recette. Votre éventuel succès dépend de *comment* vous utilisez l'étiquetage. En tant que négociateurs, quand l'étiquetage est bien déployé, nous identifions puis modifions progressivement les voix de la conscience de notre interlocuteur pour le mener vers la collaboration et la confiance.

Tout d'abord, parlons un peu de psychologie humaine. Basiquement, les émotions ont deux niveaux : le comportement « visible » est la partie émergée, celle que vous pouvez voir et entendre ; en dessous, le sentiment « sous-jacent » est ce qui motive le comportement.

Imaginez un grand-père qui ronchonne lors d'un repas de famille : le comportement « visible », c'est qu'il est grincheux, mais l'émotion sous-jacente est un sentiment triste de solitude lié au fait que sa famille ne lui rend jamais visite.

Quand ils étiquettent, les bons négociateurs s'attaquent à ces émotions sous-jacentes. Nommer les émotions négatives les atténue (ou les désamorce, dans les cas extrêmes) ; nommer les émotions positives les renforce.

Nous reviendrons vite au grand-père ronchon. Mais d'abord, je voudrais parler un peu de la colère.

La colère est rarement une émotion productive – pour vous comme pour la personne avec qui vous négociez. Elle libère des hormones de stress et des substances neurochimiques qui perturbent votre capacité à évaluer correctement une situation et à y répondre. De plus, comme elle vous aveugle, vous ne vous rendez pas compte qu'elle vous donne un sentiment de confiance erroné.

Il ne s'agit aucunement de prétendre que les sentiments négatifs devraient être ignorés. Cela peut provoquer tout autant de dégâts. Au contraire, ces sentiments doivent être patiemment mis à plat. L'étiquetage est une tactique utile pour faire baisser l'intensité lors d'une confrontation enflammée, parce que la personne reconnaît ses sentiments au lieu de continuer à sortir de ses gonds.

Au début de ma carrière de négociateur dans des prises d'otages, j'ai découvert à quel point il était important de s'attaquer directement aux dynamiques négatives, sans peur mais avec respect.

Il s'agissait de régler un problème que j'avais moi-même engendré. J'avais irrité le représentant du FBI au Canada en entrant dans le pays sans l'avoir d'abord averti (afin qu'il puisse en informer le département d'État), une procédure appelée « habilitation à séjourner dans le pays ».

Je savais que je devais l'appeler et dissiper ses craintes pour résoudre le problème, sans quoi je risquais d'être expulsé. Aux échelons supérieurs, les gens aiment sentir qu'ils dominent. Ils ne veulent pas qu'on leur manque de respect. Et encore moins quand le bureau qu'ils dirigent n'est pas une affectation très demandée.

« Pardonnez-moi, mon père, car j'ai péché », ai-je dit quand il décrocha le téléphone.

Un long silence à l'autre bout du fil.

« Qui est à l'appareil ? dit-il.

— Pardonnez-moi, mon père, car j'ai péché, ai-je répété. Je suis Chris Voss. »

À nouveau un long silence.

« Est-ce que votre supérieur sait que vous êtes ici ? »

J'ai acquiescé et j'ai croisé les doigts. À ce stade, le représentant du FBI aurait tout à fait été en droit de me demander de quitter le Canada sur-le-champ. Mais en mentionnant la dynamique négative, je savais que je l'avais apaisée autant que je le pouvais. J'avais une chance.

« C'est bon, je vous donne l'habilitation à séjourner dans le pays, lâcha-t-il enfin. Je m'occupe des démarches. »

Essayez cette technique la prochaine fois que vous devrez vous excuser pour une erreur stupide. Allez droit au but. Le moyen le plus court et le plus efficace pour établir rapidement une bonne relation est de reconnaître les points négatifs et de les adoucir. À chaque fois que j'échangeais avec la famille d'un otage, je commençais par dire que je savais qu'elle avait peur. Et quand je commets une erreur – ce qui m'arrive souvent –, je reconnais toujours la colère de l'autre. J'ai découvert que la phrase « écoute, je suis vraiment un imbécile » représentait un outil incroyablement efficace pour résoudre les problèmes.

Je n'ai jamais été déçu par cette approche.

Retournons à notre grand-père ronchon.

Il est ronchon parce qu'il ne voit jamais sa famille et qu'il se sent mis à l'écart.

Alors il s'exprime à sa façon, maladroitement, pour attirer l'attention. Comment y remédier ? Au lieu de vous attaquer à son comportement grognon, reconnaissez d'abord sa tristesse, sans la juger. Ainsi, vous le neutralisez.

« On ne se voit pas tellement souvent, pourriez-vous dire. On dirait que tu as l'impression que l'on ne fait pas attention à toi et que, comme tu ne nous vois qu'une fois par an, tu n'as aucune raison de prendre du temps pour nous. »

Vous avez remarqué de quelle façon ces phrases reconnaissent la situation et étiquettent sa tristesse ? Ici, vous pouvez marquer une courte pause, pour qu'il puisse reconnaître et apprécier le fait que vous cherchiez à comprendre ce qu'il ressent ; ensuite, vous pouvcz rctourncr la situation cn offrant unc solution positive.

« Pour nous, ces moments sont un vrai cadeau. Nous voulons entendre ce que tu as à dire. Nous tenons à valoriser ce temps que l'on passe avec toi parce que nous nous sentons mis à l'écart de ta vie. »

Les recherches montrent que la meilleure façon de traiter la négativité est de l'observer, sans réaction et sans jugement – avant d'étiqueter consciencieusement chaque sentiment négatif et de le remplacer par des pensées positives, pleines de compassion et proposant des solutions.

L'un de mes étudiants de l'université de Georgetown s'appelait TJ. À l'époque où il suivait mon cours de négociation, il était assistant contrôleur pour les Washington Redskins et il put mettre en pratique cette leçon.

L'économie était au plus bas et nombre d'abonnés à l'année des Redskins partaient pour éviter cette dépense. Pire, l'équipe avait été minable l'année précédente et certains joueurs avaient connu des problèmes extrasportifs, ce qui éloignait d'autant plus les supporters.

Le directeur financier de l'équipe était de plus en plus inquiet, d'une humeur massacrante et, deux semaines avant le début de la saison, s'approchant du bureau de TJ, il lui jeta un classeur rempli de papiers.

« C'est pour hier », lâcha-t-il avant de s'éloigner.

À l'intérieur, il y avait une liste de 40 abonnés qui n'avaient pas payé leur facture, une clé USB avec un tableur récapitulant la situation de chacun d'entre eux et un texte à réciter en les appelant.

TJ vit tout de suite que le texte était catastrophique. Il commençait en disant que ses collègues avaient cherché à joindre l'abonné depuis des mois, et que le dossier était remonté jusqu'à lui. « Je tenais à vous informer, était-il écrit, que, si vous voulez recevoir vos billets pour le match d'ouverture de la saison prochaine contre les New York Giants, vous devez régler le solde impayé dans son intégralité avant le 10 septembre. »

C'était typiquement le style de communication bêtement agressif, impersonnel, rigide, qui est le standard dans la plupart des entreprises. En l'occurrence, ce n'était que « moi, moi, moi », sans jamais reconnaître la situation particulière de l'abonné. Aucune empathie. Aucune connexion. Juste un message : donnez-moi l'argent.

Ai-je besoin de préciser que le texte fut inopérant ? TJ laissait des messages : personne ne rappelait.

Suivant mon cours depuis quelques semaines, TJ décida de réécrire le texte. Il n'apporta pas de changements énormes et il ne proposa aucune ristourne aux supporters. Il fit juste quelques petites modifications pour que l'objet de l'appel soit les supporters, leur situation et leur amour de l'équipe.

À présent, l'équipe était « *vos* Washington Redskins » et le but de l'appel était de s'assurer que le meilleur supporter – le client en défaut de paiement – serait bien présent pour le match d'ouverture de la prochaine saison. « Nous avons conscience de l'avantage qui nous est donné chaque dimanche, grâce à vous, de jouer à domicile au stade FedEx, disait TJ. Dans ces moments difficiles, nous comprenons que nos supporters souffrent et nous sommes là pour travailler avec vous. » Et il demandait aux abonnés de le rappeler pour évoquer en détail leur « situation particulière ».

Même s'ils étaient simples en apparence, les changements que TJ avait effectués trouvaient une résonance émotionnelle profonde chez les abonnés en défaut de paiement. Ils mentionnaient leur dette vis-à-vis de l'équipe, mais reconnaissaient aussi la dette de l'équipe envers eux et, en mettant des mots sur le climat économique difficile et le stress que cela provoquait, ils adoucissaient la dynamique négative la plus importante – leur incident de paiement – et transformaient le problème en situation qui pouvait être résolue.

Ces changements simples montraient une compréhension profonde de l'empathie chez TJ. Avec ce nouveau texte, il fut en mesure de mettre en place des plans de paiement échelonnés avec tous les abonnés avant le match contre les Giants.

Et comment se déroula la visite suivante du directeur financier ? Eh bien, elle fut nettement moins laconique.

Dégager la voie avant d'annoncer la destination

Vous vous souvenez de l'amygdale, cette partie du cerveau qui génère de la peur ? Eh bien, plus vite on interrompt la réaction de l'amygdale à des menaces réelles ou imaginaires, plus vite on peut dégager les obstacles et produire des sentiments de sécurité, de bien-être et de confiance.

Nous y parvenons en mettant des mots sur les peurs. Ces étiquettes possèdent une puissance incroyable parce qu'elles exposent ces peurs au grand jour, réduisent leur pouvoir et montrent à notre interlocuteur que nous faisons preuve de compréhension.

Repensez au palier de Harlem. Je n'ai pas dit : « On dirait que vous voulez qu'on vous laisse partir. » Tout le monde était d'accord sur ce point. Mais ça n'aurait pas apaisé leur véritable peur ni montré que j'avais de l'empathie pour la sombre complexité de leur situation. C'est pourquoi j'ai visé l'amygdale et ai dit : « On dirait que vous n'avez pas envie de retourner en prison. »

Une fois que l'on a mis des mots sur ces peurs et qu'on les a exposées au grand jour, les réactions négatives dans l'amygdale de votre interlocuteur commenceront à s'estomper. Je vous promets que vous serez stupéfié par la vitesse avec laquelle son langage passera de l'inquiétude à l'optimisme. L'empathie est un puissant antidépresseur.

La route n'est pas toujours aussi facilement dégagée ; ne vous découragez pas si le processus semble plus lent. Dans la tour de Harlem, la négociation a duré six heures. Beaucoup d'entre nous ont des peurs pardessus leurs peurs, comme des couches de vêtements contre le froid ; cela peut donc prendre du temps d'aller vers la sécurité.

C'est ce qu'a expérimenté une autre de mes étudiantes, qui levait des fonds pour les scoutes et qui s'est retrouvée à nommer les peurs de son interlocuteur de façon presque accidentelle.

Nous ne parlons pas ici de quelqu'un qui vend des cookies pour les scoutes ; mon étudiante était une collectrice de fonds expérimentée, qui réussissait souvent à obtenir des dons de 1 000 à 25 000 dollars. Avec les années, elle avait développé un système très efficace pour que ses « clientes », généralement des femmes riches, ouvrent leur carnet de chèques.

Elle invitait une donatrice potentielle à son bureau, lui proposait quelques biscuits de scoutes, lui montrait un album de photos émouvantes et de lettres manuscrites de projets correspondant au profil de la femme, puis recueillait un chèque quand les yeux de la donatrice s'éclairaient. C'était presque devenu facile.

Un jour, cependant, elle fut confrontée à une donatrice inflexible. La femme s'assit dans son bureau et mon étudiante se mit à présenter les projets qui, d'après ses recherches, devaient lui correspondre. Mais la donatrice demeurait sceptique.

Mon étudiante était de plus en plus perplexe face à cette personne qui ne montrait aucune envie de faire un don. Mais elle contint son émotion et repensa à une leçon de mon cours récent sur l'étiquetage. « Je sens une certaine hésitation devant ces projets », dit-elle d'une voix qu'elle espérait mesurée.

Comme si elle avait été libérée, la femme s'écria : « Je veux que mon don soutienne directement le programme pour les scoutes et rien d'autre ! »

Cet élément permit à la conversation de se recentrer mais, tandis que mon étudiante mettait en avant projet après projet – et tous semblaient remplir les critères de la donatrice –, elle n'obtenait en retour que du rejet.

Sentant croître la frustration de cette potentielle donatrice, et voulant finir sur une note positive afin qu'elles puissent se revoir, mon étudiante utilisa une autre étiquette : « On dirait que ce don vous tient vraiment à cœur et que vous désirez trouver le bon projet, celui qui reflétera les opportunités et les expériences bouleversantes que les scoutes vous ont apportées. »

Et cette femme « difficile » signa alors un chèque sans même sélectionner un projet particulier. « Vous me comprenez, dit-elle en se levant pour partir, je vous fais confiance pour choisir le bon projet. »

La dynamique que la première étiquette avait dévoilée était la peur que son argent soit utilisé à mauvais escient. Mais la seconde étiquette mit au jour la dynamique sous-jacente – sa présence même dans le bureau s'expliquait par ses souvenirs très précis de jeune scoute et de la façon dont cela avait changé sa vie.

Le problème ici n'était pas de trouver le bon projet pour la femme. Il ne s'agissait pas d'une donatrice extrêmement pointilleuse et difficile à combler. Le véritable obstacle, c'était que cette femme avait besoin de sentir qu'elle était comprise, que la personne qui gérerait son argent savait pourquoi elle se trouvait dans ce bureau et comprenait les souvenirs qui motivaient ses actes.

C'est pour cela que les étiquettes sont si puissantes et peuvent avoir autant d'effet sur une conversation. En creusant sous ce qui semble être une montagne d'objections, de détails et de logistique, elles aident à dévoiler et identifier l'émotion primaire qui anime presque tous les comportements de votre interlocuteur, cette émotion qui, une fois reconnue, semble miraculeusement résoudre tout lc rcstc.

Procédez à un audit des accusations

Chaque semestre, le premier jour de mon cours de négociation, je propose à mes élèves un petit exercice introductif intitulé « Soixante secondes ou elle mourra ». Je joue un ravisseur et l'étudiant a une minute pour me convaincre de relâcher l'otage. C'est un moyen de briser la glace, qui me permet d'évaluer mes étudiants et qui leur révèle tout ce qu'ils ont à apprendre (un petit secret : l'otage n'est jamais libéré).

Parfois, des étudiants se portent candidats, mais généralement il m'est difficile de trouver des amateurs, parce que cela implique de venir devant toute la classe et de lutter contre celui qui a toutes les cartes en main. Si je demande juste un volontaire, mes étudiants restent les bras croisés et regardent ailleurs. Vous connaissez ça. En y repensant, vous pouvez presque sentir les muscles de votre dos se contracter. « Oh, s'il vous plaît, pas moi ! »

Alors je ne demande pas. Au lieu de ça, je dis : « Si vous avez peur de vous porter volontaire pour faire un jeu de rôle avec moi devant toute la classe, autant vous prévenir : ça va être horrible. »

Quand les rires retombent, j'ajoute : « Et ceux qui se portent volontaires en retireront sans doute plus que quiconque des avantages. »

Et à la fin, j'ai toujours plus de volontaires qu'il ne m'en faut.

Réfléchissez à ce que j'ai fait. J'ai commencé par mettre des mots sur la peur de mon public : qu'est-ce qui pourrait être pire que « horrible » ? J'apaise cette peur et j'attends pour que ça fasse effet ; ensuite, ce qui paraissait déraisonnable semble moins menaçant.

Intuitivement, nous avons tous fait des choses similaires des milliers de fois. Vous commencez à critiquer un ami en disant : « Sans vouloir être sévère… », espérant que ce qui suivra sera adouci. Ou vous dites : « Je ne voudrais pas passer pour un abruti… », espérant que votre interlocuteur vous répondra dans quelques phrases que vous n'êtes pas un si mauvais bougre. La petite erreur – petite mais essentielle –, c'est de nier le négatif. En réalité, cela lui confère du crédit.

Au tribunal, les avocats de la défense font ça très bien en mentionnant, dès leur exposé introductif, toutes les accusations portées contre leur client et toutes les faiblesses de leur dossier. Ils appellent cette technique « retirer le dard de la piqûre ».

Ici, je vais définir une procédure que vous pouvez, si vous l'appliquez méthodiquement, utiliser pour désarmer votre interlocuteur dans toute négociation, du coucher de votre fils à d'importants contrats commerciaux.

La première étape pour ce faire est de lister toutes les choses terribles que votre interlocuteur *pourrait* dire de vous, dans ce que j'appelle un audit des accusations.

L'idée d'un audit des accusations est vraiment difficile à comprendre. La première fois que j'en parle à mes étudiants, ils me répondent tous : « Oh, mon Dieu, on ne peut pas faire ça. » Cela leur semble artificiel ; ils ont l'impression que cela exprime une haine de soi et pensent que ça va juste faire empirer la situation. Mais ensuite, je leur rappelle que c'est exactement ce que j'ai fait le premier jour de l'année, quand j'ai mis des mots en amont sur leur peur du jeu de la prise d'otage. Et ils admettent tous qu'aucun d'entre eux n'en avait conscience.

Pour illustrer cela, je vais me servir de l'expérience d'une de mes étudiantes, Anna, parce que je suis extrêmement fier qu'elle ait transformé ce qu'elle a appris dans mon cours en un million de dollars.

À l'époque, Anna représentait un gros entrepreneur public ayant remporté un appel d'offres important du gouvernement en s'associant à une plus petite entreprise – appelons-la ABC Corp. – dont le P-DG était proche du représentant gouvernemental.

C'est là que les problèmes commencèrent. Comme les bonnes relations d'ABC avaient joué un rôle dans l'obtention du marché, l'entreprise considéra qu'elle avait droit à une part du gâteau, que sa part du contrat soit remplie ou non.

Et donc, alors que le contrat correspondait au travail de 9 personnes, ABC n'apportait aucun soutien – et l'entreprise d'Anna devait donc faire son travail. De mails très critiques en récriminations acerbes, la relation entre ABC et l'entreprise d'Anna dégénéra. Ayant déjà une marge bénéficiaire basse, l'entreprise d'Anna dut entamer de difficiles négociations pour qu'ABC réduise ses effectifs à 5,5 personnes. Les négociations laissèrent à tous un goût amer. Les mails critiques cessèrent – en fait, *tous* les échanges de mails cessèrent. L'absence de communication est toujours un mauvais signe.

Quelques mois après ces discussions douloureuses, le client demanda une refonte majeure du projet ;

l'entreprise d'Anna risquait de perdre énormément d'argent si ABC n'acceptait pas de nouvelles coupes. Comme ABC ne se montrait pas à la hauteur de ses engagements, l'entreprise d'Anna aurait eu de solides arguments contractuels pour l'éliminer totalement. Mais cela aurait entaché la réputation de l'entreprise d'Anna auprès d'un très important client et ABC aurait pu intenter un procès.

Confrontée à ce scénario, Anna organisa une réunion avec ABC où elle et ses partenaires prévoyaient d'informer l'entreprise que les dépenses de personnel seraient limitées à 3 personnes. C'était une situation délicate, étant donné qu'ABC était déjà mécontente de la première coupe. Même si elle était habituellement une négociatrice agressive et sûre d'elle, Anna, inquiète, dormit mal pendant plusieurs semaines. Elle devait arracher des concessions tout en améliorant leur relation. Pas une tâche facile, n'est-ce pas ?

Pour se préparer, Anna commença par s'asseoir avec son partenaire de négociation, Mark, pour lister toutes les accusations qu'ABC pouvait leur lancer. La relation avait tourné à l'aigre depuis longtemps, et la liste était donc longue. Mais les plus gros reproches étaient faciles à repérer :

« Vous êtes typiquement le gros entrepreneur qui cherche à chasser le petit. »

« Vous nous aviez promis que l'on aurait ce travail et vous êtes revenus sur votre promesse. »

« Vous auriez pu nous parler de ce problème il y a des semaines pour nous aider à nous préparer. »

Anna et Mark jouèrent ensuite la scène à tour de rôle, l'un incarnant ABC et l'autre désarmant ces accusations avec des étiquettes. Anna s'entraînait à parler lentement et naturellement : « Vous allez sans doute penser que nous sommes le redoutable gros entrepreneur qui va chasser le petit quand on aura terminé. » « On dirait que vous pensiez que ce travail vous était promis depuis le début », poursuivait Mark. Ils s'entraînèrent devant un observateur, perfectionnant leur rythme ; décidant à quel moment ils mettraient tels mots sur telles peurs ; et prévoyant quand inclure des pauses éloquentes. Il s'agissait véritablement de théâtre.

Quand le jour de la réunion arriva, Anna commença par reconnaître le motif de récriminations principal d'ABC. « Nous comprenons que nous vous avons inclus dans le projet avec l'objectif partagé de vous en laisser le leadership, dit-elle. Vous trouvez peut-être que nous vous avons traités de façon injuste et que nous avons modifié l'accord de façon importante entre-temps. Nous reconnaissons que, de votre point de vue, ce projet vous était promis. »

Les représentants d'ABC acquiescèrent vivement, et Anna poursuivit donc en présentant la situation d'une façon qui les encourageait à considérer les deux entreprises comme des coéquipiers, parsemant ses affirmations de questions ouvertes qui montraient qu'elle était à l'écoute : « À votre avis, qu'y aurait-il encore d'important à ajouter ? »

En nommant les peurs d'ABC, en demandant leur participation, Anna put arracher une information importante sur leurs craintes : ABC pensait que ce contrat était très lucratif pour l'entreprise d'Anna, parce qu'ils imaginaient que celle-ci s'en sortait bien depuis l'accord.

Cela fournit à Mark une occasion d'expliquer que les nouvelles demandes du client avaient transformé les profits de son entreprise en pertes, ce qui signifiait que lui et Anna devaient encore réduire les effectifs d'ABC pour les ramener à trois personnes. Angela, l'une des représentantes d'ABC, poussa un cri de surprise.

« On dirait que vous nous voyez comme le gros entrepreneur redoutable qui essaie de chasser la petite entreprise », dit Anna, coupant court à l'accusation avant qu'elle soit formulée.

« Non, non, ce n'est pas ce que nous pensons », dit Angela, conditionnée par cette reconnaissance à chercher un terrain d'entente.

Maintenant que les points négatifs avaient été nommés et que les pires accusations avaient été dévoilées, Anna et Mark purent faire porter la conversation sur le contrat. Lisez attentivement ce qu'ils font, c'est remarquable : ils reconnaissent la situation d'ABC tout en déplaçant sur elle la responsabilité de trouver une solution.

« On dirait que vous savez très bien comment le contrat avec le gouvernement devrait marcher, dit Anna, mettant des mots sur l'expertise d'Angela.

— Oui, mais je sais que ce n'est pas toujours comme ça que ça se passe », répondit Angela, fière de voir son expérience reconnue.

Anna demanda ensuite à Angela comment elle amenderait le contrat pour que tout le monde gagne de l'argent, ce qui poussa cette dernière à admettre qu'elle ne voyait pas d'autre méthode qu'une réduction des effectifs d'ABC.

Quelques semaines plus tard, le contrat fut modifié ; les versements à ABC étaient réduits, ce qui rapporta un million de dollars à l'entreprise d'Anna. Le contrat était enfin rentable. Mais ce fut la réaction d'Angela à la fin de la réunion qui surprit le plus Anna. Après qu'Anna eut reconnu qu'elle avait apporté de mauvaises nouvelles à Angela et qu'elle comprenait à quel point celle-ci devait être en colère, Angela répondit :

« Ce n'est pas une bonne situation, mais nous apprécions le fait que vous preniez acte de ce qui s'est passé, et nous n'avons pas l'impression que vous nous traitiez mal. Et vous n'êtes pas le “gros entrepreneur redoutable”. »

Et quelle fut la réaction d'Anna ? « Oh, la vache, ce truc-là marche vraiment ! »

Elle a raison. Comme vous venez de le constater, ce qui est beau, quand on s'attaque aux éléments négatifs, c'est que cela nous conduit dans une zone d'empathie sécurisée. Chacun de nous a un besoin inhérent, humain, d'être compris, de nouer des liens avec la personne qui se trouve de l'autre côté de la table. Cela explique pourquoi, après qu'Anna eut nommé les peurs d'Angela, le premier réflexe de celle-ci fut d'ajouter des nuances et des détails. Et ces détails donnèrent à Anna le pouvoir d'accomplir ce qu'elle attendait de la négociation.

Comment obtenir une place – et être surclassé – sur un vol complet

Jusqu'ici, nous avons appris chaque compétence comme s'il s'agissait d'un instrument de musique : d'abord, essayer le saxophone-miroir ; ensuite, la guitare basse-étiquettes ; et enfin, pourquoi est-ce que vous ne souffleriez pas un peu dans le cor du silence tactique ? Mais dans une vraie négociation, tout le groupe joue ensemble. Et vous devez donc apprendre à diriger.

Pour la plupart des gens, faire jouer tous les instruments en même temps est vraiment gênant. On a l'impression que cela va trop vite. Je vais donc passer une chanson au ralenti pour que vous puissiez distinguer chaque instrument, note après note. Je vous promets que vous comprendrez vite comment les compétences que vous avez acquises jouent ensemble, montant, développant des motifs, descendant et observant des pauses dans une harmonie parfaite.

Voici la situation (la chanson, si vous préférez) : mon étudiant Ryan B. prenait l'avion de Baltimore à Austin pour signer un important contrat de conseil en informatique. Depuis six mois, le représentant du client soufflait le chaud et le froid sur sa volonté de faire appel à ses services, mais son système informatique avait rencontré un gros problème et le représentant se trouvait désormais dans une position délicate vis-à-vis de son P-DG. Pour lui faire porter le chapeau, il appela Ryan avec le P-DG à ses côtés et demanda de façon très agressive pour quelles raisons Ryan avait besoin de tellement de temps pour finaliser le contrat. Si Ryan ne se présentait pas le vendredi matin, poursuivit-il, l'accord serait caduc.

Ryan acheta un billet pour le lendemain matin, jeudi, mais un orage électrique éclata à Baltimore, obligeant l'aéroport à fermer pendant cinq heures. Cela devenait douloureusement clair : Ryan allait rater sa correspondance entre Dallas et Austin. Pire, quand il appela American Airlines juste avant son départ, il apprit que ce vol avait été automatiquement reporté au lendemain à 15 heures.

Ryan atterrit à Dallas à 20 heures. Il courut à la porte d'embarquement où le dernier vol American Airlines de la journée allait décoller dans moins de trente minutes. Son but était de monter dans cet avion ou, au minimum, d'avoir un vol plus tôt le lendemain.

Devant lui, à la porte d'embarquement, un couple très agressif hurlait sur l'agent, qui les regardait à peine, tapant sur le clavier de son ordinateur ; clairement, elle faisait de gros efforts pour ne pas leur crier dessus à son tour. Après qu'elle eut répété cinq fois : « Je ne peux rien faire pour vous », le couple en colère baissa enfin les bras et s'en alla.

Pour commencer, regardez comment Ryan retourne à son avantage l'échange électrique qui vient de se produire. Pour un négociateur, arriver à la suite d'une querelle est une excellente position, parce que votre correspondant a désespérément envie d'une relation empathique. Souriez, et vous représentez déjà une amélioration.

« Bonjour, Wendy. Moi, c'est Ryan. On dirait qu'ils étaient assez énervés. »

Cela met des mots sur le négatif et établit une relation fondée sur l'empathie. Ce qui encourage Wendy à parler de sa situation – et Ryan lui renvoie ensuite en miroir ses mots pour l'inviter à aller plus loin.

« Oui, ils ont raté leur correspondance. On a eu pas mal de retards à cause de la météo.

— La météo ? »

Après que Wendy a expliqué comment les retards dans le Nord-Est s'étaient propagés dans tout le système, Ryan met encore des mots sur le négatif, puis renvoie en miroir ses réponses pour l'encourager à aller plus loin.

« Ça a l'air d'avoir été une journée frénétique.

— Il y a eu beaucoup de "clients furieux", vous voyez ? Je veux dire, je le comprends, même si je n'aime pas qu'on me crie dessus. Beaucoup de gens cherchent à aller à Austin pour le grand match.

— Le grand match ?

— Il y a un match de football entre l'université du Texas et l'université du Mississippi et tous les vols pour Austin affichent complet.

— Complet ? »

Arrêtons-nous un moment. Jusqu'alors, Ryan s'est servi d'étiquettes et de miroirs pour créer une relation avec Wendy. Pour elle, cependant, ce sont encore juste des bavardages innocents, parce qu'il ne lui a encore rien demandé. Contrairement au couple mécontent, Ryan prend en compte sa situation. Ses mots oscillent entre « Qu'est-ce que c'est ? » et « Je vous comprends », et les deux l'incitent à aller plus loin.

À présent que l'empathie a été nouée, l'hôtesse laisse échapper une information dont il peut se servir :

« Oui, pendant tout le week-end. Même si personne ne sait combien de passagers prendront ces avions. La météo va probablement rerouter beaucoup de gens vers beaucoup d'endroits différents. »

C'est là que Ryan attaque finalement avec une demande. Mais observez comment il procède : pas en étant sûr de lui ou froidement logique, mais avec de l'empathie et des étiquettes qui reconnaissent sa situation à elle et les placent tacitement dans le même bateau.

« Eh bien, on dirait que vous avez plutôt bien géré cette journée difficile, dit-il. J'ai moi aussi été affecté par les retards dus au climat et j'ai raté ma correspondance. On dirait que ce vol est complet mais, comme vous avez dit, peut-être qu'un passager ratera sa correspondance aussi ? Est-ce qu'il y a une possibilité qu'un fauteuil soit libre ? »

Écoutez ce motif : étiquette, empathie tactique, étiquette. Et ensuite seulement, une requête.

À ce moment, Wendy ne dit rien et se met à taper sur son clavier. Ryan, qui ne veut pas rater un possible accord, se tait. Après trente secondes, Wendy imprime une carte d'embarquement et la tend à Ryan, lui expliquant que quelques fauteuils étaient censés être occupés par des gens qui arriveraient maintenant trop tard. Et pour que le succès de Ryan soit encore plus probant, elle le surclasse.

Tout ça en moins de deux minutes !

La prochaine fois que vous passerez après un client mécontent dans un commerce de quartier ou dans un avion, prenez un moment et entraînez-vous avec des étiquettes et des miroirs sur l'employé. Je vous promets qu'il ne se mettra pas à crier : « N'essayez pas de me contrôler ! » – et il est même possible que vous repartiez avec un peu plus que ce que vous aviez espéré.

Leçons clés

Quand vous chercherez à intégrer les outils de l'empathie tactique dans votre vie quotidienne, je vous encourage à les considérer non pas comme des tics artificiels de conversation, mais plutôt comme des extensions des interactions humaines naturelles.

Dans toute interaction, nous aimons sentir que l'autre personne nous écoute et prend acte de notre situation. Que vous soyez en train de négocier un contrat ou juste de discuter avec l'employé du rayon boucherie de votre supermarché, créer une relation empathique et encourager votre interlocuteur à s'étendre sur sa situation est la base d'une relation humaine saine.

Ces outils, dès lors, ne sont rien d'autre que de bonnes pratiques émotionnelles qui vous aident à soigner l'inaptitude envahissante qui marque les conversations les plus importantes de notre vie. Ils vous aideront à nouer des liens et à créer des relations plus profondes et plus chaleureuses. Le fait qu'ils puissent vous aider à obtenir ce que vous voulez est un bonus ; la connexion humaine est le premier but.

Si vous gardez cela à l'esprit, je vous encourage à prendre le risque de les utiliser dans toutes les conversations que vous entamez. Au début, ils vous paraîtront bizarres et artificiels, mais accrochez-vous.

À une époque de votre vie, apprendre à marcher a aussi semblé horriblement étrange.

En intériorisant ces techniques, en transformant le côté artificiel de l'empathie tactique en habitude, puis en partie intégrante de votre personnalité, gardez à l'esprit ces leçons du chapitre que vous venez de lire :

- Mettez-vous à la place de votre interlocuteur. La beauté de l'empathie est qu'il n'y a pas besoin d'être d'accord avec les idées de l'autre personne (vous pouvez tout à fait les trouver folles). Mais en reconnaissant sa situation, vous exprimez immédiatement l'idée que vous êtes à l'écoute. Et une fois qu'il sait que vous écoutez, il sera susceptible de dire quelque chose dont vous pourrez vous servir.
- Les raisons pour lesquelles un interlocuteur ne *trouverait pas* d'accord avec vous sont souvent plus puissantes que les raisons pour lesquelles il *trouverait* un accord ; appliquez-vous donc d'abord à dégager les obstacles. Nier les obstacles ou les influences négatives leur donne du crédit ; mettez-les en pleine lumière.
- Marquez des pauses. Après avoir mis des mots sur un obstacle ou renvoyé en miroir une affirmation, laissez le temps agir. Ne soyez pas inquiet, l'autre personne remplira le silence.
- Posez des mots sur les peurs de votre interlocuteur pour atténuer leur pouvoir. Nous préférons tous parler de choses heureuses, mais souvenez-vous : plus vite vous interrompez l'action dans l'amygdale de votre interlocuteur (la zone du

cerveau qui produit la peur), plus vite vous pourrez générer un sentiment de sécurité, de bien-être et de confiance.

- Faites la liste des pires choses que la partie adverse pourrait penser de vous, et dites-les avant qu'elle en ait l'occasion. Passer en revue les accusations vous aide à couper les dynamiques négatives avant qu'elles s'enracinent. Et parce que ces reproches ont souvent l'air exagérés quand ils sont prononcés à voix haute, le fait de les exprimer encouragera l'autre personne à affirmer que c'est plutôt le contraire qui est vrai.
- N'oubliez pas que vous traitez avec quelqu'un qui désire être apprécié et compris. Utilisez donc les étiquettes pour renforcer et encourager les perceptions et dynamiques positives.

4

Méfiez-vous du « oui » – maîtrisez le « non »

Laissez-moi vous décrire une scène que nous avons tous vécue. Vous êtes chez vous, juste avant le dîner, et le téléphone sonne. Sans surprise, c'est du démarchage téléphonique. La personne au bout du fil veut vous vendre des abonnements à des journaux, des filtres à eau, du bœuf argentin surgelé – honnêtement, ça n'a aucune importance puisque le scénario est toujours le même. Après avoir écorché votre nom et lancé quelques propos aimables mais pas sincères, elle commence à dérouler son pitch.

La vente agressive qui s'ensuit est un diagramme scénarisé destiné à couper vos routes de sortie en vous enfermant sur une voie dont la seule issue possible est « oui ».

« Est-ce que vous appréciez un bon verre d'eau de temps en temps ?

— Eh bien, oui, mais…

— Moi aussi. Et tout comme moi, je suis sûr que vous aimez l'eau fraîche, propre, sans arrière-goût chimique, comme Dame Nature l'a faite.

— Eh bien, oui, mais… »

Qui est ce type avec un faux sourire dans la voix, vous demandez-vous, qui pense qu'il peut par la ruse vous faire acheter quelque chose dont vous ne voulez pas ? Vous sentez vos muscles se contracter, votre voix prend des intonations défensives et votre rythme cardiaque s'accélère.

Vous avez l'impression d'être sa proie – et vous l'êtes !

La dernière chose que vous avez envie de dire, c'est « oui », même quand c'est la seule réponse logique à la question : « Buvez-vous de l'eau ? » Les compromis et concessions, même à la vérité, sonnent comme des défaites. Et « non » ? Eh bien, « non » sonne comme une victoire, comme une oasis. Vous êtes tenté de dire « non », même quand il s'agit d'une réponse grossièrement fausse, juste pour entendre sa douce sonorité. « *Non*, je n'ai *pas* besoin d'eau, filtrée ou autre. *Je suis un chameau !* »

Réfléchissons maintenant à cette technique de vente. Elle est destinée à obtenir des « oui » à tout prix, comme si les « non » étaient mortels. Et pour beaucoup d'entre nous, c'est le cas. Nous associons énormément de connotations négatives au « non ». Nous parlons du rejet du « non », de la peur de l'entendre. « Non » est *le* terme négatif.

Mais en fin de compte, « oui » est souvent une réponse dénuée de sens, qui cache des objections plus profondes (et « peut-être » est pire encore). Chercher à tout prix le « oui » ne rapprochera pas un négociateur de la victoire ; cela mettra juste l'autre personne en colère.

Alors si le « oui » peut être à ce point inconfortable et si le « non » peut constituer un tel soulagement, pourquoi avons-nous à ce point fétichisé l'un et diabolisé l'autre ?

C'est que nous pensons à l'envers. Pour les bons négociateurs, un « non » est de l'or pur. Le négatif offre une excellente occasion pour vous et la partie adverse de préciser ce que vous voulez vraiment en éliminant ce que vous ne souhaitez pas. « Non » est une sécurité, maintient le *statu quo* ; il fournit temporairement un moyen de contrôle.

À un certain stade, tous les négociateurs doivent apprendre à maîtriser le « non ». Quand vous parviendrez à comprendre la véritable dynamique psychologique qu'il abrite, vous adorerez ce mot. Vous ne cesserez pas seulement d'en avoir peur : vous apprendrez tout ce qu'il peut faire pour vous et comment vous pouvez conclure une entente grâce à lui.

« Oui » et « peut-être » sont souvent sans valeur. Mais un « non » transforme toujours la conversation.

« Non » est le début d'une négociation

Ma fascination pour le « non », avec ses magnifiques nuances, est née grâce à une conversation, quelques mois avant que débute ma carrière dans la négociation.

J'ai commencé au FBI comme membre de l'équipe du SWAT du FBI dans la division de Pittsburgh mais, au bout d'à peine deux ans, j'ai été muté à New York, où le FBI m'a détaché à la Joint Terrorist Task Force (JTTF). C'était un poste extraordinaire. Nous passions nos jours et nos nuits à traquer des personnes suspectées d'activités terroristes, fouillant leurs téléphones, cherchant à estimer si elles pouvaient sévir et de quelle façon. Nous venions délier des nœuds de colère humaine au cœur de la plus grande ville américaine : les décisions que nous prenions – qui est dangereux et qui est juste en train de brasser du vent – avaient des conséquences vitales. Ce travail me fascinait.

Depuis ma toute première journée au FBI, j'étais obsédé par la réaction aux crises. L'immédiateté de la tâche me captivait. Les enjeux étaient importants. Des vies étaient dans la balance.

Le terrain émotionnel était complexe, changeant et souvent conflictuel. Pour réussir à obtenir la libération d'un otage sain et sauf, un négociateur devait pénétrer les motifs, l'état d'esprit, l'intelligence, les forces et les faiblesses émotionnelles du preneur d'otage. Le négociateur jouait les rôles de la brute, du conciliateur, du gros bras, du sauveur, du confesseur, de celui qui incite et de celui qui œuvre à la paix – pour n'en citer que quelques-uns.

Je pensais que j'étais fait pour chacun de ces rôles.

Quelques semaines après mon arrivée à Manhattan, je me présentai au bureau d'Amy Bonderow, qui dirigeait la Crisis Negotiation Team du FBI à New York. Je ne connaissais rien à la négociation, et j'optai donc pour l'approche directe.

« Je veux être négociateur pour les prises d'otages, dis-je.

— Tout le monde veut l'être. Est-ce que vous avez une formation ? répondit-elle.

— Non, dis-je.

— Des références ?

— Non, répondis-je.

— De l'expérience ? demanda-t-elle.

— Aucune, répondis-je.

— Est-ce que vous avez un diplôme en psychologie, sociologie, ou n'importe quelle discipline en rapport avec la négociation ?

— Non.

— On dirait que vous avez répondu vous-même à la question, dit-elle. Non. Maintenant, sortez.

— Sortez ? protestai-je. Sérieusement ?

— Ouais. Ou si vous préférez : laissez-moi tranquille. Tout le monde veut être négociateur pour les prises d'otages, et vous n'avez ni le CV, ni l'expérience, ni les compétences. Que diriez-vous à ma place ? C'est ça : "Non." »

Je m'immobilisai face à elle, pensant : « Ma carrière dans la négociation ne s'arrêtera pas comme ça. » J'avais fait baisser les yeux à des terroristes ; je n'allais pas me contenter de quitter la pièce.

« Allez, dis-je. Il y a forcément quelque chose que je peux faire. »

Amy secoua la tête et partit dans un de ces rires ironiques qui signifient que, pour elle, vous n'avez pas plus de chances qu'une boule de neige en enfer.

« Je vais vous dire. Oui, vous pouvez faire quelque chose : portez-vous volontaire dans une permanence téléphonique contre le suicide. Puis revenez me voir. Sans aucune garantie, compris ? dit-elle. Et maintenant, vraiment, *sortez.* »

Cet entretien avec Amy me fit comprendre les complexités subtiles et cachées de l'art de la conversation, le pouvoir de certains mots, les vérités émotionnelles en apparence opaques qui sous-tendent si souvent des échanges transparents.

Un piège dans lequel beaucoup tombent consiste à prendre au premier degré ce que les autres disent. Je commençai à percevoir que les gens jouaient au jeu de la conversation, mais que c'était dans le jeu *sous* le jeu, peu pratiqué, que se trouvaient tous les leviers.

Dans notre échange, je pus saisir à quel point le mot « non » – apparemment si clair et direct – était loin d'être simple. Au fil des années, j'ai souvent repensé à cette conversation, revoyant, encore et encore, comment Amy m'avait si rapidement rejeté. Mais ses « non » n'étaient que des portes vers le « oui ». Ils lui donnaient – et à moi aussi – du temps pour se retourner, ajuster et réexaminer ; en réalité, ils créaient les conditions pour le seul « oui » qui comptait.

Tout en étant affecté à la JTTF, je travaillais avec un lieutenant du NYPD nommé Martin. Il était intransigeant et, quoi qu'on lui demande, il répondait par la négative, de façon sèche. Quand j'ai commencé à mieux le connaître, je lui ai demandé pourquoi il se comportait ainsi. « Chris, m'a-t-il fièrement rétorqué, le boulot d'un lieutenant, c'est de dire “non”. »

J'ai d'abord pensé que ce type de réponse automatique traduisait un certain manque d'imagination. Et puis j'ai réalisé que je faisais la même chose avec mon fils adolescent, et qu'après lui avoir dit « non » j'étais souvent prêt à écouter ce qu'il avait à me dire.

Après m'être protégé, je pouvais me détendre et envisager plus facilement les différentes possibilités.

« Non » est le début de la négociation, pas sa fin. Nous avons été conditionnés à craindre le mot « non ». Mais il s'agit beaucoup plus souvent d'un ressenti que d'un constat. Le terme veut rarement dire : « J'ai envisagé tous les faits et procédé à un choix rationnel. » Au contraire, « non » signifie souvent le choix, généralement temporaire, de maintenir le *statu quo*. Le changement fait peur, et un « non » apporte un peu de protection.

Dans son excellent livre *Start with No*[1], Jim Camp conseille au lecteur de laisser à son adversaire (le mot qu'il emploie pour « interlocuteur ») le droit de dire « non » dès les commencements de la négociation. Il appelle cela « le droit de veto ». Il remarque que les gens sont prêts à se battre jusqu'à la mort pour garder leur droit à dire « non », et qu'il vaut donc mieux leur accorder ce droit tout de suite : l'environnement de négociation devient alors plus constructif et collaboratif.

Quand j'ai lu l'ouvrage de Camp, j'ai réalisé que c'était quelque chose que nous – qui menions les négociations lors de prises d'otages – savions depuis des années. Nous avions appris que la méthode la plus rapide pour faire sortir un preneur d'otages était de prendre le temps d'une discussion approfondie, et non d'« exiger » qu'il se rende. Exiger sa reddition,

1. Jim Camp, *Start with No. The Negotiating Tools that the Pros Don't Want You to Know*, New York, Crown Business, 2002.

lui « dire » de sortir, finissait toujours par créer une situation de blocage encore plus longue et, parfois, aboutissait même à la mort.

Tout cela traduit le besoin humain profond et universel d'autonomie. Les gens ont besoin de sentir qu'ils contrôlent les choses. Quand vous préservez l'autonomie d'une personne en lui accordant clairement la permission de dire « non » à vos idées, les émotions se calment, l'efficacité des décisions s'accroît et la partie adverse peut vraiment étudier votre proposition. Elle se sent autorisée à la prendre dans ses mains, à l'observer sous toutes les coutures. Et cela vous donne du temps pour entrer dans les détails ou pour évoluer afin de convaincre votre interlocuteur que le changement que vous proposez est plus avantageux que le *statu quo*.

Les grands négociateurs cherchent le « non » parce qu'ils savent que c'est souvent là que commencent les vraies négociations.

Répondre poliment « non » à votre adversaire (nous verrons cela plus en détail au chapitre 9), entendre calmement le « non » et simplement faire savoir à l'autre partie qu'elle peut dire « non », cela a un impact positif sur toute négociation. En fait, l'invitation à dire « non » que vous adressez à la partie adverse possède l'incroyable pouvoir de faire tomber les barrières et de permettre une communication bénéfique.

Cela signifie que vous devez vous entraîner à entendre « non » autrement que comme un rejet, et à y répondre en conséquence. Quand on vous dit « non », vous devez repenser le mot dans l'un de ses sens alternatifs – et bien plus réels :

— je ne suis pas prêt à accepter ;
— vous me mettez mal à l'aise ;
— je ne comprends pas ;
— je ne pense pas en avoir les moyens ;
— je veux autre chose ;
— j'ai besoin de davantage d'informations ;
ou :
— je veux en discuter avec quelqu'un d'autre.

Puis, après avoir marqué une pause, vous pouvez poser des questions ouvrant vers des solutions ou alors simplement étiqueter leur effet :

— qu'est-ce qui ne marche pas pour vous avec cela ?
— de quoi auriez-vous besoin pour que cela fonctionne ?
— on dirait que quelque chose vous dérange.

Les gens ont besoin de dire « non ». Ne restez donc pas à espérer l'entendre ; faites en sorte qu'ils le disent tôt.

Faire preuve de persuasion dans leur monde

Je voudrais vous présenter un type nommé Joe Businessman, au moment où il se prépare pour une négociation. Vous l'avez déjà rencontré. C'est le type bien aguerri, avec toutes ses stratégies, rédigées et mémorisées, tirées de *Getting to Yes*. Et il est *plus* que prêt à les appliquer à celui qui se trouve en face de lui. Joe s'arrête et contemple dans le miroir son costume onéreux, imaginant toutes les choses impressionnantes qu'il dira, tous les tableaux et graphiques sophistiqués qui appuieront ses dires et laisseront son interlocuteur – son *adversaire* – vaincu et défait. Il est Russell Crowe dans *Gladiator*. C'est le meilleur.

Maintenant, je vais vous confier un secret : rien de ce qu'il aura préparé ne vaudra un kopeck. Son style de négociation se résume à moi, moi, moi, ego, ego, ego. Et quand les personnes en face de lui capteront ces signaux, elles décideront qu'il est préférable d'ignorer poliment, et même en cachette, ce Superman… en disant « oui » !

« Hein ? » dites-vous.

Bien sûr, le mot qui sera prononcé, c'est « oui », mais ce n'est qu'un outil pour que ce fanfaron s'en aille. Ils se déroberont plus tard, prétextant une évolution des conditions, des problèmes de budget, la météo. Pour le moment, ils veulent juste être libérés parce que Joe ne les convainc de rien du tout ; il est juste en train de se convaincre tout seul.

En réalité, il y a trois sortes de « oui » : le oui contrefait, le oui de confirmation, le oui d'engagement.

Avec un « oui » contrefait, votre interlocuteur prévoit de dire « non » mais pense qu'un « oui » lui permettra de s'échapper ou alors, de façon peu sincère, il souhaite que la conversation se poursuive pour obtenir plus d'informations ou tout autre type d'avantage. Un « oui » de confirmation est généralement innocent, une réponse instinctive à une question binaire ; il sert parfois à tendre un piège, mais c'est généralement une simple affirmation, sans promesse d'action.

Et un « oui » d'engagement, c'est du sérieux ; c'est un véritable accord, qui débouche sur des actions, un « oui » à la table des négociations qui se termine par la signature du contrat. C'est le « oui » d'engagement que vous recherchez, mais les trois types de « oui » sonnent presque de la même façon. Vous devez donc apprendre à reconnaître celui que votre interlocuteur emploie.

Partout, les hommes sont tellement habitués à ce que l'on cherche à leur arracher un « oui » d'engagement pour obtenir des informations qu'ils sont devenus experts en « oui » contrefaits. C'est ce que font les gens à qui s'adresse Joe Businessman, faisant miroiter le « oui » contrefait pour pouvoir en entendre plus.

Que vous l'appeliez « adhésion » ou « engagement » ou encore autre chose, les bons négociateurs savent que leur boulot ne consiste pas à impressionner leur interlocuteur, mais plutôt à l'amener doucement à découvrir que son but est le même que celui du négociateur.

Je peux vous dire que j'ai appris la leçon à la dure.

Deux mois après avoir parlé à Amy, je commençai à répondre au téléphone pour HelpLine, l'assistance téléphonique de crise fondée par Norman Vincent Peale.

La règle de base était que l'on ne pouvait pas rester en ligne plus de vingt minutes avec la même personne. Normalement, améliorer une situation ne devait pas prendre plus longtemps. Nous avions un épais annuaire recensant les organisations que nous pouvions indiquer aux personnes pour qu'elles obtiennent de l'aide. C'était une approche paramédicale : remettez-les sur pied et donnez-leur congé.

Mais les gens en situation de crise ne représentaient que 40 % des appels que nous recevions. La majorité des appels venait de personnes qui nous contactaient souvent. Elles constituaient un vrai problème, c'étaient des vampires qui pompaient toute l'énergie et que plus personne d'autre ne voulait écouter.

Nous conservions une liste de ces appelants fréquents et, quand on tombait sur l'un d'eux, la première chose à faire était de vérifier s'il avait déjà appelé le jour même, parce qu'ils n'avaient droit qu'à un appel par jour. Ils le savaient aussi. Souvent, ils disaient : « Ouais, c'est Eddy. Je n'ai pas encore appelé aujourd'hui. Allez vérifier la liste. Vous devez me parler. »

Comme j'étais là d'abord pour acquérir une compétence, j'adorais ces appelants fréquents. Ils représentaient un problème, et j'aimais essayer de les comprendre. Je pensais que j'avais quelque talent pour ça. Je me prenais pour une vedette.

Quand vint le temps de mon évaluation, on m'attribua un superviseur d'équipe nommé Jim Snyder. Jim était un vétéran du centre d'appels et c'était une crème ; le seul problème, c'était qu'il voulait toujours blaguer. Jim savait que le plus gros problème d'un centre d'appels, c'était le burn-out des volontaires. Il faisait donc tout ce qu'il pouvait pour rendre le travail amusant. Jim et moi devînmes de bons amis.

Pour mon évaluation, Jim attendit que je reçoive un appel et pénétra dans la salle de monitoring, où les superviseurs pouvaient écouter nos communications. Celle-ci provenait d'un des appelants fréquents, un chauffeur de taxi qui avait peur de sortir et disposait de beaucoup de temps pour m'en parler. Le vampire énergétique (il s'appelait Daryl) commença son numéro en me disant que, s'il ne pouvait plus travailler, il allait perdre sa maison et, avec ça, sa volonté de vivre.

« Sérieusement, à quand remonte la dernière fois que quelqu'un a essayé de vous faire du mal dans la rue ? demandai-je.

— Eh bien, euh… c'était il y a longtemps, dit Daryl.

— C'est-à-dire ?

— Je ne peux pas vraiment me souvenir d'une date, Chris. C'était il y a un an, peut-être.

— On peut donc dire, sans trop s'avancer, que le monde extérieur n'a pas été *trop* dur avec vous, non ?

— Oui, dit Daryl. J'imagine. »

On continua comme ça un moment, et je lui faisais admettre que la plupart d'entre nous avaient peu à craindre du monde extérieur. J'étais à l'aise avec mes nouvelles techniques, en écoutant Daryl et en appliquant la *carefrontation*, le jeu de mots un peu maladroit que l'on avait trouvé pour répondre avec assurance – mais avec sollicitude – aux appelants fréquents.

La conversation glissait naturellement, et notre relation était très bonne. Je réussis même à faire rire Daryl à plusieurs reprises. En terminant l'entretien, il ne pouvait plus me donner une seule raison de ne pas sortir.

« Merci, Chris, dit Daryl juste avant de raccrocher. Merci de faire du si bon boulot. »

Avant d'aller retrouver Jim, je m'enfonçai dans mon fauteuil et savourai le compliment. « Combien de fois reçoit-on ce genre de compliments de la part d'un homme qui souffre ? » pensai-je. Puis je sautai de mon fauteuil et me dirigeai à grandes enjambées vers la salle de monitoring, tellement fier que j'étais à deux doigts de polir mes ongles sur ma chemise et de me taper dans le dos pour me féliciter.

Jim me fit asseoir sur la chaise face à lui et m'adressa son plus grand sourire. Je dus lui retourner un sourire deux fois plus grand encore.

« Eh bien, Chris, dit-il sans se départir de son sourire. C'était l'un des pires appels que j'aie jamais entendus. »

Je fixai Jim, bouche bée.

« Jim, est-ce que tu as entendu Daryl me féliciter ? demandai-je. Il n'avait plus rien à répondre. J'ai annihilé toutes ses pensées. »

Jim souriait – et je détestais ce sourire à présent – et hocha la tête.

« Ça, c'est un signe, parce qu'ils devraient se féliciter eux-mêmes quand ils raccrochent, dit-il. Ils n'ont aucun besoin de te féliciter. Pour moi, ça veut dire que tu en as trop fait. S'il pense que tu l'as fait – que tu es le type qui a annihilé ses pensées –, comment va-t-il pouvoir s'aider lui-même ? Je ne veux pas paraître sévère, mais tu as été horrible. »

En écoutant Jim, je sentais ces picotements acides dans l'estomac que l'on a quand on est obligé d'accepter que la personne qui s'acharne sur vous a complètement raison. La réponse de Daryl avait été une sorte de « oui », mais avait été tout sauf un vrai « oui » d'engagement. Il n'avait fait aucune promesse d'action. Son « oui » avait été destiné à me faire sentir suffisamment bien pour le laisser tranquille. Daryl ne le savait peut-être pas, mais son « oui » était le plus contrefait possible.

En réalité, tout l'appel avait tourné autour de moi et de mon ego, et pas autour de l'appelant. Mais la seule façon pour que les appelants agissent, c'était qu'ils prennent à leur compte la conversation, qu'ils aient l'impression d'être arrivés eux-mêmes à cette conclusion, à ces nécessaires prochaines étapes, et que la voix de l'autre côté ne soit qu'un moyen en vue de ces réalisations.

On peut se servir de toutes les techniques pour créer une bonne relation, un accord et une connexion avec son interlocuteur mais, en fin de compte, cette connexion est inutile si l'autre personne ne sent pas qu'elle est tout autant responsable, si ce n'est *la seule* responsable, de la connexion et des nouvelles idées qu'elle a.

J'acquiesçai lentement, abandonnant le combat.

« L'un des pires appels ? dis-je à Jim. Tu as raison. »

Depuis ce jour, j'ai travaillé dur pour progresser. J'ai posé tellement de questions et j'ai tellement lu que bientôt je devins enseignant dans deux cours destinés aux nouveaux volontaires de HelpLine : le cours introductif sur l'écoute active et celui sur la *carefrontation*.

J'ai compris, pensez-vous. Mais il ne s'agit pas de moi. Nous devons persuader notre interlocuteur depuis sa perspective, pas la nôtre. Mais de quelle manière ? En partant de ses désirs les plus basiques.

Dans toute négociation, dans chaque accord, le résultat vient de la décision prise par quelqu'un d'autre. Et malheureusement, si nous pensons que nous pouvons contrôler ou gérer les décisions des autres avec des compromis et de la logique, nous risquons de perdre gros. Mais si nous ne pouvons contrôler les décisions des autres, nous pouvons les influencer en habitant leur monde et en voyant et entendant exactement ce qu'ils désirent.

Si leur intensité peut varier d'une personne à l'autre, vous pouvez être sûr que chaque personne que vous rencontrez est portée par deux désirs primaires : le besoin de se sentir en sécurité et le besoin de contrôle. Si vous satisfaites ces deux moteurs, vous avez déjà un pied dans la porte.

Comme l'illustre mon échange avec Daryl, vous n'allez pas les *convaincre* logiquement qu'ils sont en sécurité ou maîtres de la situation. Les besoins primaires sont pressants et illogiques ; si vous débattez sans fin et si vous l'acculez dans un coin, votre interlocuteur ne vous accordera qu'un « oui » contrefait.

Et être « gentil », montrer une sympathie feinte, est souvent tout aussi inefficace. Nous vivons une époque qui célèbre la gentillesse sous divers noms. Nous sommes encouragés à être gentils et à respecter les sentiments des gens en permanence, dans toutes les situations.

Mais se contenter d'être gentil dans une négociation peut vous revenir à la figure. Employée comme une ruse, la gentillesse paraît fourbe, donne l'impression que l'on manipule. Qui ne s'est jamais fait avoir en traitant avec un vendeur « gentil » qui vous a roulé dans la farine ? Si vous débarquez dans une négociation avec une gentillesse artificielle, votre doux sourire va faire remonter tout ce passif.

Au lieu d'arriver armé de logique et de sourires feints, nous devons arriver en recherchant le « non ».

C'est ce terme qui donne à celui qui le prononce le sentiment de sécurité et de contrôle. « Non » ouvre les conversations et crée des refuges sûrs pour arriver au « oui » d'engagement final. Un « oui » précoce est souvent une esquive facile et faussée.

Environ cinq mois après qu'elle m'eut congédié, je revins au bureau d'Amy Bonderow et lui dis que je m'étais porté volontaire chez HelpLine.

« C'est vrai ? dit-elle avec un sourire surpris. Je conseille à tout le monde de le faire, et personne ne le fait jamais. »

Amy avait commencé sa carrière dans la négociation en se portant volontaire dans le même organisme. Elle se mit à parler de gens qui étaient désormais des amis communs. Nous rîmes en parlant de Jim.

Puis, brusquement, Amy cessa de parler et me fixa. Je me tortillais pendant qu'elle se taisait. Puis elle sourit.

« Le prochain poste est pour vous. »

Il y avait alors cinq autres personnes qui convoitaient le même poste, des gens qui possédaient des diplômes en psychologie, de l'expérience et des références. Mais ce fut moi qui me rendis à la prochaine formation de négociation en situation de prise d'otages à l'académie du FBI de Quantico, en Virginie. Ma carrière de négociateur était officiellement lancée.

« Non » est une protection

Repensez au démarcheur téléphonique au début du chapitre. La réponse évidente à sa question « Est-ce que vous appréciez un bon verre d'eau de temps en temps ? » est « oui ». Mais tout ce que vous souhaitez, c'est crier : « Non ! » Après une question comme celle-ci, vous savez juste que la suite de l'appel va être pénible.

Cela illustre les contradictions inhérentes des valeurs que nous accordons au « oui » et au « non ». Quand nous négocions, nous voulons bien sûr arriver à un « oui ». Mais par erreur, nous regroupons la valeur positive de ce « oui » final et du « oui » en général. Et parce que nous considérons « non » comme le contraire de « oui », nous en déduisons qu'un « non » est toujours une mauvaise chose.

Rien ne pourrait être plus éloigné de la vérité. Dire « non » apporte un sentiment de sécurité et de contrôle. Vous posez une question qui déclenche un « non » et votre interlocuteur sent qu'en vous ayant rejeté il a prouvé qu'il était aux manettes. Les bons négociateurs apprécient – et même recherchent – un « non » solide pour commencer, comme un signe que la partie adverse est engagée et réfléchit.

Si vous courez après un « oui » d'entrée de jeu, votre interlocuteur sera sur la défensive, méfiant et nerveux. Voilà pourquoi je dis à mes étudiants que, s'ils essaient de vendre quelque chose, ils ne doivent pas commencer par « Est-ce que vous avez quelques minutes pour discuter ? ». Au lieu de cela, il vaut mieux demander :

« Est-ce que j'appelle au mauvais moment ? » Ou bien on leur répondra : « Oui, c'est un mauvais moment », suivi par une indication du bon moment ou une invitation à ne pas rappeler, ou bien on les accueillera avec un « non, ce n'est pas un mauvais moment » et une attention totale.

Pour vous entraîner, la prochaine fois qu'un démarcheur vous appellera, notez les questions qu'il vous pose. Je vous promets que vous découvrirez que votre niveau de désagrément est directement corrélé à la rapidité du « oui » qu'il cherche à tirer de vous.

Ce fut ma collègue Marti Evelsizer qui, la première, m'expliqua pour quelles raisons le « non » était préférable au « oui ».

Marti était alors la coordinatrice pour les négociations en situation de crise à Pittsburgh. C'était une boule d'énergie et un génie de la négociation, et elle était très respectée, tant par le FBI que par les policiers locaux. Mais les hommes sont naturellement jaloux, et son supérieur direct ne faisait pas exception à la règle. Les succès de Marti le rabaissaient, et cela faisait d'elle une menace.

Sa jalousie prit le dessus quand la cellule de négociation en situation de prise d'otages de la police de Pittsburgh proposa à Marti de figurer dans le jury de sélection des nouveaux candidats. La choisir elle, et non son supérieur, était une première.

Et son supérieur décida donc de la démettre de ses fonctions. Pour avoir négligé ses activités courantes, affirmait-il. Mais en réalité, c'était parce qu'elle constituait une menace.

Quand Marti s'assit avec son superviseur pour son entretien officiel de licenciement, elle disposait de peu d'options. Il avait tous les droits.

Marti m'a raconté qu'elle avait envisagé plusieurs scénarios. Elle avait pensé l'attaquer tout de suite sur sa jalousie et régler la question, ou lui expliquer comment ce job aurait une influence bénéfique sur le FBI : « Voulez-vous que notre cellule soit récompensée pour son expertise ? »

Mais finalement, quand elle s'assit face à lui, elle avait opté pour une série de questions orientées vers le « non » d'une fermeté rare.

« Voulez-vous mettre le FBI dans l'embarras ? dit-elle.

— Non, répondit-il.

— Que voulez-vous que je fasse ? » renvoya-t-elle.

Il se recula dans son fauteuil, l'un de ces modèles en faux cuir des années 1950 qui couinent quand on tourne. Il la fixa par-dessus ses lunettes et hocha à peine la tête. Il avait la situation en main.

« Écoutez, vous pouvez garder votre poste, dit-il. Retournez là-bas et faites en sorte que ça n'interfère pas avec vos autres tâches. »

Et une minute plus tard, Marti quittait la pièce, en ayant gardé son poste.

Quand Marti m'a raconté cette histoire, ça a fait « tilt ». En cherchant le « non », Marti poussait son superviseur dans une zone où c'était lui qui prenait les décisions. Puis elle encouragea son sentiment de sécurité et de pouvoir avec une question l'invitant à définir son prochain mouvement.

Ce qui est important ici, c'est que non seulement Marti a accepté le « non », mais aussi qu'elle l'a recherché et saisi.

Récemment, lors d'une réunion de commerciaux, j'ai demandé aux participants quel était le mot qu'ils craignaient tous. Tout le groupe a hurlé : « Non ! » Pour eux – et pour presque tout le monde –, « non » signifie une seule chose : la fin de la discussion.

Pourtant, ce n'est pas le cas.

« Non » n'est pas un échec. Convenablement utilisé, il s'agit d'une réponse qui ouvre la voie. Quand on arrive au point où on n'est plus horrifié par le mot « non », on atteint ce moment libérateur que tout négociateur doit connaître. Parce que si votre plus grande crainte est « non », vous ne pouvez pas négocier. Vous êtes otage du « oui ». Vous avez les mains liées. Vous êtes cuit.

Disséquons le « non ». De quoi s'agit-il ? Il s'agit de réaffirmer son autonomie. Il ne s'agit pas d'user ou d'abuser de son pouvoir ; il ne s'agit pas d'un mouvement de rejet ; il ne s'agit pas d'une manifestation d'entêtement ; il ne s'agit pas de la fin de la négociation.

En fait, bien souvent, un « non » ouvre la discussion. Plus tôt vous direz « non », plus tôt vous serez disposé à voir les options et opportunités auxquelles vous étiez auparavant aveugle. Dire « non » pousse même souvent à agir – les gens sentent qu'ils se sont protégés et voient maintenant une occasion leur échapper.

Depuis que, dans ma pratique, j'ai démythifié le « non », j'ai été fasciné par les idées, les perceptions et le passif que les gens ont avec ce petit mot de trois lettres. Pour moi, c'est comme regarder un film ou un clip des années 1980 pour la énième fois. Vous pouvez vous identifier à cette expérience – tout en étant conscient du fait que le monde et vous avez avancé depuis.

Aujourd'hui, mes étudiants apprennent à voir le « non » pour ce qu'il est. Il ne leur fait pas de mal – pas plus qu'à ceux avec qui ils négocient ; au contraire, il les protège et bénéficie à toutes les parties dans un échange. « Non » crée de la sûreté, de la sécurité et un sentiment de contrôle. C'est une condition pour obtenir un bon résultat qui pourra être mis en œuvre. C'est à la fois un temps d'arrêt, un coup de pouce et une chance pour celui qui parle d'exprimer ce qu'il désire.

Comme vous pouvez le constater, un « non » permet beaucoup de choses :

— Il permet de mettre sur la table les vrais problèmes ;
— Il empêche les gens de prendre des décisions inefficaces – et leur laisse le temps de les corriger ;
— Il ralentit le cours des choses pour que chacun puisse librement adhérer aux décisions prises et aux accords signés ;
— Il aide les gens à se sentir en sécurité, émotionnellement à l'aise, et à disposer du contrôle de leurs décisions ;
— Il permet à tout lc monde d'aller de l'avant.

L'un de mes étudiants à l'université, un collecteur de fonds pour des campagnes politiques nommé Ben Ottenhoff, réussit une performance spectaculaire grâce à mon enseignement. Pour lever des fonds, il avait eu recours pendant des années au scénario traditionnel suivant le « schéma du oui » afin d'obtenir de l'argent pour des candidats républicains au Congrès.

Collecteur de fonds : Bonjour, je voudrais parler à M. Smith.

M. Smith : C'est moi-même.

Collecteur de fonds : Je vous appelle au nom du Comité XYZ et je voulais vous poser quelques questions importantes à propos de la façon dont vous percevez notre situation économique. Est-ce que vous pensez que les prix de l'essence sont actuellement trop élevés ?

M. Smith : Oui, les prix de l'essence sont bien trop élevés et font du tort à ma famille.

Collecteur de fonds : Est-ce que vous pensez que les démocrates sont en partie responsables de ces prix ?

M. Smith : Oui, le président Obama est une mauvaise personne.

Collecteur de fonds : Pensez-vous que nous ayons besoin d'un changement en novembre ?

M. Smith : Oui, je le crois.

Collecteur de fonds : Est-ce que vous acceptez de me fournir votre numéro de carte bancaire, afin de pouvoir contribuer à ce changement ?

En théorie au moins, tous ces « oui » étaient censés bâtir un réservoir de positivité qui explosait en dons quand, à la fin de l'échange, ceux-ci étaient sollicités. Mais le problème, c'est que, pendant des années, ces scénarios suivant le « schéma du oui » ont donné de faibles retours. Toutes les étapes étaient des « oui », mais la réponse finale était invariablement un « non ».

Ensuite, Ben lut dans le cadre de mon cours le livre de Jim Camp, *Start with No*, et il commença à se demander si la recherche du « non » pourrait stimuler les dons. Ben savait que l'idée d'offrir aux potentiels donateurs une porte de sortie confortable serait difficile à faire passer auprès de ses collecteurs de terrain, parce que cela allait à l'encontre de tout ce qu'ils avaient appris. Mais Ben est un garçon intelligent. Au lieu de modifier complètement les scénarios, il fit tester par un petit groupe d'agents sur le terrain le scénario suivant, orienté vers le « non ».

Collecteur de fonds : Bonjour, je voudrais parler à M. Smith.

M. Smith : C'est moi-même.

Collecteur de fonds : Je vous appelle au nom du Comité XYZ et je voulais vous poser quelques questions importantes à propos de la façon dont vous percevez notre situation économique. Est-ce que vous avez l'impression que, si rien ne change, l'Amérique connaîtra des jours meilleurs ?

M. Smith : Non, la situation ne fera qu'empirer.

Collecteur de fonds : Allez-vous rester assis et regarder le président Obama entrer à la Maison Blanche en novembre prochain sans rien faire ?

M. Smith : Non, je vais faire tout ce qui est en mon pouvoir pour que ça ne se produise pas.

Collecteur de fonds : Si vous voulez faire quelque chose dès aujourd'hui afin que cela ne se produise pas, vous pouvez faire un don au Comité XYZ, qui se bat pour vous avec beaucoup de force.

Voyez-vous comment on bascule du « oui » au « non », et comment on propose à M. Smith de faire un don *s'il le veut* ? Cela le place aux commandes : c'est lui qui contrôle la situation. Et cela fonctionne ! Le scénario orienté vers le « non » obtint une rentabilité supérieure de 23 %.

Malheureusement, pour Ben, malgré cette amélioration très nette des résultats, il ne put proposer son scénario à tous ses collecteurs de fonds. Cela allait à l'encontre de l'orthodoxie, et ceux qui faisaient ce métier depuis longtemps appréciaient le confort illusoire qu'offrait le « oui ». On passe souvent à côté des idées géniales, n'est-ce pas ?

Mark Cuban est un génie de la négociation incontournable. C'est le propriétaire milliardaire des Dallas Mavericks. J'évoque toujours devant mes étudiants l'une de ses meilleures formules sur la négociation : « Chaque "non" me rapproche d'un "oui". » Puis je leur rappelle qu'obtenir ces « non » sur la route du « oui » n'est pas toujours chose aisée.

Il y a une grande différence entre faire en sorte que votre interlocuteur sente qu'il peut dire « non » et faire en sorte qu'il le dise effectivement. Parfois, si vous parlez à quelqu'un qui ne vous écoute pas, la seule façon de lui rentrer dedans, c'est de l'irriter pour qu'il dise « non ».

Pour arriver à ce résultat, vous pouvez intentionnellement mal nommer l'une de ses émotions ou l'un de ses désirs. Vous avancez une affirmation en sachant qu'elle est totalement fausse, comme « et donc on dirait que vous avez vraiment envie de quitter votre emploi » quand la personne désire clairement rester en poste. Cela la force à écouter et à vous corriger en précisant : « Non, ce n'est pas ceci. C'est cela. »

Une autre façon de forcer le « non » dans une négociation consiste à demander à la partie adverse *ce qu'elle ne veut pas*. « Parlons de ce que vous refuseriez », par exemple. Les gens se sentent à l'aise ici pour dire « non » parce que c'est de l'autodéfense. Et une fois qu'ils ont dit « non », ils sont beaucoup plus disposés à adopter de nouvelles options et idées.

Un « non » – ou une absence de « non » – fera aussi office d'avertissement, de signe avant-coureur. Si malgré tous vos efforts la partie adverse ne dit toujours pas « non », c'est que vous êtes en train de traiter avec des personnes indécises, confuses, ou qui ont des arrière-pensées. Dans de tels cas, vous devez mettre fin à la négociation et partir.

Pensez-y de cette façon : *no « no » means no go* (pas de « non », pas de négociation).

Un mail magique : comment ne plus jamais être ignoré

Rien n'est plus énervant que d'être ignoré. Être rejeté n'est pas agréable, mais ne pas obtenir de réponse est pire encore. Vous vous sentez invisible, comme si vous n'existiez pas. Et cela vous fait perdre du temps. Nous avons tous connu cette situation : vous envoyez un mail à quelqu'un avec qui vous essayez de faire affaire, et cette personne vous ignore. Puis vous envoyez un mail poli de relance, et vous êtes à nouveau snobé. Que faites-vous alors ?

Vous provoquez un « non » avec ce simple mail, d'une seule phrase : « Avez-vous renoncé à ce projet ? »

L'idée, c'est que ce mail qui ne compte qu'une seule phrase contient ce qu'il y a de meilleur dans les questions orientées vers le « non » et joue sur l'aversion à la perte naturelle et humaine de votre interlocuteur. Le « non » qu'appelle ce mail offre à la partie adverse le sentiment de sécurité et l'illusion de contrôle tout en l'encourageant à définir sa position et à vous l'expliquer.

Et de façon tout aussi importante, cela constitue une menace implicite : vous allez tourner les talons sans rien céder. Pour empêcher cela d'arriver – arrêter les frais et prouver son pouvoir –, l'inclination naturelle de la partie adverse sera de répondre immédiatement et de désapprouver. « Non, nos priorités n'ont pas changé. Nous avons juste été submergés ces derniers temps et… »

Si vous avez des enfants, vous utilisez déjà instinctivement cette technique. Que faites-vous s'ils refusent de quitter la maison, le parc ou le centre commercial ? Vous leur dites : « Très bien, je m'en vais », et vous commencez à vous éloigner. À mon avis, dans la majorité des cas, ils crient : « Non, attends ! » et courent pour vous rattraper. Personne n'aime être abandonné.

Cela peut sembler impoli de s'adresser ainsi à quelqu'un dans un contexte professionnel, mais vous devez passer outre cette impression. Ce n'est pas impoli et, bien que ce soit direct, cela s'accompagne du sentiment de sécurité qu'offre le « non ». C'est le fait de vous ignorer qui est malpoli. Je peux vous dire que j'ai utilisé cette technique avec succès, et pas seulement en Amérique du Nord, mais aussi avec des interlocuteurs de deux cultures différentes (chinoise et arabe) connues pour ne jamais dire « non ».

Leçons clés

Pour beaucoup, il sera difficile d'utiliser dans leur vie quotidienne les outils évoqués dans ce chapitre, parce qu'ils vont directement à l'encontre de l'un des impératifs sociaux les plus importants de nos sociétés : « Soyez gentil. »

Nous nous servons de la gentillesse pour huiler la mécanique sociale, même si c'est souvent une ruse. Nous sommes polis et nous ne montrons pas de désaccord afin de traverser la vie de tous les jours avec le plus petit degré de friction. Mais en transformant la gentillesse en lubrifiant, nous l'avons vidée de son sens. Un sourire et un hochement de tête peuvent signifier « sortez-moi de là ! » tout autant que « ravi de vous rencontrer ».

Pour un bon négociateur – dont le pouvoir vient de sa compréhension de la situation de son interlocuteur et de l'extraction d'informations sur ses désirs et besoins –, c'est fatal. Pour obtenir ces informations, il faut que la partie adverse sente qu'elle est en sécurité et qu'elle a le contrôle. Et aussi contradictoire que cela paraisse, la meilleure façon d'arriver à ce résultat, c'est que la partie adverse soit en désaccord, qu'elle marque ses propres limites, qu'elle définisse ses désirs en fonction de ce qu'elle rejette.

Quand vous essaierez de mettre en pratique les méthodes de ce chapitre, considérez-les comme l'inverse de la « ruse de la gentillesse ». Non pas au sens où elles seraient malveillantes, mais au sens où elles sont authentiques. Déclencher le « non » retire la fausseté artificielle du « oui » et vous apporte ce qui est vraiment en jeu. En cours de route, gardez à l'esprit ces leçons :

- Perdez l'habitude de chercher à arracher un « oui » aux gens. Les gens poussés à dire « oui » se mettent sur la défensive. Nous aimons entendre « oui » et cela nous empêche de voir ce réflexe (que nous avons nous-mêmes quand quelqu'un nous pousse à le dire).
- « Non » n'est pas un échec. Nous avons appris que « non » était l'anti-« oui », et donc un terme à proscrire à tout prix. Mais en réalité, il signifie souvent « attends » ou « je ne suis pas à l'aise avec ça ». Apprenez à l'accueillir calmement. Ce n'est pas la fin d'une négociation, mais son commencement.
- « Oui » est le but d'une négociation, mais ne le recherchez pas dès le début. Le demander trop tôt dans la conversation – « Est-ce que vous aimez boire de l'eau, monsieur Smith ? » – met votre interlocuteur sur ses gardes et vous serez considéré comme un vendeur peu digne de confiance.

- Celui qui dit « non » sent qu'il est en sécurité et qu'il a le contrôle : provoquez-le donc ! En affirmant ce qu'il ne veut pas, votre interlocuteur définit son espace et acquiert la confiance et le confort qui lui permettent de vous écouter. Voilà pourquoi « Est-ce que c'est un mauvais moment pour vous appeler ? » est toujours mieux que : « Avez-vous quelques minutes pour parler ? »
- Parfois, la seule façon pour que votre interlocuteur vous écoute et échange avec vous sera de le pousser à un « non ». Pour ce faire, vous pouvez volontairement mal nommer l'une de ses émotions ou l'un de ses désirs, ou poser une question ridicule – comme « On dirait que vous voulez que ce projet échoue » – à laquelle on ne puisse répondre que par la négative.
- Négocier dans leur monde. Ce n'est pas parce que vous êtes brillant, calme ou vigoureux que vous serez persuasif. Ce qui compte, c'est que l'autre partie se persuade que la solution que vous recherchez vient d'elle-même. Ne les assommez pas avec de la logique ou de la force brute. Posez-leur des questions qui ouvrent des voies vers vos objectifs. *Il ne s'agit pas de vous.*
- Si un partenaire commercial potentiel vous ignore, contactez-le avec une question claire et concise, orientée vers le « non », qui suggère que vous êtes prêt à abandonner. « Avez-vous renoncé à ce projet ? » fonctionne à merveille.

5

Les deux mots qui transforment instantanément une négociation

En août 2000, dans le sud des Philippines, le groupe islamique Abou Sayyaf annonça qu'il avait capturé un agent de la CIA. La vérité était cependant moins digne de faire la une des journaux, et moins intéressante pour les rebelles.

Abou Sayyaf avait kidnappé Jeffrey Schilling, un Américain de 24 ans qui avait voyagé près de leur base, sur l'île de Jolo. Né en Californie, Schilling fut pris en otage, avec une demande de rançon de 10 millions de dollars sur sa tête.

À l'époque, j'étais agent spécial superviseur, affilié à la Crisis Negotiation Unit (CNU) d'élite du FBI. La CNU est l'équivalent des forces spéciales de négociation ; elle est reliée à la Hostage Rescue Team (HRT) du FBI. Toutes deux sont des unités de réponse contre-terroriste nationale. Ce sont les meilleures parmi les meilleures.

La CNU est basée à l'Académie du FBI, à Quantico, en Virginie. L'Académie du FBI est maintenant connue sous le seul nom de « Quantico ». À tort ou à raison, Quantico a la réputation d'être l'un des centres – si ce n'est *le* centre – du savoir sur le maintien de l'ordre. Quand une négociation tourne mal et que l'on ordonne aux négociateurs impliqués d'appeler pour savoir ce que « Quantico » a à dire, c'est la CNU qu'ils contactent.

La CNU a développé un outil de base puissant dans le monde de la négociation de crise, où les enjeux sont élevés : le modèle de changement comportemental en escalier (Behavioral Change Stairway Model, BCSM). Le modèle propose cinq étapes – écoute active, empathie, bonnes relations, influence et changement comportemental – qui mènent le négociateur de l'écoute à l'influence sur le comportement.

Ce modèle doit son origine au grand psychologue américain Carl Rogers, qui suggéra que le véritable changement ne pouvait advenir que quand le thérapeute acceptait son patient tel qu'il est – une approche appelée le regard positif inconditionnel. La grande majorité d'entre nous cependant, explique Rogers, supposent que l'amour, les compliments et l'approbation dépendent du fait de dire et de faire ce que les gens (initialement, nos parents) considèrent comme correct. Pour la plupart d'entre nous, le regard positif que nous expérimentons étant conditionnel, nous développons l'habitude de cacher qui nous sommes réellement et ce que nous pensons réellement, calibrant nos mots pour obtenir l'approbation mais révélant peu de choses.

C'est pour cela que si peu d'interactions sociales conduisent à de vrais changements de comportement.

Pensez au patient typique, qui a une maladie coronarienne sérieuse et qui se remet d'une opération à cœur ouvert. Le médecin lui dit : « Cette opération n'est pas un remède. La seule façon de véritablement prolonger votre existence est de mettre en place les changements de comportement suivants... » Le patient, reconnaissant, répond : « Oui, oui, oui, bien sûr, docteur ! C'est ma seconde chance. Je vais changer ! »

Le fait-il ? Toutes les études montrent que non, rien ne change : deux ans après leur opération, plus de 90 % des patients n'ont pas du tout modifié leur mode de vie.

Bien que les enjeux d'une négociation quotidienne avec votre enfant, votre supérieur ou un client soient généralement moins importants que lors d'une libération d'otages ou d'une crise sanitaire, l'environnement psychologique nécessaire pour obtenir un changement en profondeur – et pas un simple acquiescement temporaire – est identique.

Si vous conduisez quelqu'un sur l'escalier du changement comportemental, chaque étape vise à générer plus de confiance et de connexion, et il y aura un moment capital où le regard positif inconditionnel sera établi. Alors, vous pourrez commencer à exercer votre influence.

Après plusieurs années passées à affiner le BCSM et ses tactiques, je peux enseigner à tout le monde comment atteindre ce moment. Mais comme les cardiologues le savent trop bien, et comme des légions d'étudiants sevrés du plus célèbre livre sur la négociation, *Getting to Yes*, l'ont enfin découvert, vous n'êtes très probablement pas encore arrivé à ce stade si ce que vous entendez est le mot « oui ».

Comme vous allez bientôt l'apprendre, les trois mots les plus agréables dans une négociation sont en réalité : « C'est vrai. »

Créez une discrète épiphanie

Mon nom s'imposait pour l'affaire Schilling. J'avais passé du temps aux Philippines et j'avais une longue expérience du terrorisme puisque, à New York, j'avais été affecté à la JTTF.

Quelques jours après la prise d'otage de Schilling, mon partenaire Chuck Regini et moi-même prîmes l'avion pour Manille afin de conduire les négociations. Avec Jim Nixon, le plus haut représentant du FBI à Manille, nous discutâmes avec les gros bonnets de l'armée philippine. Ils acceptèrent de nous laisser conduire les négociations. Puis nous nous mîmes au travail. L'un de nous s'occuperait de la stratégie pour le FBI et, par conséquent, pour le gouvernement américain. Ce rôle me fut attribué. Avec l'aide de mes collègues, mon boulot consistait à créer une stratégie, à la faire approuver et à la mettre en œuvre.

À la suite de l'affaire Schilling, j'allais devenir le négociateur principal du FBI pour les kidnappings à l'étranger.

Notre principal adversaire était Abou Sabaya, le chef des rebelles qui avait négocié en personne la rançon de Schilling. Sabaya était un vétéran du mouvement, au passé violent. Il sortait tout droit d'un film – dans le rôle du tueur sociopathe terroriste. Il avait des antécédents de viol, de meurtre et de décapitation. Il aimait filmer ses sanglants méfaits et envoyer les vidéos aux médias philippins.

Sabaya portait toujours des lunettes de soleil, un bandana, un t-shirt noir et un treillis. Il pensait que cela le rendait plus élégant. Si vous regardez une photo des terroristes d'Abou Sayyaf prise à cette époque, vous en verrez toujours un qui porte des lunettes de soleil : c'est Sabaya.

Sabaya avait un amour démesuré pour les médias. Il avait placé les journalistes philippins en numérotation rapide sur son téléphone. Ceux-ci l'appelaient et lui posaient des questions en tagalog, sa langue maternelle – et il répondait en anglais parce qu'il voulait que le monde entier entende sa voix sur CNN. « Il faudrait faire un film sur moi », disait-il aux journalistes.

Pour moi, Sabaya était un homme d'affaires sans pitié, avec un ego démesuré. Un vrai requin. Sabaya savait qu'il avait du poids. Avec Jeffrey Schilling, il possédait une marchandise de valeur. Combien pourrait-il en tirer ? Il n'allait pas tarder à le découvrir, et je comptais bien faire en sorte que le résultat soit une mauvaise surprise pour lui. En tant qu'agent du FBI, je voulais libérer l'otage et faire passer en justice ce criminel.

Comprendre comment votre adversaire a déterminé sa position est un volet crucial de toute négociation. Ainsi, Sabaya avait lancé le chiffre de 10 millions de dollars sur la base d'un calcul économique.

Tout d'abord, les États-Unis offraient 5 millions de dollars pour des informations qui mèneraient à l'arrestation d'un des suspects de l'attentat du World Trade Center de 1993. Sabaya se dit que, si les États-Unis étaient prêts à donner 5 millions pour mettre la main sur quelqu'un qu'ils n'aimaient pas, ils paieraient bien plus pour un de leurs citoyens.

Deuxièmement, une faction rivale d'Abou Sayyaf venait, disait-on, de recevoir 20 millions de dollars en échange de six prisonniers d'Europe de l'Ouest. L'homme fort libyen, Mouammar Kadhafi, avait effectué le paiement sous couvert d'« aide au développement ». Cette absurdité avait été aggravée par le fait qu'une portion significative de la rançon avait été payée en faux billets. C'était une opportunité pour Kadhafi à la fois de mettre les gouvernements occidentaux dans l'embarras et de donner ouvertement de l'argent à des groupes avec lesquels il sympathisait. Je suis sûr que cet épisode l'a fait rire jusqu'à sa mort.

Quoi qu'il en soit, un prix avait donc été fixé. Sabaya avait fait ses calculs et estimé que Schilling valait 10 millions de dollars. Le problème, c'est que Jeff Schilling venait d'une famille ouvrière. Sa mère pouvait peut-être payer 10 000 dollars, et les États-Unis n'allaient pas débourser un centime. Mais, en vue de tendre un piège, nous pouvions autoriser un paiement.

Si nous pouvions amener Sabaya à une situation de marchandage entre offre et contre-offre, nous pourrions alors utiliser une tactique qui fonctionnait à tous les coups. Nous pouvions le faire descendre jusqu'au point voulu, libérer l'otage et attirer Sabaya dans notre guet-apens.

Pendant des mois, Sabaya refusa de bouger. Il expliquait que les musulmans aux Philippines avaient souffert de cinq siècles d'oppression, depuis que les missionnaires espagnols avaient importé le catholicisme aux Philippines, au XVIe siècle. Il citait des cas où des atrocités avaient été commises contre ses ancêtres musulmans. Il expliquait les raisons pour lesquelles le groupe Abou Sayyaf voulait établir un État islamique dans le sud des Philippines. Les droits de pêche avaient été violés. Et j'en passe ; il trouvait des exemples et s'en servait.

Sabaya voulait 10 millions de dollars en réparation des dommages de guerre – pas une rançon, non, une réparation de dommages de guerre. Il tenait bon sur cette exigence et nous maintenait hors du système d'offre et de contre-offre que nous cherchions à utiliser contre lui.

Et de temps à autre, il glissait des menaces, affirmant torturer Jeff Schilling.

Sabaya négociait directement avec Benjie, un officier de l'armée philippine. Ils parlaient en tagalog. Nous analysions les transcriptions traduites en anglais et nous en servions pour conseiller Benjie. Je faisais les rotations à Manille et supervisais les échanges et la stratégie. Je donnai à Benjie l'ordre de demander ce que Schilling avait à voir avec cinq siècles d'animosité entre les musulmans et les Philippins. Il dit aussi à Sabaya que la demande de 10 millions de dollars était impossible à satisfaire.

Mais quelle que soit l'approche adoptée pour « raisonner » Sabaya et lui expliquer que Schilling n'avait rien à voir avec des « dommages de guerre », c'était comme si l'on parlait à un sourd.

Le premier « c'est vrai » que nous avons pu arracher se produisit en fait quand je négociais avec Benjie. C'était un vrai patriote et héros philippin. C'était le chef des forces spéciales d'action de la police nationale philippine et il avait eu sa part d'échanges de coups de feu. À bien des occasions, Benjie et ses hommes avaient été envoyés dans des missions de secours pour sauver des otages, et leur bilan était irréprochable. Ses hommes étaient craints, pour de bonnes raisons. Ils emportaient rarement des menottes.

Benjie voulait adopter une ligne dure avec Sabaya et lui parler en termes directs, sans fioritures. Au contraire, nous voulions engager Sabaya à dialoguer pour découvrir ce qui le faisait avancer. Nous voulions en fait établir des relations avec un adversaire. Pour Benjie, c'était déplaisant.

Benjie nous annonça qu'il avait besoin de faire une pause. Nous avions travaillé sur Sabaya près de vingt-quatre heures par jour, sept jours sur sept, pendant plusieurs semaines. Benjie voulait passer du temps avec sa famille dans les montagnes au nord de Manille. Nous acceptâmes, mais seulement à la condition qu'on l'accompagne et que l'on passe quelques heures le samedi et le dimanche à travailler sur la stratégie de négociation.

Ce samedi soir, là, nous nous assîmes dans la bibliothèque de la résidence d'été de l'ambassadeur américain pour réfléchir à la stratégie. Tandis que j'expliquais à Benjie l'importance d'établir une relation de travail fondée sur une bonne entente, même avec un adversaire aussi dangereux que Sabaya, je pouvais voir sur son visage qu'il s'apprêtait à grogner. Je compris qu'il fallait négocier avec lui.

« Tu détestes Sabaya, n'est-ce pas ? » lui dis-je, ouvrant la conversation en mettant des mots sur ce qu'il ressentait.

Benjie vida son sac : « Ça, tu peux le dire ! Il a commis des meurtres et des viols. Quand on a attaqué au mortier ses positions, il est venu dire à la radio : "Ces obus de mortier, c'est de la musique à mes oreilles." Je l'ai entendu un jour sur nos radios, heureux de dire qu'il se tenait sur le corps d'un de mes hommes. »

Pour Benjie, cet éclat était l'équivalent du « c'est vrai ». Pendant qu'il admettait la rage qui l'habitait, je le voyais reprendre le contrôle de sa colère et se calmer. Bien qu'il ait jusqu'alors été très bon, Benjie devint une vedette à partir de ce moment-là. Il prit son envol pour devenir un négociateur de grand talent.

Cette « négociation » entre Benjie et moi n'était pas différente de n'importe quelle négociation entre des collègues en désaccord sur une stratégie. Avant que vous réussissiez à convaincre vos collègues de voir ce que vous cherchez à accomplir, vous devez les conduire à se dire : « C'est vrai. »

Ce moment du « c'est vrai » n'intervient en général pas au début d'une négociation. Quand il se produit, il est invisible pour l'interlocuteur, et ce dernier adopte ce que vous proposez. Pour lui, c'est une épiphanie discrète.

Provoquez un « c'est vrai » avec un résumé

Après quatre mois de négociations, Sabaya refusait toujours de bouger. Je décidai qu'il était temps de remettre les compteurs à zéro.

Benjie était devenu tellement fort pour faire durer les conversations que, certaines fois, on voyait que Sabaya avait dû faire les cent pas pendant une heure avant de l'appeler, cherchant la meilleure façon d'obtenir ce qu'il voulait. Il appelait et disait : « Dites-moi oui ou non ! Juste oui ou non ! »

Il fallait que Sabaya renonce à ces fadaises sur les dommages de guerre. Quel que soit le type d'interrogation, de logique ou de raisonnement que l'on essayait avec lui, il refusait de libérer l'otage. Les menaces contre Schilling revenaient épisodiquement. Nous le dissuadions à chaque fois.

Je décidai que, pour briser ce cercle vicieux, nous devions repositionner Sabaya avec ses propres mots, afin de faire tomber les barrières. Nous avions besoin qu'il dise « c'est vrai ». À l'époque, je n'étais pas sûr du type d'ouverture que ça allait produire. Je savais seulement qu'il fallait faire confiance à la procédure.

Je rédigeai un document de deux pages où je demandais à Benjie de changer de cap. Nous allions nous servir de presque toutes les tactiques disponibles dans l'arsenal de l'écoute active :

1. De vraies pauses : le silence est puissant. Nous avons dit à Benjie de s'en servir pour insister, pour encourager Sabaya à continuer à parler jusqu'à ce

que les émotions soient évacuées, comme quand on vide un marais.

2. Des petits encouragements : en plus du silence, nous avons donné des instructions à Benjie pour qu'il emploie des phrases simples comme « oui », « OK » ou « je vois », afin de véhiculer l'idée qu'il prêtait désormais une attention totale à Sabaya et à tout ce qu'il avait à déclarer.
3. Mettre en miroir : plutôt que de débattre avec Sabaya et d'essayer de dissocier Schilling des « dommages de guerre », Benjie écoutait et répétait ce que disait Sabaya.
4. Étiqueter : Benjie devait donner aux sentiments de Sabaya un nom, et s'identifier à ce qu'il ressentait. « Tout cela paraît horriblement injuste, je comprends à présent pourquoi vous semblez tellement en colère. »
5. Paraphraser : Benjie devait répéter à Sabaya ce que ce dernier disait, dans les termes de Benjie. Cela, lui avons-nous expliqué, allait montrer à Sabaya avec force à quel point Benjie le comprenait, qu'il n'était pas simplement en train de répéter comme un perroquet ses inquiétudes.
6. Résumer : un bon résumé combine deux techniques, reformuler le sens de ce qui est dit et reconnaître les émotions qui sous-tendent ce sens (paraphrase + étiquette = résumé). Nous avons dit à Benjie qu'il devait écouter et répéter « le monde selon Abou Sabaya ». Il fallait qu'il résume intégralement et complètement toutes les sornettes que Sabaya avait inventées au sujet des dommages de guerre et des droits de pêche et des cinq siècles

d'oppression. Et une fois qu'il avait fait cela intégralement et complètement, la seule réponse possible pour Sabaya – comme pour n'importe quelle personne confrontée à un bon résumé – serait « c'est vrai ».

Deux jours plus tard, Sabaya téléphona à Benjie. Sabaya parla, Benjie l'écouta. Quand Sabaya parlait, Benjie suivait mon script : il compatissait avec les malheurs du groupe rebelle. Les miroirs, les encouragements, les étiquettes, chaque tactique fonctionnait naturellement et complétait les autres afin d'amadouer Sabaya et de commencer à faire évoluer son point de vue. Enfin, Benjie répéta dans ses propres termes la version de l'histoire de Sabaya, et les émotions qui accompagnaient cette version.

Sabaya resta silencieux près d'une minute.

Puis il s'exprima.

« C'est vrai », dit-il.

Nous mîmes fin à l'appel.

La demande sur les « dommages de guerre » venait d'être abandonnée.

De ce jour, Sabaya ne mentionna plus jamais l'argent. Il ne demanda jamais un centime pour la libération de Jeffrey Schilling. À la fin, il était tellement las de cette affaire et il en avait tellement assez de détenir le jeune Californien qu'il baissa la garde. Schilling s'évada du campement et les commandos philippins vinrent le sauver. Il put retourner dans sa famille en Californie.

Deux semaines après l'évasion de Jeff Schilling, Sabaya appela Benjie.

« Est-ce que vous avez obtenu une promotion ? demanda Sabaya. Parce que vous l'avez méritée.

— Pourquoi ? demanda Benjie.

— Je m'apprêtais à faire du mal à Jeffrey, dit Sabaya. Je ne sais pas ce que vous avez fait pour m'en empêcher, mais ça a fonctionné. »

En juin 2000, Sabaya fut tué au cours d'une fusillade avec l'armée philippine.

Dans le feu de cette négociation pour la vie d'un homme, je n'ai pas compris la valeur de ces deux mots : « C'est vrai. » Mais en étudiant les transcriptions et en reconstruisant le cours de ces négociations, j'ai réalisé que Sabaya avait changé de cap après avoir prononcé ces mots. Benjie avait utilisé quelques techniques de base que nous avions développées au fil des années. Il avait reflété la vision de Sabaya. Il avait évité la confrontation. Il avait permis à Sabaya de s'exprimer librement et de livrer entièrement sa version des événements.

« C'est vrai » était le signe que les négociations pouvaient sortir de l'impasse. Une barrière qui bloquait tout progrès avait été brisée, ce qui nous conférait un avantage : Sabaya pouvait effectivement tomber d'accord sur un point sans avoir le sentiment de céder.

C'était une victoire invisible.

Quand votre adversaire dit « c'est vrai », il a le sentiment d'avoir évalué ce que vous venez de dire et jugé que c'était correct selon sa volonté propre. Il l'adopte.

« C'est vrai » nous a permis de poursuivre les échanges et d'empêcher Sabaya de faire du mal à

Schilling. Et cela donnait aux commandos philippins du temps pour monter leur opération de sauvetage.

Dans les négociations de libération d'otages, nous n'avons jamais cherché le « oui » comme une fin en soi. Nous savions que le « oui » n'était rien sans le « comment ». Et quand nous avons appliqué au monde des affaires les tactiques de négociation pour la libération d'otages, nous avons pu constater que « c'est vrai » conduit souvent aux meilleurs résultats.

« C'est vrai » fonctionne à merveille (mais « vous avez raison » ne marche pas du tout)

Dans toutes les négociations, chercher à obtenir un « c'est vrai » de son interlocuteur est une stratégie payante. Mais si vous l'entendez prononcer « vous avez raison », c'est une catastrophe.

Prenons pour exemple mon fils, Brandon, et son évolution en tant que joueur de football américain. Durant toute sa scolarité au lycée, il avait joué dans les escouades offensive et défensive. Avec son 1 mètre 90 et ses 113 kilos, il était impressionnant. Il adorait mettre au sol ses adversaires.

Ayant moi-même été *quarterback*, je n'appréciais pas complètement l'aspect fonceur des hommes de ligne (*linemen*). Les *linemen* sont comme des béliers : ils baissent la tête et foncent dans le tas. Ça les rend heureux.

Au lycée privé Saint-Thomas, dans le Connecticut, l'entraîneur de Brandon le fit passer arrière de ligne (*linebacker*), et son rôle changea soudainement – au lieu de foncer sur tout ce qu'il voyait, il devait maintenant éviter les joueurs qui cherchaient à le bloquer. Il était censé empêcher les *blocks* – les éviter, si vous voulez – et aller vers la balle. Mais Brandon continuait à affronter les *blockers* de l'équipe d'en face, ce qui l'empêchait d'aller sur le porteur du ballon. Son entraîneur le supplia d'éviter les *blockers*, mais Brandon n'arrivait pas à évoluer. Il adorait les chocs. Plaquer les joueurs adverses était une source de fierté.

Son entraîneur et moi avons essayé de le lui expliquer. Et à chaque fois, nous obtenions la pire réponse possible : « Tu as raison. » Il était d'accord, en théorie, mais il ne s'appropriait pas la conclusion. Et ensuite, il reproduisait exactement le comportement que l'on cherchait à faire cesser. Il rentrait dans les *blockers* et ne pouvait plus participer à l'action.

Pourquoi « tu as raison » est-elle la pire des réponses ?

Réfléchissez-y : quand quelqu'un vous dérange, et que cette personne ne veut pas s'arrêter, qu'elle n'écoute rien de ce que vous avez à lui dire, qu'est-ce que vous répondez pour qu'elle se taise et s'en aille ? « Tu as raison. »

Ça marche à tous les coups. Dites aux gens « tu as raison » : un sourire joyeux s'affiche sur leur visage et ils vous laissent tranquille pour au moins vingt-quatre heures. Mais vous n'avez pas montré d'accord avec leur position. Vous avez juste utilisé « tu as raison » pour qu'ils arrêtent de vous déranger.

Je me trouvais dans la même situation avec Brandon. Il ne m'écoutait pas, il n'adhérait pas à ma demande.

Que pouvais-je faire pour me faire entendre par ce jeune homme ? Comment pouvais-je l'atteindre, l'aider à modifier son comportement ?

Je repensai à Benjie et Sabaya. Je pris Brandon à part avant un match décisif. J'avais cherché une façon d'entendre ces mots si importants : « C'est vrai. »

« Tu as l'air de croire que ce n'est pas viril d'éviter un *block*, lui dis-je. Tu penses que c'est lâche de s'écarter quand quelqu'un cherche à te rentrer dedans. »

Brandon me regarda et marqua une pause.

« C'est vrai », dit-il.

Avec ces mots, Brandon comprit ce qui le retenait. Quand il réalisa la raison pour laquelle il essayait de faire tomber tous les *blockers*, il changea d'attitude. Il se mit à éviter les *blocks* et devint un arrière de ligne exceptionnellement doué.

Avec Brandon sur le terrain, qui faisait des plaquages et qui était l'arrière de ligne vedette, l'école Saint-Thomas remporta tous ses matchs.

Se servir de « c'est vrai » pour conclure une vente

« C'est vrai » aida l'une de mes étudiantes dans son métier de commerciale pour une grande entreprise pharmaceutique.

Elle essayait de vendre un nouveau produit à un médecin qui utilisait des médicaments similaires. Dans la zone commerciale de mon étudiante, c'était le plus grand prescripteur de ce genre de traitement. La vente était donc essentielle pour elle.

Lors des premiers rendez-vous, le médecin repoussa son produit. Il affirmait qu'il n'était pas meilleur que ceux qu'il utilisait déjà. Il était inamical. Il ne voulait même pas entendre son point de vue. Quand elle présenta les aspects positifs de son produit, il l'interrompit et les critiqua sévèrement.

Préparant son argumentaire de vente, elle absorba le plus d'éléments possible sur le médecin. Elle apprit qu'il était passionné par le traitement de ses patients. Chaque patient était unique à ses yeux. Améliorer leur sentiment de calme et de paix était pour lui le plus important. Comment pouvait-elle faire en sorte que sa compréhension de ses besoins, désirs et passions lui soit bénéfique ?

Lors de la visite suivante, le médecin demanda de quel médicament elle voulait parler. Plutôt que de vanter les mérites de son produit, elle parla de lui et de sa pratique.

« Docteur, dit-elle, la dernière fois que je suis venue, nous avons parlé de vos patients qui souffraient de cette maladie. Je me souviens avoir pensé que vous sembliez très investi dans leur traitement, et que vous faisiez beaucoup d'efforts pour concevoir un traitement spécifique pour chacun de vos patients. »

Il la regarda dans les yeux, comme s'il la voyait pour la première fois.

« C'est vrai, dit-il. J'ai vraiment l'impression de traiter une épidémie que les autres médecins ne voient pas – ce qui signifie que beaucoup de patients ne reçoivent pas les traitements adéquats. »

Elle lui dit qu'il semblait avoir une connaissance approfondie de la façon de soigner ces patients, surtout parce que certains d'entre eux ne réagissaient pas aux médications ordinaires. Ils évoquèrent les défis particuliers auxquels il avait fait face pour soigner ses patients. Il lui donna des exemples.

Quand il eut terminé, elle résuma ce qu'il venait de dire – et insista sur les complexités et problèmes liés au traitement.

« Vous paraissez personnaliser des traitements et médications spécifiques pour chaque patient, dit-elle.

— C'est vrai », répondit-il.

C'était cette rupture qu'elle avait espéré atteindre. Le médecin s'était jusqu'alors montré sceptique et froid. Mais quand elle reconnut la passion qu'il avait pour ses patients – en faisant un résumé –, les barrières tombèrent. Il baissa la garde et elle fut en mesure de gagner sa confiance. Plutôt que de présenter son produit, elle le laissa décrire son traitement et ses procédures. Elle comprit de quelle façon sa médication pouvait entrer dans sa pratique. Elle paraphrasa ensuite ce qu'il avait dit sur les défis auxquels il faisait face et lui renvoya ses propos.

Une fois que le médecin fut devenu plus cordial et eut montré des signes de soutien, elle put vanter les atouts de son produit et décrire avec précision de quelle façon il l'aiderait à arriver au résultat souhaité pour ses patients. Il écoutait attentivement.

« Ça pourrait être parfait pour traiter un patient qui n'a pas bénéficié de la médication que j'ai prescrite jusqu'ici, dit-il. Donnons une chance à votre produit. »

Et c'est ainsi qu'elle put conclure la vente.

Se servir de « c'est vrai » pour assurer sa réussite professionnelle

L'un de mes étudiants coréens obtint un « c'est vrai » en négociant avec son ancien supérieur pour un nouveau poste.

Il devait rentrer à Séoul après avoir obtenu un MBA (Master of Business Administration) et voulait travailler dans le service d'électronique de grande consommation de son entreprise plutôt que dans la section des semi-conducteurs, où il avait été auparavant. Il était spécialiste en ressources humaines. Selon les règles de l'entreprise, pensait-il, il devait rester dans son ancien département, sauf s'il obtenait *aussi* l'accord de son ancien patron. Il avait reçu deux offres d'emploi du département des produits de grande consommation. Il appela donc son ancien patron depuis les États-Unis.

« Il va falloir rejeter cette offre et retrouver votre place ici, dans la division des semi-conducteurs », lui dit celui-ci.

Mon étudiant raccrocha, abattu. S'il voulait grimper les échelons de l'entreprise, il devait obéir à son ancien supérieur. Il refusa donc les deux offres et s'apprêtait à retrouver son poste dans les semi-conducteurs.

Puis il contacta un ami, qui était cadre supérieur dans le département des ressources humaines, afin de vérifier la réglementation de l'entreprise. Là, il découvrit qu'il n'existait aucune règle l'obligeant à rester dans la même division, mais qu'il avait tout de même besoin de la bénédiction de son ancien supérieur pour changer de service.

Il appela à nouveau celui-ci. Et cette fois, il lui posa des questions qui cherchaient à le faire parler.

« Y a-t-il une raison pour laquelle vous voulez que j'aille au siège des semi-conducteurs ? demanda-t-il.

— C'est le meilleur poste pour vous, dit son ancien supérieur.

— Le meilleur poste ? demanda-t-il. Il semble qu'il n'existe aucun règlement stipulant que je doive rester dans la division des semi-conducteurs, dit-il.

— Hum, dit son ex-patron. Je ne pense pas qu'il y en ait.

— Et donc, pourriez-vous m'indiquer ce qui vous a conduit à décider que je resterai dans le département des semi-conducteurs ? » demanda-t-il.

L'ancien patron lui dit qu'il avait besoin de quelqu'un pour l'épauler au siège et tisser des relations entre les divisions des semi-conducteurs et des produits de grande consommation.

« En somme, on dirait que vous pourriez approuver mon nouveau poste, quelle que soit la division, tant que je me trouve au siège et que je peux vous aider à améliorer votre communication avec la direction.

— C'est vrai, dit-il. Je dois reconnaître que j'ai besoin de votre aide au siège. »

Mon étudiant comprit qu'il avait créé une rupture. Non seulement son ancien patron avait prononcé ces doux mots – « c'est vrai » –, mais il avait révélé sa motivation réelle : il avait besoin d'un allié au siège.

« Avez-vous besoin d'aide sur d'autres points ? demanda mon étudiant.

— Je vais tout vous expliquer », répondit l'ex-patron.

Il s'avéra que son ancien supérieur était en course pour une promotion afin de devenir vice-président dans deux ans. Il voulait désespérément ce poste. Il avait besoin de quelqu'un au siège pour faire du lobbying auprès du P-DG de l'entreprise.

« Je vous aiderai de toute façon, affirma mon étudiant. Mais je pourrais contribuer à développer votre réseau et vanter vos mérites auprès du P-DG même si j'étais, au siège, dans la division des produits de grande consommation, n'est-ce pas ?

— C'est vrai, dit-il. Si vous recevez une offre en provenance de cette division, je l'approuverai. »

Bingo ! En posant des questions qui avaient conduit son ancien supérieur à dire « c'est vrai », mon étudiant avait atteint son objectif. Il avait aussi réussi à dénicher deux « cygnes noirs » – la dynamique non dite, sous-jacente et décisive d'une négociation, que nous explorerons plus en détail dans le chapitre 10 :

— son patron avait besoin de quelqu'un pour l'aider à se faire un réseau et communiquer avec le siège ;

— son patron allait postuler pour une promotion et avait besoin de quelqu'un pour parler de lui en bien au P-DG.

Mon étudiant put obtenir le poste qu'il désirait dans la division des produits électroniques de grande consommation. Et il vanta les mérites de son ancien supérieur.

« J'étais ébahi, m'a-t-il écrit dans un mail. Dans cette culture, il n'est pas vraiment possible de savoir ce que pense un supérieur hiérarchique. »

J'ai eu de nombreuses occasions de voyager à travers les États-Unis et de m'adresser à des dirigeants d'entreprise, que ce soit lors de conférences ou de sessions privées de conseil. Je les divertis avec quelques récits de guerre, puis je décris quelques compétences de base pour la négociation. Je révèle toujours quelques techniques. Arriver au « c'est vrai » constitue un élément de base.

Après un discours à Los Angeles, l'une des participantes, Emily, m'envoya un mail :

> Bonjour Chris,
>
> Je me sens tenue de vous dire que je viens d'essayer la technique du « c'est vrai » dans une négociation tarifaire avec une nouvelle cliente potentielle. Et j'ai obtenu ce que je voulais. Je suis tellement enthousiaste !
>
> Avant, je m'en serais sortie avec le prix « du milieu » (entre mon offre initiale et sa contre-offre initiale). Au lieu de ça, je pense que j'ai correctement évalué ses motivations, ai fait ce qu'il fallait pour obtenir un « c'est vrai » (dans son esprit)… et puis elle a proposé la solution que je désirais et m'a demandé si cela me convenait ! Évidemment j'ai accepté.
>
> Merci !
>
> Emily

Et j'ai songé : « C'est vrai. »

Leçons clés

« Dormir dans le même lit et faire des rêves différents » : une vieille expression chinoise qui décrit l'intimité d'un partenariat (dans le mariage ou dans les affaires) sans la communication nécessaire pour le soutenir.

Telle est la recette des mauvais mariages et des négociations qui échouent.

Chaque partie ayant ses propres objectifs, ses propres buts et motivations, la vérité est que les amabilités de conversation – les facilitateurs sociaux que sont les « oui », les « tu as raison » que l'on jette à toute vitesse dans les premiers moments de toute interaction sociale – n'aident en aucune manière à arriver à une véritable compréhension entre vous et votre partenaire.

Le pouvoir d'arriver à cette compréhension – et non à un simple « oui » – est révélateur dans l'art de la négociation. Au moment où vous avez persuadé quelqu'un que vous comprenez réellement ses rêves et ses sentiments (l'ensemble du monde que cette personne habite), des changements mentaux et comportementaux deviennent possibles, et les fondations d'un bouleversement ont été posées.

Servez-vous de ces leçons pour poser ces fondations :

- Créer un regard positif inconditionnel rend possible un changement des pensées et des comportements. Les hommes ont un désir inné qui les pousse à une attitude socialement constructive. Plus une personne se sent comprise, et positivement jugée dans cette compréhension, plus il y a de chances que se matérialise ce désir inné d'adopter une attitude constructive.

- « C'est vrai » est préférable au « oui ». Efforcez-vous de l'atteindre. Dans une négociation, obtenir un « c'est vrai » crée une avancée décisive.
- Employez des résumés pour provoquer ce « c'est vrai ». Un résumé est constitué d'une étiquette et d'une paraphrase. Identifiez, reformulez et affirmez émotionnellement « le monde selon… ».

6

Déformez leur réalité

Un lundi matin à Port-au-Prince, la capitale d'Haïti, un appel arriva au bureau du FBI. C'était le neveu d'une importante figure politique haïtienne. Il parlait tellement vite qu'il dut répéter trois fois son récit avant que je comprenne. Mais finalement, je parvins à saisir l'essentiel : des ravisseurs avaient arraché sa tante de sa voiture, et ils demandaient maintenant une rançon de 150 000 dollars.

« Donne-nous l'argent, lui disaient les ravisseurs, ou ta tante va mourir. »

Dans la période chaotique et anarchique ayant suivi la révolte de 2004 qui renversa le président Jean-Bertrand Aristide, Haïti avait doublé la Colombie en matière de kidnapping aux Amériques. Avec 8 à 10 personnes enlevées chaque jour, ce pays caribéen de 8 millions d'habitants avait l'honneur douteux de posséder le taux de kidnappings le plus élevé du monde.

À cette époque-là, j'étais le négociateur principal du FBI pour les enlèvements à l'étranger. Et je n'avais jamais rien vu de tel. Au Bureau, de nouvelles annonces d'enlèvements – de plus en plus téméraires, des attaques en plein jour en plein Port-au-Prince – semblaient pleuvoir toutes les heures : 14 étudiants kidnappés dans leur car scolaire ; Phillip Snyder, un missionnaire américain, se faisant tirer dessus dans une embuscade et capturer avec un garçon haïtien qu'il emmenait dans le Michigan pour une opération des yeux ; d'importants hommes d'affaires et politiciens haïtiens enlevés dans leur maison, en plein jour. Personne n'était épargné.

La plupart des enlèvements se déroulaient selon le même schéma : des ravisseurs portant des masques de ski encerclaient une voiture ou une maison puis, armés, entraient de force et saisissaient une victime vulnérable – généralement une femme, un enfant ou une personne âgée.

Au début, on pouvait croire que ces kidnappings étaient organisés par des gangs aux mobiles politiques, cherchant à déstabiliser le nouveau gouvernement. Mais ce n'était pas le cas. Les criminels haïtiens sont célèbres pour leur usage de moyens brutaux à des fins politiques mais, quand il s'agissait de kidnappings, c'était presque toujours uniquement pour des motifs financiers.

J'expliquerai plus loin comment nous avons assemblé les pièces du puzzle pour découvrir qui étaient les responsables et ce qu'ils voulaient vraiment – une information de très grande valeur quand il s'est agi de négocier avec ces gangs et de les déstabiliser. Mais d'abord, je voudrais insister sur une particularité des négociations où des vies sont en danger : les choses se jouent très peu en surface.

Le lundi, quand le neveu du politicien reçut cet appel des ravisseurs, il était tellement pétrifié qu'il ne pouvait concevoir qu'une seule réponse : donner l'argent aux voyous. Sa réaction était sensée : lorsque des criminels brutaux vous appellent pour menacer de tuer votre tante si vous ne les payez pas immédiatement, il semble impossible de trouver un levier dans cette situation. Alors, vous payez la rançon et les malfaiteurs libèrent votre parent, n'est-ce pas ?

Faux. Il existe toujours des leviers. La négociation n'est jamais une formule linéaire : ajouter X à Y pour obtenir Z. Nous avons tous des taches aveugles irrationnelles, des besoins cachés, des idées embryonnaires.

Une fois que vous aurez compris ce monde souterrain de pensées et de besoins non formulés, vous entrerez dans un univers de variables qui peuvent être exploitées pour modifier les besoins et attentes de votre interlocuteur.

Qu'il s'agisse de se servir de la peur des échéances et du pouvoir mystérieux des nombres impairs ou de notre relation complexe à la justice, il existe toujours des moyens de déformer la réalité de notre interlocuteur afin que celle-ci se conforme à ce que nous voulons lui donner à la fin, et non pas à ce qu'il pensait exiger au début.

Ne faites pas de compromis

Revenons à notre rançon de 150 000 dollars. On nous a toujours appris à rechercher la solution favorable à tous, à être accommodant, raisonnable. Ici, quelle est la solution qui profiterait à toutes les parties ? Où se situe le compromis ? La logique de négociation traditionnelle que l'on nous enseigne depuis notre enfance, celle qui exalte le compromis, affirme : « Coupons la poire en deux et offrons-leur 75 000 dollars. Comme ça, tout le monde sera content. »

Non. Tout simplement non. Cet état d'esprit « *win-win* » défendu par tellement d'experts en négociation est en général inefficace – et souvent désastreux. Au mieux, il ne satisfait personne. Et si vous l'utilisez avec un interlocuteur qui adopte une approche « *win-lose* », vous risquez fort de finir floué.

Bien sûr, comme nous l'avons déjà noté, vous devez maintenir une approche coopérative, empathique, qui cherche à bâtir de bonnes relations, une approche qui crée une dynamique dans laquelle des accords peuvent se conclure. Mais vous devez vous débarrasser de cette idée naïve. Parce que le compromis – « couper la poire en deux » – peut mener à des résultats calamiteux. C'est souvent une « mauvaise affaire », et nous allons voir dans ce chapitre qu'« il vaut mieux une absence d'accord qu'un mauvais accord ».

Même en cas de kidnapping ?

Oui. Un mauvais accord dans un kidnapping, c'est quand quelqu'un paie et que personne n'est libéré.

Pour faire comprendre mon point de vue sur le compromis, laissez-moi vous donner un exemple : une femme souhaite que son mari porte des chaussures noires avec son costume. Mais son mari refuse : il préfère les chaussures marron. Que font-ils ? Ils font un compromis, chacun fait un pas vers l'autre. Et vous avez deviné le résultat : il finit par porter une chaussure noire et une chaussure marron. S'agit-il là du meilleur résultat ? Non ! En fait, c'est même le *pire* résultat possible. N'importe lequel des deux autres résultats – noir ou marron – serait meilleur que le compromis.

La prochaine fois que vous serez tenté de faire un compromis, souvenez-vous de ces chaussures mal assorties.

Pourquoi sommes-nous tellement épris de l'idée de compromis si celle-ci mène souvent à des résultats médiocres ?

Le véritable problème avec le compromis, c'est qu'il en est venu à être considéré comme un grand concept, dans les relations humaines, dans la politique, etc. Le compromis, nous dit-on simplement, est un bien moral sacré.

Repensez à la demande de rançon : ce qui est juste, c'est de ne pas avoir de rançon à verser, et ce que veut le neveu, c'est ne rien payer. Dès lors, pourquoi paierait-il donc 75 000 dollars, et à plus forte raison 150 000 ? La demande de rançon est illégitime. Avec n'importe quel compromis, le neveu s'en sort avec un résultat singulièrement mauvais.

J'affirme haut et fort que tous ces discours sur le compromis sont des foutaises. Nous ne faisons pas de compromis parce que c'est juste, mais parce que c'est facile et que ça nous permet de sauver la face. Nous faisons des compromis pour être en mesure de dire qu'au moins on a reçu la moitié du gâteau. C'est-à-dire que, en ramenant le principe à son essence, nous faisons des compromis pour être en sécurité. Dans le cadre d'une négociation, la plupart des gens sont mus par la peur ou par le désir d'éviter la douleur. Trop peu de gens sont mus par leurs buts réels.

Ne vous contentez pas du résultat et – voilà une règle simple – *ne faites pas de concessions*. Les solutions créatives sont presque toujours précédées d'un certain degré de risque, de mécontentement, de confusion et de conflit. Les arrangements et le compromis ne produisent rien de tout cela. Vous devez accepter les difficultés. C'est là que se jouent les grands accords. Et c'est ce que font les grands négociateurs.

Les échéances : le temps est votre allié

Le temps est l'une des variables les plus importantes dans une négociation. Le simple passage du temps et son cousin plus tranchant, l'échéance, sont les forces qui poussent chaque accord à sa conclusion.

Que votre échéance soit réelle et absolue ou une simple ligne tracée dans le sable, vous pouvez vous faire avoir en considérant qu'il est plus important de conclure un accord tout de suite que d'obtenir un bon accord. Parce que nous avons tous une tendance naturelle à nous précipiter quand les échéances approchent, nous parlons et agissons de manière impulsive, ce qui va à l'encontre de nos intérêts.

Que font les bons négociateurs ? Ils se forcent à résister à cette urgence et tirent avantage de celle-ci chez les autres. Ce n'est pas si simple. Posez-vous la question : qu'est-ce qui provoque pression et anxiété dans une échéance ? La réponse se trouve dans les conséquences : la perception de la perte que nous subirons à l'avenir – « Le contrat est rompu ! » nous crie notre esprit dans un scénario futur imaginaire – si aucune solution n'est trouvée à un moment donné.

Quand vous permettez au facteur temporel de déclencher de telles pensées, vous vous êtes pris en otage ; vous créez un environnement de comportements réactifs et de mauvais choix, où votre interlocuteur peut se détendre et laisser une échéance imaginaire – et votre réaction par rapport à celle-ci – faire tout le travail pour lui.

Oui, j'utilise à dessein le mot « imaginaire ». Durant les années au cours desquelles j'ai travaillé dans le secteur privé, je me suis efforcé de demander aux chefs d'entreprise et dirigeants avec lesquels j'ai coopéré si, dans leur carrière, ils avaient déjà assisté ou participé à des négociations dans lesquelles le dépassement d'une échéance avait eu des répercussions négatives. Sur mes centaines de clients, il n'y eut qu'une seule personne qui, après avoir réfléchi sérieusement à la question, y répondit par l'affirmative. Les échéances sont souvent arbitraires, presque toujours flexibles ; et ne pas les respecter ne porte presque jamais à conséquence, en tout cas beaucoup moins que ce que l'on pense – ou que ce que l'on nous dit.

Ces dates butoirs sont les croque-mitaines de la négociation, presque exclusivement des fruits de notre imagination que nous nous imposons à nous-mêmes, qui nous déstabilisent sans que cela soit nécessaire, sans raison valable. Le mantra que nous répétons à nos clients est : « Il vaut mieux une absence d'accord qu'un mauvais accord. » Si ce mantra est réellement intériorisé et que les clients commencent à croire qu'ils ont tout leur temps pour mener à bien la négociation, leur patience devient une arme redoutable.

Quelques semaines après le début du boom des enlèvements à Haïti, nous avons vu émerger deux schémas. D'abord, les lundis semblaient particulièrement actifs, comme si les ravisseurs avaient une éthique du travail très poussée et voulaient prendre de l'avance sur leur semaine. Deuxièmement, plus le week-end approchait, plus les bandits étaient impatients de se faire payer.

Au premier abord, cela n'avait aucun sens. Mais en écoutant attentivement les ravisseurs et en débriefant les otages que l'on avait sauvés, nous avons découvert un élément qui aurait dû nous sauter aux yeux : ces crimes n'avaient aucun mobile politique. Ces types étaient des bandits ordinaires qui voulaient se faire payer avant le vendredi pour pouvoir faire la fête le week-end.

Quand nous avons décrypté ce schéma et pris connaissance de cette date butoir que s'imposaient les ravisseurs, nous disposions de deux informations clés qui ont donné un avantage décisif à notre camp.

D'abord, si nous laissions monter la pression en faisant traîner les négociations jusqu'au jeudi ou au vendredi, nous pouvions obtenir le meilleur accord. Et ensuite, comme vous n'aviez pas besoin de 150 000 dollars pour passer un bon week-end à Haïti, une somme beaucoup, beaucoup moins élevée suffirait.

Le degré de précision des menaces nous indiquait si nous étions plus ou moins proches de l'échéance qu'ils s'étaient imposée : « Donne-nous l'argent ou ta tante va mourir » était une menace prononcée à un stade précoce, puisque aucune précision temporelle n'était apportée. Une précision accrue des menaces dans une négociation indique que l'on s'approche de conséquences concrètes, à un moment défini. Pour évaluer le niveau d'une menace, nous prêtions attention aux réponses apportées aux quatre questions : Quoi ? Qui ? Quand ? Comment ? Quand les gens prononcent des menaces, ils créent, consciemment ou inconsciemment, des ambiguïtés et des brèches qu'ils prévoient d'exploiter. Comme ces brèches se refermaient au fur et à mesure que la semaine avançait, et que cela se reproduisait avec tous les enlèvements, nous pûmes mettre au jour le schéma.

Disposant de cette information, j'en vins à considérer les enlèvements comme des événements ordonnés, étalés sur quatre jours. Cela ne les rendait pas plus agréables pour les victimes, mais cela les rendait certainement plus prévisibles – et bien moins onéreux – pour les familles.

Il y a d'autres cas où les échéances peuvent tourner à votre avantage. Les vendeurs de voitures ont tendance à vous proposer un meilleur prix à la fin du mois, au moment où leurs transactions sont évaluées. Et les commerciaux travaillent sur une base trimestrielle et sont plus vulnérables quand le trimestre touche à sa fin.

Maintenant, le fait que les négociateurs se servent des échéances de leurs interlocuteurs pour prendre l'avantage semble suggérer qu'il vaudrait mieux garder secrètes vos propres échéances. Et c'est le conseil que vous donneront la plupart des experts en négociation de la vieille école.

Dans son best-seller de 1980, *You Can Negotiate Anything*[1], l'expert en négociation Herb Cohen raconte l'histoire de son premier gros accord commercial, quand son entreprise l'a envoyé au Japon pour négocier avec un fournisseur.

Quand il est arrivé, ses interlocuteurs lui ont demandé combien de temps il restait, et Cohen a répondu une semaine. Les sept jours suivants, ses hôtes l'ont diverti avec des fêtes, des visites et des sorties – tout sauf la négociation. En fait, les interlocuteurs de Cohen n'ont commencé à parler sérieusement qu'au moment où il était sur le point de partir, et les deux parties ont finalisé les derniers détails de l'accord dans la voiture le ramenant à l'aéroport.

Cohen a atterri aux États-Unis avec le sentiment pesant de s'être fait avoir et d'avoir accordé trop de concessions sous la pression du délai. Rétrospectivement, aurait-il communiqué sa date butoir ? Non, dit Cohen, parce que cela leur a donné un outil dont lui-même ne disposait pas : « Ils connaissaient ma date butoir, mais je ne connaissais pas la leur. »

1. Herb Cohen, *You Can Negotiate Anything*, Secaucus (NJ), Lyle Stuart, 1980.

Cette conception se retrouve partout aujourd'hui. Y voyant une règle facile à suivre et supposant qu'une échéance est une faiblesse stratégique, la plupart des négociateurs suivent le conseil de Cohen et cachent leur date butoir.

Permettez-moi de partager un petit secret avec vous : Cohen et l'ensemble des « experts » en négociation qui suivent son exemple ont tort. Les échéances sont des armes à double tranchant. Cohen était peut-être inquiet de ce que son patron dirait s'il quittait le Japon sans accord. Mais il est également vrai que les interlocuteurs de Cohen n'auraient rien gagné s'il était reparti sans avoir conclu d'accord. Voici la clé : quand la négociation est terminée pour un camp, elle l'est aussi pour l'autre.

En fait, Don A. Moore, professeur à la Haas School of Business de l'université de Californie à Berkeley, explique que le fait de cacher son échéance place en réalité le négociateur dans la pire des positions. Dans ses recherches, il a découvert que cela augmentait énormément le risque d'impasse : avoir une date butoir vous pousse à accélérer le rythme de vos concessions, mais l'autre camp, pensant qu'il a du temps, en attendra encore davantage.

Imaginez si, durant les négociations contractuelles, les propriétaires de la NBA ne prévenaient pas le syndicat des joueurs qu'ils ont une échéance avant un *lockout*[1]. À l'approche de cette date butoir, ils feraient concession sur concession, incitant le syndicat

1. Le *lockout* est une grève patronale. Depuis 1995, la NBA en a connu quatre. *(N.d.T.)*

à continuer à négocier après la date tenue secrète. En ce sens, masquer une échéance signifie que vous négociez avec vous-même – or vous perdrez toujours à ce jeu-là.

Moore a découvert que, quand les négociateurs informent leurs interlocuteurs de leurs délais, ils obtiennent de meilleurs accords. C'est vrai. D'abord, en révélant votre date butoir, vous réduisez le risque d'impasse. Ensuite, quand un adversaire connaît votre échéance, il ira plus rapidement vers la véritable recherche d'un accord et de concessions.

Je voudrais soulever un dernier point avant de continuer : les échéances ne sont jamais intouchables. Le plus important, c'est d'être engagé dans le processus et d'avoir une idée du temps que ça peut prendre. Mais vous constaterez peut-être qu'il n'est pas possible de tout régler dans le temps imparti.

Rien de tel que ce qui est juste

La troisième semaine de mon cours de négociation, je présente à mes étudiants mon jeu préféré, celui qui leur montre à quel point ils ne se comprennent pas (je sais, je suis cruel).

Ça s'appelle le jeu de l'ultimatum, et en voici les règles : les étudiants se répartissent par paires – « celui qui propose » et « celui qui accepte » –, et je donne 10 dollars à celui qui propose. Il doit ensuite offrir à son interlocuteur un montant rond. Si celui qui reçoit l'offre est d'accord, il reçoit ce qui lui a été proposé, et celui qui a fait l'offre reçoit le reste. Si celui qui reçoit l'offre la refuse, personne n'obtient rien et je récupère les 10 dollars.

Qu'ils « gagnent » et conservent l'argent ou qu'ils « perdent » et doivent me le rendre n'a pas d'importance (sauf pour mon porte-monnaie). Ce qui importe, c'est l'offre qu'ils font. Et le plus étonnant, c'est que, presque sans exception, quel que soit le marché conclu, celui-ci est minoritaire. Qu'ils choisissent 6/4 dollars, 5/5 dollars, 7/3 dollars, 8/2 dollars, etc., mes étudiants regardent autour d'eux et sont inévitablement surpris de constater qu'aucune répartition n'a été majoritairement choisie. Pour une tâche aussi simple que diviser 10 dollars « tombés du ciel », il n'existe aucun consensus quant à ce qui serait une répartition « juste » ou « rationnelle ».

Après cette petite expérience, je me mets face à la classe et je fais une remarque que mes étudiants n'aiment pas entendre : le raisonnement qu'ils ont tous suivi était à 100 % irrationnel et émotionnel.

« Quoi ? disent-ils. Mais si, j'ai pris une décision rationnelle. »

Puis je leur démontre pourquoi ils ont tort. D'abord, au vu de la diversité des offres qu'ils ont faites, comment pourraient-elles être dictées par la raison ? Voici l'idée : ils n'en ont pas fait usage. Ils ont simplement supposé que leur interlocuteur tiendrait le même raisonnement qu'eux. « Si vous entamez une négociation en pensant que l'autre personne pense comme vous, vous vous trompez, leur dis-je. Ce n'est pas de l'empathie, c'est de la projection. »

Puis je vais encore plus loin : pourquoi personne dans le groupe de ceux qui faisaient les propositions n'a offert 1 dollar – qui serait pour eux, rationnellement, la meilleure offre, logiquement impossible à rejeter pour l'autre ? Et s'ils l'avaient fait et qu'ils avaient été rejetés – ce qui peut arriver –, pour quelles raisons leur interlocuteur l'aurait-il fait ?

« Quiconque a émis une offre différente de 1 dollar a procédé à un choix émotionnel, dis-je. Et pour ceux qui devaient recevoir des propositions et qui ont refusé 1 dollar, depuis quand obtenir 0 dollar est-il plus intéressant que d'obtenir 1 dollar ? Est-ce que les règles de la finance ont changé ? »

Cela remet en cause la vision que mes étudiants ont d'eux-mêmes en tant qu'acteurs rationnels. Ils ne le sont pas. Aucun de nous ne l'est. Nous sommes tous irrationnels, tous portés par nos émotions. L'émotion est un élément nécessaire pour prendre des décisions, et nous l'ignorons à nos risques et périls. C'est un vrai choc d'en prendre conscience.

Dans *L'Erreur de Descartes. La raison des émotions*[1], le neuroscientifique Antonio Damasio relate une découverte capitale qu'il a faite. En étudiant des patients dont la zone du cerveau associée aux émotions était endommagée, il a observé qu'ils partageaient tous cet étrange trait commun : ils n'arrivaient pas à prendre de décisions. Ils pouvaient décrire ce qu'ils devaient faire en termes logiques, mais il leur était impossible de procéder au plus simple des choix.

---

1. Antonio R. Damasio, *L'Erreur de Descartes. La raison des émotions*, Paris, Odile Jacob, 1999.

En d'autres termes, nous utilisons peut-être la logique pour nous orienter vers une décision, mais le fait de *prendre* une décision est gouverné par l'émotion.

Le mot en « j » : pourquoi il est si puissant, comment l'utiliser, et de quelle façon

Le mot le plus puissant dans une négociation, c'est « juste ». En tant qu'humains, nous sommes extrêmement sensibles à la façon dont nous estimons avoir été traités. Les gens respectent des accords s'ils sentent qu'ils ont été traités avec justice et les fustigent si ce n'est pas le cas.

Une décennie d'études d'imagerie cérébrale a montré que l'activité neuronale humaine – particulièrement dans le cortex insulaire qui régule les émotions – reflète le degré d'injustice dans les interactions sociales. Même les primates non humains sont programmés pour rejeter l'injustice. Dans une étude célèbre, deux sapajous devaient réaliser la même tâche, mais l'un d'entre eux était récompensé avec des raisins tandis que l'autre recevait des concombres. Face à une injustice aussi flagrante, le singe à qui étaient destinés les concombres devint littéralement fou de rage.

Dans le jeu de l'ultimatum, des années d'expérience m'ont appris que la plupart de ceux qui jouent le rôle d'acceptant rejetteront invariablement toute offre inférieure à la moitié de la somme dont dispose celui qui fait la proposition. Arrivé au quart de la somme dont dispose celui qui fait la proposition, vous pouvez laisser tomber : les acceptants se sentent insultés. La plupart des gens font alors ce choix irrationnel qui consiste à laisser filer 1 dollar plutôt que d'accepter une offre dérisoire, parce que la valeur émotionnelle négative de l'injustice est plus forte que la valeur rationnelle positive de l'argent.

Cette réaction irrationnelle devant l'injustice s'étend jusqu'aux grands accords économiques.

Vous souvenez-vous de la mémorable performance de Robin Williams, quand il interprète la voix du génie dans *Aladdin* de Disney ? Parce qu'il voulait laisser une trace merveilleuse pour ses enfants, il accepta un tarif dérisoire – 75 000 dollars, bien loin de sa rémunération habituelle de 8 millions de dollars. Mais ensuite, quelque chose se produisit : le film devint un énorme succès, engrangeant 504 millions de dollars de recettes.

Et Robin Williams péta les plombs.

Réfléchissez à cette réaction en ayant le jeu de l'ultimatum à l'esprit. Williams n'était pas en colère à cause de l'argent : c'est le sentiment d'injustice qui le rendait fou. Il ne s'était pas plaint de son contrat avant qu'*Aladdin* ne remporte un triomphe : mais, ensuite, lui et son agent se plaignirent haut et fort, estimant avoir été floués.

Heureusement pour Williams, Disney ne voulait pas que ses stars soient mécontentes : après avoir d'abord rappelé l'évidence – il avait été heureux de signer ce contrat –, Disney opta pour un geste d'éclat et fit parvenir à la star une peinture de Picasso d'une valeur estimée à un million de dollars.

L'Iran n'a pas eu autant de chance.

Ces dernières années, l'Iran a supporté des sanctions qui lui ont coûté bien plus de 100 milliards de dollars en investissements étrangers et en revenus pétroliers afin de défendre un programme nucléaire d'enrichissement de l'uranium qui ne pourra répondre qu'à 2 % de ses besoins énergétiques. En d'autres termes, tout comme l'étudiant qui refuse 1 dollar tombé du ciel parce que l'offre semble insultante, l'Iran a saboté sa principale source de revenus – les recettes liées au pétrole et au gaz – afin de poursuivre un projet énergétique aux bénéfices attendus faibles.

Pour quelle raison ? Une fois de plus, la justice.

Pour l'Iran, il n'est pas juste que les grandes puissances – qui possèdent plusieurs milliers d'armes nucléaires – aient le droit de décider s'il peut utiliser l'énergie nucléaire. Et pour quelles raisons, se demande l'Iran, est-il considéré comme un paria parce qu'il enrichit l'uranium alors que l'Inde et le Pakistan, qui ont clandestinement acquis des armes nucléaires, sont des membres acceptés de la communauté internationale ?

Dans un entretien télévisé, l'ancien négociateur nucléaire iranien Seyed Hossein Mousavian a mis le doigt dessus : « Pour les Iraniens, la question nucléaire ne relève pas aujourd'hui du nucléaire. Il s'agit de défendre leur intégrité [comme] identité indépendante contre la pression de l'extérieur. »

Vous pouvez ne pas croire l'Iran, mais ses actions prouvent de façon assez claire que le rejet de ce que l'on perçoit comme une injustice, même à un coût substantiel, constitue une motivation puissante.

Une fois que vous avez compris la dynamique désordonnée, émotionnelle et destructive que peut représenter la « justice », vous pouvez vous représenter à quel point « juste » est un mot terriblement puissant que vous devez utiliser avec soin.

En fait, les gens larguent cette « bombe » de trois façons différentes, et une seule d'entre elles est positive.

L'usage le plus fréquent est un mouvement défensif du type de ceux que l'on pratique au judo pour déstabiliser l'adversaire. Cette manipulation prend généralement la forme suivante : « Nous ne voulons que ce qui est juste. »

Repensez à la dernière fois que quelqu'un vous a adressé implicitement cette accusation d'injustice : je parie que cela a immédiatement déclenché en vous des sentiments défensifs et de gêne. Souvent, ces sentiments sont inconscients et aboutissent à une concession irrationnelle.

Il y a quelques années, une de mes amies vendait sa maison à Boston, dans un marché en pleine récession. L'offre qu'elle reçut était bien moins élevée que celle qu'elle espérait – cela signifiait pour elle une grosse perte – et, par frustration, elle largua la « bombe J » sur l'acheteur potentiel.

« Nous ne voulons que ce qui est juste », lâcha-t-elle.

Émotionnellement ébranlé par cette accusation implicite, l'acheteur augmenta immédiatement son offre.

Si vous êtes victime de cette accusation, vous devez comprendre que l'autre partie n'essaie pas forcément de vous faire les poches ; tout comme mon amie, elle peut juste être bouleversée par la situation. Dans tous les cas, la meilleure réponse consiste à prendre une inspiration profonde et à freiner votre désir de faire des concessions. Puis à dire : « OK, je suis désolé. Arrêtons tout et reprenons là où j'ai commencé à te traiter de façon injuste, et nous trouverons une solution. »

Le deuxième usage de la « bombe J » est plus malfaisant. Dans ce cas, votre interlocuteur va *grosso modo* vous accuser d'être idiot ou malhonnête en affirmant : « Nous vous avons fait une offre qui était juste. » C'est une petite attaque redoutable, destinée à détourner votre attention, et à vous manipuler afin que vous cédiez.

Chaque fois que quelqu'un essaie de m'attaquer de cette façon, je pense au dernier *lockout* de la National Football League (NFL).

Les négociations devenaient très tendues, et la NFLPA, l'association des joueurs de la NFL, déclara qu'avant d'accepter un accord elle voulait que les propriétaires dévoilent leurs comptes. Et quelle fut la réponse des propriétaires ?

« Nous avons fait aux joueurs une offre qui était juste. »

Notez le génie maléfique de cette affirmation : au lieu de dévoiler leur comptabilité ou de refuser de le faire, les propriétaires détournent l'attention sur le prétendu manque de sens de la justice de la NFLPA.

Si vous vous trouvez dans une telle situation, la réaction la plus appropriée est simplement de renvoyer en miroir le « j » que l'on vient de vous lancer. Répondez : « Juste ? » avant de marquer une pause pour laisser la puissance du mot faire sur vos interlocuteurs l'effet qu'il était censé avoir sur vous. Poursuivez avec une étiquette : « On dirait que vous êtes prêts à fournir des preuves soutenant cette affirmation » – cela fait allusion à la publication de leurs comptes ou alors à la transmission d'informations qui pourront soit contredire leur prétention à la justice soit vous fournir plus de données à exploiter. Instantanément, vous désamorcez l'attaque.

Le dernier usage du mot « juste » est mon préféré, parce qu'il est positif et constructif. Il pose le décor pour une négociation honnête et empathique.

Voici comment je m'en sers. Au début d'une négociation, je dis : « Je veux que vous ayez le sentiment d'être traité équitablement, à tout moment. Donc, s'il vous plaît, arrêtez-moi dès que vous considérez que je suis injuste, et nous réglerons ça. »

C'est simple et clair et ça fait de moi un partenaire honnête. Avec cette déclaration, je fais savoir aux gens qu'ils ont la liberté d'utiliser ce mot avec moi s'ils le font eux aussi de façon honnête. En tant que négociateur, efforcez-vous d'avoir la réputation d'être juste. Votre réputation vous précède. Faites en sorte qu'en vous précédant elle favorise votre succès.

Découvrir les moteurs émotionnels derrière ce que valorise la partie adverse

Il y a quelques années, j'ai découvert *How to Become a Rainmaker*[1], et j'aime bien relire cet ouvrage

1. Jeffrey J. Fox, *How to Become a Rainmaker. The People Who Get and Keep Customers*, New York, Hyperion, 2000.

de temps à autre pour rafraîchir ma compréhension des moteurs émotionnels qui alimentent nos décisions. Le livre explique parfaitement que la vente n'est pas un débat rationnel, mais un travail de cadrage émotionnel.

Si vous arrivez à faire en sorte que la partie adverse vous révèle ses problèmes, ses souffrances et ses objectifs inachevés – si vous réussissez à trouver ce à quoi les gens adhèrent *vraiment* –, alors vous pourrez leur vendre une certaine vision de leur problème qui présente votre proposition comme la solution idéale.

Vous pouvez le constater au quotidien. Que vend réellement une baby-sitter ? Non pas une garde d'enfants, mais une soirée reposante. Un vendeur de chaudières ? Des pièces douillettes pour du temps passé en famille. Un serrurier ? Le sentiment de sécurité.

Découvrez les moteurs émotionnels et vous pourrez présenter les bénéfices de n'importe quel marché dans un langage qui trouvera un écho.

Déformez leur réalité

Prenez la même personne, modifiez une ou deux variables, et 100 dollars peuvent se transformer en victoire ou en insulte. Si vous reconnaissez ce phénomène, vous pourrez modifier la réalité, de l'insulte à la victoire.

Voici un exemple. Je possède un mug aux couleurs du drapeau suisse. Pas ébréché, mais usé. Combien seriez-vous prêt à payer pour l'obtenir ?

Vous allez probablement me répondre quelque chose comme 3,50 dollars.

Disons maintenant qu'il s'agisse de votre tasse. Vous voulez me la vendre. Dites-moi combien elle vaut.

Vous allez sans doute répondre un montant compris entre 5 et 7 dollars.

Dans les deux cas, il s'agit exactement de la même tasse. Tout ce que j'ai fait, c'est de vous associer à cette tasse – et j'ai complètement changé sa valeur.

Ou imaginez que je vous offre 20 dollars pour faire une course qui dure trois minutes en allant me chercher une tasse de café. Vous allez vous dire que 20 dollars pour trois minutes équivalent à 400 dollars l'heure. Vous serez emballé.

Et si maintenant vous découvrez que, grâce à cette course que vous ferez pour moi, je vais gagner un million de dollars, au lieu d'être extatique (grâce aux 400 dollars de l'heure), vous serez en colère (parce que vous vous êtes fait escroquer).

La valeur des 20 dollars, tout comme celle du mug, n'a pas changé. C'est votre perspective qui a changé. Par la façon dont je positionne ces 20 dollars, je peux vous rendre heureux ou mécontent de les posséder.

Je ne cherche pas ici à vous démontrer une nouvelle fois que notre processus de prise de décision est irrationnel et porté par les émotions. Mais même si nos décisions sont en grande partie irrationnelles, cela ne signifie pas qu'il n'existe pas des schémas cohérents, des principes et des règles derrière nos comportements. Et une fois que vous connaissez ces schémas mentaux, vous pouvez trouver des façons de les influencer.

La meilleure théorie, de loin, pour décrire les principes de nos décisions irrationnelles est la *prospect theory* (« théorie des perspectives »). Créée en 1979 par les psychologues Daniel Kahneman et Amos Tversky, elle décrit comment les gens choisissent entre différentes options comportant des risques – comme dans une négociation. Cette théorie affirme que les gens sont portés vers ce qui est certain plutôt que vers ce qui est possible, même quand la probabilité représente une meilleure solution. Cela s'appelle l'*effet de certitude*. Et les gens prendront de plus grands risques pour éviter des pertes que pour réaliser des gains. Cela s'appelle l'*aversion à la perte*.

C'est pourquoi des gens souscrivent une assurance alors que, statistiquement, ils n'en ont aucunement besoin. Ou songez à cela : si l'on dit à une personne qu'elle a 95 % de chances de recevoir 10 000 dollars ou 100 % de chances d'obtenir 9 499 dollars, elle va normalement éviter le risque et opter pour le choix sûr à 100 % ; mais la même personne, si on lui annonce qu'elle a 95 % de risques de perdre 10 000 dollars et 100 % de risques de perdre 9 499 dollars, fera le choix inverse, choisissant le pourcentage le moins élevé (les 95 %) pour éviter la perte. La possibilité de la perte incite à prendre plus de risques que la possibilité d'un gain équivalent.

Dans les prochaines pages, je présenterai quelques tactiques de la théorie des perspectives dont vous pourrez tirer profit. Mais voici d'abord une leçon importante sur l'aversion à la perte : dans une négociation difficile, il ne suffit pas de montrer à la partie adverse que vous pouvez lui apporter ce qu'elle veut. Pour disposer d'un véritable levier, vous devez aussi la persuader qu'elle a quelque chose de concret à perdre si jamais l'accord tombe à l'eau.

1. Ancrez leurs émotions

Pour déformer la réalité de votre interlocuteur, vous devez commencer par les bases de l'empathie. Démarrez donc par un audit des accusations reconnaissant toutes ses peurs. En ancrant ses émotions pour les préparer à une perte, vous attisez l'aversion à la perte de la partie adverse pour qu'elle saute sur l'occasion de l'éviter.

Pour ma première mission de conseil après avoir quitté le FBI, j'ai eu l'honneur de former l'équipe nationale de négociation pour les prises d'otages des Émirats arabes unis. Malheureusement, le prestige de la mission fut entaché durant le projet par des problèmes avec le maître d'œuvre (j'étais sous-traitant) qui devinrent si sérieux que j'allais devoir revenir vers les fournisseurs avec qui j'avais signé, normalement payés 2 000 dollars par jour, pour leur dire que, pendant plusieurs mois, je ne pourrais leur offrir que 500 dollars.

Je savais exactement comment ils réagiraient si je le leur annonçais de but en blanc : ils me riraient au nez. Alors, j'ai téléphoné à chacun d'entre eux et j'ai attaqué avec un audit des accusations.

« J'ai une mauvaise proposition pour vous », leur déclarais-je. Et je marquais une pause jusqu'à ce que chacun me demande de poursuivre. « Quand on aura terminé cette conversation, vous penserez que je suis un piètre homme d'affaires. Vous penserez que je ne suis pas capable de tenir un budget ou de le planifier. Vous allez croire que Chris Voss est un beau parleur, qui foire complètement son premier grand projet après le FBI. Qu'il ne sait pas conduire une opération. Et peut-être même qu'il a menti. »

Puis, après avoir ancré leurs émotions dans un champ de mines d'attentes faibles, je jouais sur leur aversion à la perte.

« Quoi qu'il en soit, je voulais vous parler de cette opportunité avant de la proposer à quelqu'un d'autre », poursuivais-je.

Et soudain, l'objet de l'appel n'était plus de passer de 2 000 dollars à 500 dollars, mais comment ne pas perdre 500 dollars au profit de quelqu'un d'autre.

Chacun accepta la proposition. Aucune contre-offre, aucune récrimination. Si je n'avais pas ancré leurs émotions de la sorte, leur perception des 500 dollars aurait été très différente. Si j'avais juste appelé et lancé : « Je peux vous donner 500 dollars par jour, qu'en pensez-vous ? » ils l'auraient pris comme une insulte et m'auraient raccroché au nez.

2. Laissez l'autre parler le premier… la plupart du temps

Il est clair que les bénéfices de l'ancrage des émotions sont grands quand il s'agit de modifier la réalité de votre interlocuteur. Mais passer le premier n'est pas nécessairement la meilleure chose pour négocier un prix.

Quand le réalisateur Billy Wilder chercha à recruter le célèbre auteur de romans noirs Raymond

Chandler pour écrire le classique de 1944 *Double Indemnity* (*Assurance sur la mort*), Chandler découvrait Hollywood. Mais il était prêt à négocier et, au cours de la réunion avec Wilder et le producteur du film, Chandler fit la première proposition : au bluff, il demanda 150 dollars par semaine et prévint Wilder que ça pourrait lui prendre trois semaines pour terminer le projet.

Wilder et le producteur purent à peine se retenir de rire ; ils avaient prévu de payer Chandler 750 dollars par semaine et ils savaient qu'il fallait plusieurs mois pour écrire un scénario de film. Heureusement pour l'écrivain, Wilder et le producteur estimaient que le travail de Chandler valait bien plus que quelques centaines de dollars ; ils eurent donc pitié de lui et appelèrent un agent pour le représenter dans les négociations.

De la même façon, un de mes étudiants, Jerry, a complètement gâché sa négociation salariale en parlant le premier (autant vous dire que cela se passait avant qu'il soit mon étudiant).

Lors d'un entretien avec une société financière de New York, il demanda 110 000 dollars, car cela représentait pour lui une augmentation de 30 %. Par la suite, il découvrit que l'entreprise avait fait démarrer tout le monde dans son programme à 125 000 dollars.

C'est pourquoi je vous suggère de laisser la partie adverse ancrer les négociations financières.

Le vrai problème, c'est qu'aucune des parties ne possède d'information parfaite au moment d'entamer la négociation. Cela signifie que, la plupart du temps, vous n'en savez pas assez pour ouvrir avec confiance.

C'est particulièrement vrai quand vous ne connaissez pas la valeur marchande de ce que vous achetez ou vendez, comme Jerry ou Chandler.

En laissant votre interlocuteur ancrer le premier, vous pourriez aussi avoir un coup de chance : j'ai assisté à beaucoup de négociations où la première offre de la partie adverse était supérieure au chiffre *final* que j'avais en tête. Si j'avais parlé le premier, ils auraient accepté et je serais reparti avec la malédiction du vainqueur ou le remords de l'acheteur, cette sensation très douloureuse d'avoir trop payé ou trop mal vendu.

Cela étant dit, vous devez faire attention quand vous laissez l'autre procéder à l'ancrage. Préparez-vous psychologiquement à résister à sa première offre. Si la personne en face de vous est un professionnel, un requin, elle va aller vers un ancrage extrême pour déformer *votre* réalité. Puis, quand elle reviendra avec une offre simplement absurde, celle-ci paraîtra raisonnable, tout comme les 400 dollars d'un iPhone paraissent acceptables par rapport à son prix d'origine insensé (600 dollars).

Cette réaction est une curiosité psychologique : l'effet d'ancrage et d'ajustement. Les chercheurs ont découvert que nous avions tendance à effectuer des ajustements à partir de nos premiers points de référence. Par exemple, la plupart des gens à qui l'on présente le calcul $8 \times 7 \times 6 \times 5 \times 4 \times 3 \times 2 \times 1$ estiment qu'il a un résultat plus élevé que si les mêmes chiffres étaient présentés en sens inverse. C'est parce que nous nous concentrons sur les premiers chiffres, à partir desquels nous extrapolons.

Cela ne signifie pas : « N'ouvrez jamais les négociations. » De telles règles sont faciles à mémoriser mais, comme la plupart des approches simplistes, elles ne sont pas toujours de bon conseil. Si vous traitez avec un interlocuteur débutant, vous serez peut-être tenté d'être le requin et de procéder à un ancrage extrême. Ou si vous connaissez vraiment le marché et que vous négociez avec un pro qui en sait autant que vous, vous pourriez proposer un chiffre juste afin que les négociations aillent plus vite.

Voici mon conseil quant à savoir si vous voulez ou non être le requin qui dévore le débutant : souvenez-vous que votre réputation vous précède. J'ai rencontré des P-DG qui avaient la réputation de toujours malmener leurs interlocuteurs : rapidement, plus personne ne voulut traiter avec eux.

3. Fixez une fourchette de prix

S'il est rarement efficace de parler le premier, il existe une technique grâce à laquelle vous *semblez* faire une offre et, ce faisant, vous déformez la réalité de votre interlocuteur : se référer à une fourchette de prix.

Quand on vous attaque pour que vous indiquiez vos conditions ou votre prix, contrez en rappelant un accord similaire qui établit votre « estimation », fût-elle la meilleure fourchette possible dans laquelle vous voulez vous situer. Au lieu de dire : « Je vaux 110 000 dollars », Jerry aurait pu dire : « Dans des entreprises réputées comme X Corp., les gens qui font ce travail sont payés entre 130 000 et 170 000 dollars. »

Ainsi, vous faites passer votre idée sans mettre la partie adverse sur la défensive. Et cela la pousse à proposer des montants plus élevés. Les travaux scientifiques montrent que les gens qui sont confrontés à des ancrages extrêmes ajustent inconsciemment leurs attentes dans la direction du chiffre d'ouverture. Beaucoup vont même directement à leur prix limite. Si Jerry avait communiqué cette fourchette, l'entreprise aurait probablement opté pour les 130 000 dollars, qui semblaient si modestes comparés aux 170 000 dollars.

Dans une étude récente[1], des psychologues de la Columbia Business School ont découvert que les candidats à un poste qui proposaient une fourchette recevaient des salaires globaux significativement plus importants que ceux qui communiquaient un chiffre, surtout s'ils avançaient une « fourchette de consolidation », dans laquelle le chiffre le plus bas était celui effectivement souhaité.

Si vous proposez une fourchette de prix (et c'est une bonne idée de le faire), attendez-vous à ce que l'on vous propose le montant le plus bas.

4. Passez aux termes non monétaires

Les gens s'appesantissent sur la question du « combien ». Mais ne vous contentez pas des chiffres. Cela conduit au marchandage, à une suite de positions rigides

1. Daniel Ames et Malia Mason, « Tandem Anchoring. Informational and Politeness Effects of Range Offers in Social Exchange », *Journal of Personality and Social Psychology*, vol. 108, n° 2, février 2015, p. 254-274.

définies par des conceptions émotives de la justice et de la fierté. La négociation est une dynamique plus complexe et plus subtile que ça.

En abordant les termes non monétaires de la négociation, vous pouvez facilement déformer la réalité de votre interlocuteur en faveur de votre point de vue. Après avoir fourni un point d'ancrage élevé, votre offre semblera plus raisonnable si vous proposez des choses qui n'ont pas d'importance pour vous mais qui pourraient en avoir pour lui. Ou, si son offre est basse, vous pourriez demander des choses qui ont plus d'importance pour vous que pour lui. Comme il est parfois difficile de trouver ces éléments de négociation, lancer quelques exemples permet d'enclencher la recherche d'idées.

Il y a peu, j'ai assuré une formation pour le barreau de Memphis. Normalement, pour la prestation que recherchaient les avocats, je facture 25 000 dollars par jour. Leur offre était bien inférieure, ce qui m'a fait rechigner. Puis ils ont proposé de me consacrer un article à la une du magazine de leur association. Sachant qu'il serait lu par certains des meilleurs avocats du pays, cela représentait une publicité inestimable (et, en plus, ma mère serait vraiment fière !).

Ça ne leur coûtait rien, et je leur concédai un rabais très important. Cet exemple me sert toujours dans mes négociations quand je donne un prix. Je veux stimuler mon interlocuteur pour voir quel précieux bijou non monétaire il est susceptible de posséder, qui représenterait peu de chose pour lui mais qui aurait de la valeur pour moi.

5. Quand vous parlez chiffres, utilisez les chiffres impairs

Chaque chiffre a une signification psychologique qui va au-delà de sa valeur. Et je ne parle pas de votre attachement au nombre 17 parce que vous croyez qu'il porte bonheur. Ce que je veux dire, c'est qu'en termes de négociation certains chiffres ont l'air plus solides que d'autres.

Ainsi, souvenez-vous que les chiffres se terminant par 0 sont inévitablement perçus comme des éléments temporaires, des estimations qui peuvent facilement être renégociées. Mais n'importe quel chiffre précis – disons 37 263 dollars – donne l'impression que vous y êtes arrivé par un calcul mûrement réfléchi. Pour votre interlocuteur, de tels nombres ont l'air sérieux et permanents : utilisez-les pour consolider vos offres.

6. Surprenez avec un cadeau

Vous pouvez amener votre interlocuteur à un état d'esprit propice à la générosité en fixant un ancrage extrême puis, après son inévitable premier refus, en lui proposant un cadeau inattendu d'une autre nature.

De tels gestes de conciliation sont d'une très grande efficacité parce qu'ils introduisent une dynamique de réciprocité : la partie adverse ressent le besoin de répondre à votre générosité de la même manière. D'un coup, elle va relever son offre, ou chercher à l'avenir à vous rendre votre générosité. Les gens se sentent tenus de rembourser leurs dettes.

On peut observer cette dynamique dans la politique internationale. En 1977, le président égyptien Anouar el-Sadate fit avancer de façon spectaculaire les négociations sur le traité de paix entre l'Égypte et Israël en prenant la parole à la Knesset de façon inopinée, un geste généreux qui n'impliquait pas qu'il ferait des concessions, mais qui signifiait un grand pas vers la paix.

Pour revenir à Haïti, quelques heures après que les ravisseurs eurent capturé sa tante, j'étais au téléphone avec le neveu de l'homme politique.

Il était impossible pour sa famille de trouver les 150 000 dollars, me dit-il, mais elle pouvait payer entre 50 000 et 85 000 dollars. Cependant, sachant que les rançons ne servaient qu'à faire la fête, je visais un chiffre bien inférieur : 5 000 dollars. Nous n'allions faire aucun compromis. C'était une question de fierté professionnelle.

Je conseillai au neveu de commencer en ancrant la conversation dans l'idée qu'il n'avait pas la somme, mais sans jamais dire « non » pour ne pas heurter son interlocuteur.

« Comment faire ? » demanda-t-il lors de la conversation suivante.

Le ravisseur proféra une nouvelle menace imprécise contre la tante et exigea à nouveau l'argent.

À ce moment-là, je conseillai au neveu de remettre subtilement en question l'équité du ravisseur.

« Je suis désolé, répondit le neveu, mais pourquoi devrions-nous payer si vous comptez lui faire du mal ? »

Cela permit d'évoquer la mort éventuelle de la tante, sachant que les ravisseurs voulaient absolument éviter d'en arriver à une telle extrémité. Il fallait qu'elle soit en bonne santé pour qu'ils espèrent obtenir de l'argent. Après tout, ils n'étaient que des courtiers de marchandises.

Notez qu'à ce stade le neveu n'avait pas encore indiqué de prix. La guerre d'usure poussa finalement les ravisseurs à annoncer un chiffre les premiers. Sans qu'on les y incite, ils descendirent à 50 000 dollars.

À présent que la réalité des kidnappeurs avait été ramenée à un montant moins élevé, mes collègues et moi-même avons conseillé au neveu de tenir ses positions.

« Comment puis-je trouver une telle somme d'argent ? » lui avons-nous suggéré de demander. Et, une fois de plus, le ravisseur baissa sa demande de rançon, à 25 000 dollars désormais.

Maintenant que nous avions franchi cette étape, nous avons dit au neveu de faire sa première offre, un ancrage extrêmement bas de 3 000 dollars.

Il y eut un silence à l'autre bout du fil, et le neveu en eut des sueurs froides, mais nous l'avons encouragé à tenir bon. La réaction du ravisseur était classique à ce stade où sa réalité économique était totalement réorganisée.

Quand il reprit la parole, le ravisseur paraissait sous le choc. Mais il continua. L'offre qu'il fit ensuite était toujours plus basse, à 10 000 dollars. Puis nous dîmes au neveu de proposer une somme étrange qui semblait résulter d'un calcul approfondi de la valeur de la vie de sa tante : 4 751 dollars.

Le nouveau prix du ravisseur ? 7 500 dollars. En réponse, le neveu déclara « spontanément » qu'il pouvait ajouter un lecteur stéréo portable de CD tout neuf et proposa de nouveau 4 751 dollars. Les ravisseurs, qui ne voulaient pas vraiment du lecteur CD, sentirent qu'ils ne pourraient pas en tirer davantage et acceptèrent.

Six heures plus tard, la famille régla la somme et la tante rentra chez elle saine et sauve.

Comment négocier un meilleur salaire

Le salaire que leurs élèves obtiennent quand ils entrent dans la vie professionnelle est l'un des critères les plus décisifs dans les classements d'écoles de commerce. Dans tous les MBA où j'interviens, j'annonce donc que mon premier objectif est d'améliorer à moi tout seul le classement de leur école en enseignant aux étudiants comment négocier un meilleur salaire.

Je divise le processus en trois parties, qui se mélangent dans la dynamique de ce chapitre, non seulement dans l'optique de vous rapporter plus d'argent, mais aussi de persuader votre patron de se battre pour que vous obteniez cette augmentation.

Soyez courtois mais tenace sur les conditions non salariales

La ténacité douce est un type d'ancrage émotionnel qui crée de l'empathie avec votre supérieur et bâtit un environnement psychologique approprié pour une discussion constructive. Et plus vous parlez de conditions non salariales, plus vous aurez de chances d'entendre tout l'éventail des options possibles. Si votre employeur ne peut satisfaire vos demandes non salariales, il pourrait même contrer avec plus d'argent, comme cela se produisit avec une de mes anciennes étudiantes, une Américaine d'origine française. Elle demandait sans cesse – avec un grand sourire – une semaine supplémentaire de vacances par rapport à ce que l'entreprise accordait normalement. Elle était « française », disait-elle, et c'était pour les Français une pratique courante. L'entreprise qui l'embauchait ne pouvait rien faire sur la question des vacances, mais mon ancienne étudiante – qui de surcroît avait introduit une variable non monétaire dans l'estimation de sa valeur – était tellement charmante que l'employeur répliqua en lui proposant une augmentation.

Les conditions salariales sans les conditions de la réussite : une roulette russe

Une fois que vous avez négocié un salaire, assurez-vous de définir les clés de la réussite pour votre poste – ainsi que les indicateurs pour votre prochaine augmentation. C'est important pour vous et c'est gratuit pour votre patron, comme le fait de m'offrir l'article à la une d'un magazine l'était pour l'association du barreau. Vous aurez une augmentation planifiée et, en liant votre succès à l'encadrement de votre supérieur, cela mène au point suivant…

Suscitez leur intérêt pour votre réussite et gagnez un mentor non officiel

Vous vous rappelez qu'il est important de trouver ce que l'autre partie cherche *vraiment* à acheter ? Eh bien, quand vous vous vendez à un manager, vendez-vous comme étant davantage qu'un corps adapté à un poste ; vendez-vous (et votre succès) comme un moyen pour lui de confirmer sa propre intelligence et de la faire valoir dans l'entreprise. Faites-lui comprendre que votre réussite favorisera son influence. Une fois que vous aurez modifié sa réalité de façon à vous présenter comme son ambassadeur, il aura un intérêt à votre succès.

Demandez : « Que faut-il pour réussir ici ? »

Notez que cette question est similaire à celle que beaucoup de centres d'orientation professionnelle dans des MBA suggèrent, mais qu'elle n'est pas *exactement* la même. Et c'est la formulation exacte de cette question qui est fondamentale.

En fait, les étudiants qui ont suivi mes cours en MBA et qui ont posé cette question lors d'entretiens d'embauche ont vu les recruteurs leur confier : « Personne ne nous avait jamais demandé cela jusqu'à présent. » Puis le recruteur apportait une réponse longue et détaillée.

La question clé, ici, est que, si une personne vous donne des conseils, elle voudra savoir si vous les suivez. Elle aura un enjeu personnel à votre réussite. Vous venez de recruter votre premier mentor non officiel.

Pour vous montrer comment y parvenir, le meilleur exemple est celui de mon ancien étudiant de MBA Angel Prado.

Alors qu'Angel terminait son MBA (que l'entreprise payait), il alla voir son patron et commença à définir les bases de son prochain poste. Au cours de son dernier semestre, il posa un ancrage non spécifique – une sorte de fourchette – en suggérant à son patron que, quand il aurait obtenu son diplôme et que l'entreprise aurait terminé d'investir dans son MBA (environ 31 000 dollars par an), cet argent devrait lui revenir sous forme de salaire.

Son patron ne prit aucun engagement, mais Angel, tenace et courtois, avait instillé l'idée dans l'esprit de celui-ci.

Une fois diplômé, Angel s'entretint de nouveau avec lui. D'un ton calme et affirmé, il aborda un sujet non financier pour détourner l'intérêt du « combien » : il demanda un nouveau titre.

Le patron d'Angel accepta volontiers l'idée qu'un nouveau rôle allait de soi après l'obtention de ce diplôme.

À ce stade, Angel et son patron définirent ce que seraient ses fonctions et ses responsabilités dans ce nouveau poste, posant par là les indicateurs de succès. Puis Angel respira et fit une pause, afin que son patron soit le premier à proposer un montant. Ce qu'il fit. Et étonnamment, ce montant prouvait que la stratégie d'ancrage d'Angel avait fonctionné : il proposa d'ajouter 31 000 dollars au salaire actuel d'Angel, soit une augmentation de près de 50 %.

Mais Angel n'était pas un négociateur débutant – pas après avoir suivi mon cours. Donc au lieu de répliquer et de se trouver coincé dans les « combien », il continua à parler, étiquetant les émotions de son patron et compatissant avec sa situation (à l'époque, l'entreprise traversait une période de négociations difficiles avec ses investisseurs).

Puis Angel demanda à s'absenter un moment pour imprimer la description de poste sur laquelle ils s'étaient accordés. Cette pause créa chez son patron une dynamique d'urgence devant l'échéance qu'Angel exploita quand il revint avec le document imprimé. En bas de la feuille, il avait inscrit la rémunération qu'il attendait : « 134,5 K – 143 K dollars ».

Avec ce seul petit mouvement, Angel mit en pratique plusieurs leçons de ce chapitre. Les chiffres non arrondis avaient le poids de calculs réfléchis. Ils étaient élevés, ce qui exploitait la tendance naturelle de son patron à aller directement à son prix limite quand il faisait face à un ancrage extrême. Et ces chiffres se situaient dans une fourchette, donc Angel paraissait moins agressif et le montant inférieur semblait moins important comparé à l'estimation haute.

D'après le langage corporel de son patron – un haussement de sourcils –, il était clair que celui-ci était surpris par ses exigences salariales. Mais cela eut l'effet désiré : après quelques commentaires sur la description, il répliqua avec 120 000 dollars.

Angel ne répondit ni « non » ni « oui », mais il continua à parler et à créer de l'empathie. Puis, au milieu d'une phrase, comme si cela sortait de nulle part, son patron proposa 127 000 dollars. Ce dernier négociait manifestement avec lui-même, et Angel le laissa donc poursuivre. Enfin, son patron annonça qu'il acceptait les 134 500 dollars et qu'il lui donnerait ce salaire dans trois mois, à condition que le comité de direction soit d'accord.

Cerise sur le gâteau, Angel introduisit un usage positif du mot « juste » (« C'est juste », dit-il), puis vendit à son patron son augmentation comme une alliance dans laquelle le patron serait le mentor. « C'est à vous, pas au comité de direction, que je demande la promotion, et tout ce dont j'ai besoin, c'est que vous soyez d'accord », expliqua-t-il.

Et comment le patron d'Angel répondit-il à son nouvel ambassadeur ? « Je me battrai pour que vous obteniez ce salaire. »

Suivez donc les pas d'Angel et faites pleuvoir les billets !

Leçons clés

Par rapport aux outils présentés dans les précédents chapitres, ces techniques paraissent concrètes et faciles à utiliser. Mais beaucoup n'osent pas franchir le pas, parce qu'elles donnent l'impression d'être un manipulateur. Si l'on déforme la réalité de son interlocuteur, on le trompe, non ?

Pour répondre à cette objection, je dirais que ces outils sont utilisés par les meilleurs négociateurs tout simplement parce qu'ils connaissent la psyché humaine telle qu'elle est. Nous sommes des animaux émotifs et irrationnels et – de manière prévisible et en suivant des schémas définis – nous agissons de façon émotive et irrationnelle. Se servir de cette connaissance est… rationnel.

Quand vous ferez usage de ces outils dans votre vie quotidienne, souvenez-vous de ces quelques leçons importantes :

- Toute négociation est définie par un réseau de désirs et de besoins souterrains. Ne vous laissez pas berner par ce qui se passe en surface. Une fois que vous avez compris que le ravisseur haïtien veut juste de l'argent pour faire la fête, vous êtes mille fois mieux préparé.
- Couper la poire en deux, cela revient à porter une chaussure noire et une chaussure marron. Ne faites pas de compromis. Sinon, on arrive souvent à des accords qui ne sont bons pour personne.
- L'approche des échéances incite les gens à accélérer le processus de négociation et à prendre des décisions impulsives qui vont contre leurs intérêts.
- Le mot en « j » – « juste » – est un terme émotionnel que les gens exploitent généralement pour mettre la partie adverse sur la défensive et obtenir des concessions. Quand votre interlocuteur larguera la « bombe J », ne tombez pas dans le panneau. Au lieu de faire des concessions, demandez-lui d'expliquer en quoi vous le traitez injustement.
- Vous pouvez modifier la réalité de votre interlocuteur en ancrant son point de départ. Avant de

faire une offre, ancrez-le émotionnellement en lui expliquant à quel point celle-ci sera mauvaise. Quand vous en arrivez aux chiffres, établissez un ancrage extrême afin que votre offre « réelle » paraisse raisonnable, ou utilisez une fourchette pour paraître moins agressif. La véritable valeur d'une chose dépend d'où on la regarde.

- Les gens prendront plus de risques pour éviter une perte que pour réaliser un gain. Assurez-vous que votre interlocuteur pense qu'il a quelque chose à perdre s'il n'agit pas.

7

Créer l'illusion du contrôle

Un mois après que j'eus fini de travailler sur l'affaire Jeffrey Schilling, en mai 2001, le siège me demanda de retourner à Manille. Les mêmes malfaiteurs qui avaient capturé Schilling – un groupe violent d'islamistes radicaux appelé Abou Sayyaf – avaient fait un raid sur un centre privé de plongée et pris 20 otages, dont 3 Américains : Martin et Gracia Burnham, un couple de missionnaires de Wichita (Kansas), et Guillermo Sobero, qui gérait une entreprise d'imperméabilisation en Californie.

Dès le début, l'affaire des otages de Dos Palmas fut un cauchemar pour le négociateur. Le lendemain des enlèvements, la présidente philippine récemment élue, Gloria Macapagal-Arroyo, installa la dynamique la plus conflictuelle, la moins constructive possible, en déclarant publiquement une « guerre totale » contre Abou Sayyaf.

Pas vraiment un discours empathique, non ?

Mais les choses empirèrent encore.

L'armée de terre et la marine philippines se livrèrent à une guerre de territoire en plein milieu des négociations, exaspérant les kidnappeurs avec quelques descentes ratées. Comme des otages américains étaient impliqués, la CIA, le FBI et le renseignement militaire américain furent tous appelés, et nous aussi, nous nous disputions entre nous. Puis les kidnappeurs violèrent et tuèrent plusieurs otages, les attentats du 11 Septembre eurent lieu, et le groupe Abou Sayyaf fut relié à Al-Qaida.

Quand la crise se conclut dans une orgie de coups de feu en juin 2002, Dos Palmas était officiellement devenu le plus grand échec de ma vie professionnelle. Dire que c'était un désastre serait un euphémisme.

Mais les échecs plantent les graines des succès futurs, et cet échec aux Philippines ne dérogeait pas à la règle.

Ce drame m'a enseigné une chose : nous étions tous encore empreints de l'idée que la négociation est un combat où le but est d'épuiser l'adversaire jusqu'à ce qu'il se soumette, en espérant que tout se passe bien, sans qu'on fasse jamais marche arrière.

Alors que ma déception par rapport à Dos Palmas m'obligeait à tenir compte de l'échec de nos techniques, je me plongeai dans les théories de la négociation les plus récentes – certaines géniales et d'autres totalement insensées – et je tombai fortuitement sur un cas à Pittsburgh qui changea complètement ma façon de voir les dynamiques interpersonnelles dans les conversations d'une négociation.

Sur les cendres de Dos Palmas, nous avons appris une leçon qui allait changer pour toujours la façon dont le FBI négociait dans les affaires de kidnapping. Nous avons appris que négocier, c'est cajoler, pas vaincre ; assimiler, pas battre. Plus important, nous avons appris qu'une négociation qui réussit implique que votre interlocuteur fasse le travail pour vous et suggère lui-même votre solution. Il faut lui donner l'illusion du contrôle quand, en réalité, c'est vous qui dirigez la conversation.

L'outil que nous avons développé, je l'appelle la question calibrée, ou ouverte. Elle retire l'agressivité de la conversation en reconnaissant ouvertement la partie adverse, sans résistance. Ce faisant, elle vous laisse introduire des idées et des demandes sans avoir l'air d'être insistant. Elle vous permet de faire avancer la négociation.

J'y reviendrai en détail plus loin, mais c'est vraiment très simple : vous pouvez rendre l'affirmation « tu ne peux pas partir » moins hostile en la transformant en question : « Qu'espères-tu accomplir en partant ? »

N'essayez pas de négocier au milieu d'une fusillade

Quand je suis arrivé à Manille sur l'affaire Burnham-Sobero, j'ai été envoyé dans la région du Mindanao, où l'armée philippine tirait des balles et des roquettes sur un complexe hospitalier où le groupe Abou Sayyaf et ses otages étaient retranchés.

Ce n'était pas la place d'un négociateur, parce qu'il est impossible d'établir un dialogue pendant une fusillade. Puis la situation a empiré : quand je me suis réveillé le lendemain matin, j'ai appris qu'au cours de la nuit les ravisseurs s'étaient échappés avec les otages.

Cette « évasion » était le premier signe annonçant que l'opération allait être une catastrophe retentissante et que l'armée philippine n'était pas un partenaire fiable.

Lors des débriefings faisant suite à cet épisode, il fut révélé que, pendant un cessez-le-feu, un militaire s'était rendu à l'hôpital pour récupérer une valise ; peu de temps après, tous les soldats du périmètre arrière de l'hôpital avaient été appelés pour une « réunion ». Coïncidence – ou pas –, les bandits choisirent ce moment-là pour filer.

Tout a vraiment explosé deux semaines plus tard, le jour de la fête de l'indépendance des Philippines, quand Abou Sabaya annonça qu'il décapiterait « un des Blancs » si le gouvernement n'annulait pas sa traque avant midi. Nous savions que cela voulait dire un des Américains, et nous supposions que ce serait Guillermo Sobero.

Nous n'avions à ce stade pas de contact direct avec les ravisseurs, car nos partenaires dans l'armée philippine nous avaient octroyé un intermédiaire qui « oubliait » toujours de s'assurer de notre présence quand il appelait les kidnappeurs (et, de la même façon, il « oubliait » d'enregistrer leurs échanges). Tout ce que nous pouvions faire, c'était envoyer des SMS proposant de fixer un rendez-vous pour parler.

Juste avant l'échéance de midi, Sabaya et un membre du cabinet de la présidence philippine eurent un échange dans le cadre d'une émission de radio, et le gouvernement céda à la demande de Sabaya de nommer un sénateur malaisien comme négociateur. En échange, Sabaya acceptait de ne pas tuer d'otage.

Mais il était trop tard pour assainir cette atmosphère de conflit, de méfiance et de mensonges. Cet après-midi-là, les otages entendirent Sabaya hurler au téléphone : « Mais cela faisait partie de l'accord ! Cela faisait partie de l'accord ! » Peu de temps après, le groupe Abou Sayyaf décapitait Guillermo Sobero et, pour faire bonne mesure, le groupe prit 15 otages supplémentaires.

Aucun des éléments importants en mouvement ne se trouvant sous notre contrôle, et les États-Unis ne montrant aucun intérêt pour l'affaire malgré le meurtre de Sobero, je retournai à Washington DC. On ne pouvait manifestement pas faire grand-chose.

Puis, le 11-Septembre changea tout.

Abou Sayyaf, jusqu'alors considéré comme un groupe terroriste mineur, était désormais lié à Al-Qaida. De plus, une journaliste de la télévision philippine, Arlyn dela Cruz, pénétra dans le camp d'Abou Sayyaf et filma Sabaya humiliant les missionnaires américains Martin et Gracia Burnham, tellement amaigris qu'ils ressemblaient à des survivants de camp de concentration. La vidéo frappa la presse américaine comme la foudre. Soudain, cette affaire devint une priorité du gouvernement américain.

Il y a toujours une équipe en face

Le FBI me renvoya donc aux Philippines. Ma mission était maintenant de m'assurer qu'un accord serait trouvé. Par ailleurs, l'affaire était au centre de toutes les attentions. Certains de mes contacts me rapportèrent que Robert Mueller, le directeur du FBI, informait chaque matin personnellement le président George W. Bush sur ce que nous faisions. Quand le directeur Mueller se rendit à l'ambassade américaine de Manille et qu'on me le présenta, je vis sur son visage une expression de reconnaissance. C'était un moment très gratifiant.

Mais tout le soutien du monde ne suffit pas si l'équipe de votre interlocuteur est dysfonctionnelle. Si vos efforts de négociation ne dépassent pas votre interlocuteur, ne parviennent pas à toucher l'équipe qui l'entoure, alors vous arriverez à un accord fondé sur « l'espoir » – et l'espoir n'est pas une stratégie.

Je n'avais alors pas encore vraiment compris que les ravisseurs avaient eux-mêmes changé de négociateur. Sabaya avait été remplacé.

Mon patron, Gary Noesner, m'avait fait remarquer, lors d'un précédent kidnapping, qu'un changement de négociateur dans l'autre camp signifiait presque toujours que les ravisseurs entendaient adopter une ligne plus dure. Je ne réalisais pas à l'époque que, si on ne le prenait pas en compte, Sabaya jouerait donc le rôle de casseur d'accord.

Notre nouvelle approche consistait à racheter les Burnham. Même si, officiellement, les États-Unis ne paient pas de rançon, un donateur avait été trouvé, qui apporterait 300 000 dollars. Le nouveau négociateur d'Abou Sayyaf accepta une libération.

La remise de la rançon fut un désastre. Les kidnappeurs décidèrent qu'ils ne libéreraient plus les Burnham ; ou plutôt, Sabaya, qui était physiquement responsable des otages, refusa de les libérer. Il avait trouvé un arrangement de son côté – dont nous ne savions rien – et l'opération avait capoté. Le nouveau négociateur, désormais dans l'embarras et d'une humeur exécrable, se couvrit en prétendant qu'il manquait 600 dollars. Nous étions estomaqués : « 600 dollars ? Vous refusez de relâcher des otages pour 600 dollars ? » Nous essayâmes d'argumenter, d'expliquer que, s'il manquait de l'argent, c'était peut-être que le messager en avait volé. Mais il n'y avait aucune dynamique de confiance et de coopération pour nous soutenir. Les 300 000 dollars avaient disparu et nous étions bons pour reprendre les contacts par SMS, messages auxquels on ne nous répondait que rarement.

Ce lent naufrage culmina environ deux mois plus tard avec un « sauvetage » totalement raté. Une équipe de Scout Rangers philippins marchant dans les bois tomba sur le campement d'Abou Sayyaf – ou, du moins, c'est ce qu'ils affirmèrent. Plus tard, nous apprîmes qu'une autre agence gouvernementale les avait tuyautés. Cette autre agence gouvernementale ne nous avait pas informés de son emplacement… Pourquoi ? Je ne le comprendrai jamais.

Les Scout Rangers se mirent en ligne de tir à la lisière de la forêt, au-dessus du campement, et ouvrirent le feu, tirant de façon indiscriminée sur la zone. Gracia et Martin faisaient la sieste sur leur hamac et descendirent la colline pour se mettre en sécurité. Mais une salve de balles tirées par leurs sauveteurs s'abattit sur eux. Gracia sentit une vive brûlure sur sa cuisse droite. Puis elle vit Martin s'effondrer.

Quelques minutes plus tard, après que les derniers rebelles se furent enfuis, l'escouade de soldats philippins chercha à rassurer Gracia sur l'état de santé de son mari, mais celle-ci secoua la tête. Après une année de captivité, elle n'avait pas de temps pour les balivernes. Gracia savait bien que son mari était mort, et elle avait raison : il avait été touché à la poitrine, trois fois, par des tirs « amis ».

En fin de compte, cette prétendue mission de sauvetage tua deux des trois otages présents ce jour-là (une infirmière philippine, Ediborah Yap, décéda également), et le gros bonnet – Sabaya – s'échappa et put vivre quelques mois encore. Du début à la fin, cette mission qui dura treize mois se révéla un fiasco absolu, un gâchis de vies et d'argent. Assis chez moi, dans le noir, quelques jours plus tard, démoralisé et épuisé, je savais que quelque chose devait changer. Il était impossible que cela se reproduise.

Pour que la mort des otages ne soit pas vaine, nous devions trouver une nouvelle méthode pour négocier, communiquer, écouter et parler, avec nos ennemis comme avec nos amis. Pas pour le plaisir de mieux communiquer.

Non. Nous devions faire ça pour *gagner*.

Éviter l'épreuve de force

Évidemment, mon retour aux États-Unis fut l'occasion de me livrer à un bilan. Je questionnai – et même je mis en doute – une partie de ce que nous faisions au FBI. Si nos connaissances étaient insuffisantes, alors nous devions nous améliorer.

Le vrai coup de fouet se produisit plus tard, quand j'analysai les informations sur ce dossier, parmi lesquelles figuraient beaucoup de renseignements dont nous n'avions pas disposé sur le terrain. Parmi eux, il s'en trouva un qui me laissa littéralement bouche bée.

Martin Burnham avait été entendu, par hasard, au téléphone avec *quelqu'un*. Je me demandais, pour l'amour du ciel, ce que faisait notre otage au téléphone sans qu'on le sache. Et à qui parlait-il ? Il n'existe qu'une seule raison pour qu'un otage parle au téléphone : apporter une preuve de vie. Quelqu'un d'autre avait donc cherché à rançonner les Burnham.

Il s'avéra qu'une personne travaillant pour un politicien philippin corrompu avait mené des négociations parallèles pour la libération des Burnham. Il voulait acheter lui-même les otages pour mettre la présidente Arroyo dans l'embarras.

Mais ce n'était pas tellement le fait que ce type agisse dans notre dos qui me préoccupait. Il était déjà assez clair que beaucoup de choses s'étaient produites sournoisement. Ce qui me révoltait, c'est que ce pauvre type, qui n'était pas un négociateur d'otage formé par le FBI, avait réussi là où j'avais échoué.

Il avait pu parler à Martin Burnham au téléphone. Sans devoir payer.

La réussite de ce politicien corrompu là où nous avions échoué me renvoyait à tout ce qui ne marchait pas avec notre état d'esprit unidimensionnel.

Au-delà de nos problèmes avec l'armée philippine, la principale raison de notre absence d'influence réelle sur les ravisseurs et les otages était notre mentalité très « donnant-donnant ». Avec cette mentalité, si nous appelions les ravisseurs, nous leur demandions quelque chose et, s'ils nous le donnaient, nous devions leur donner quelque chose en retour. Et donc, comme nous étions sûrs que les Burnham étaient en vie, nous n'avions jamais cherché à appeler et à demander une preuve de vie. Nous avions peur de leur devoir quelque chose.

Si nous avions fait une « demande » et qu'ils l'avaient satisfaite, nous aurions eu une dette vis-à-vis d'eux. Et si nous n'avions pas remboursé cette dette, on aurait pu nous accuser de négocier avec mauvaise foi – et, dans une négociation, les gens se font tuer à cause de la mauvaise foi.

Et, bien sûr, nous n'avions pas demandé à parler directement à l'otage parce que nous savions que les ravisseurs diraient « non » et nous avions peur d'être dans l'embarras.

Cette peur était un défaut majeur de notre état d'esprit. Certaines informations ne peuvent être obtenues que grâce à des interactions directes et prolongées avec votre interlocuteur.

Nous avions aussi besoin de nouvelles méthodes pour recueillir des informations sans les demander.

Nous devions affiner nos « demandes », avec quelque chose de plus sophistiqué que des questions fermées et leur dynamique binaire – oui ou non.

C'est là que je compris que, jusqu'alors, nous n'avions pas communiqué : nous avions fait de la gonflette verbale. Nous voulions qu'ils voient les choses par notre prisme, et vice versa. Si vous laissez cette dynamique aller à son terme dans le monde réel, la négociation s'interrompt et les tensions explosent. Cet ethos imprégnait toutes les actions du FBI. Tout était une épreuve de force. Et cela ne marchait pas.

Notre approche des questions concernant les preuves de vie incarnait tous ces problèmes.

À l'époque, pour prouver que nos otages étaient en vie, nous mettions au point des questions auxquelles seul l'otage pouvait répondre. Le genre de questions que proposent les dispositifs de sécurité des sites web, comme « Quel est le nom du premier chien de Martin ? » ou « Quel est le deuxième prénom du père de Martin ? ».

Ce type de questions possédait cependant de nombreux défauts. D'abord, c'était devenu une sorte de signe distinctif de la police dans le monde du kidnapping. Quand une famille commence à poser ce genre de questions, il est presque certain que des policiers sont en train de les coacher. Et cela rend les ravisseurs très nerveux.

Et même, au-delà de l'énervement, vous aviez un autre problème : répondre à ce genre de questions demandait peu, voire pas d'efforts. Les ravisseurs s'en vont, obtiennent l'information et vous la donnent tout de suite, parce que c'est tellement facile. Bang,

bang, bang ! Cela se passe si rapidement que vous n'en avez retiré aucun avantage tactique, aucune information exploitable, aucun effort de leur part en direction d'un but qui vous serve. Et toute négociation bien conduite devrait être un processus de collecte d'informations où votre interlocuteur s'investit en vue d'un résultat qui vous sert.

Pire que tout, les ravisseurs savent qu'ils viennent de vous donner quelque chose – une preuve de vie – qui active ce gène de réciprocité humaine. Qu'on veuille l'admettre ou non, il est une règle universelle de la nature humaine, dans toutes les cultures : quand quelqu'un vous donne quelque chose, celui-ci espère quelque chose en retour. Et il ne vous donnera plus rien d'autre tant que vous n'aurez pas rééquilibré la balance.

Nous ne tenions pas à enclencher ce dispositif de réciprocité parce que nous ne voulions rien leur donner. Que se passa-t-il donc ? Toutes nos conversations furent de ces confrontations stériles entre deux parties qui veulent tirer quelque chose de l'autre sans rien donner. Par fierté et par peur, nous ne communiquions pas.

Et c'est pour cela que nous avions échoué alors que des idiots comme ce politicien philippin corrompu avaient juste débarqué et obtenu ce dont nous avions désespérément besoin : de la communication sans réciprocité. Je m'assis confortablement et m'interrogeai : mais bon sang, comment pouvions-nous arriver à faire cela ?

Suspendre l'incrédulité

Pendant que je me torturais l'esprit pour comprendre comment ce politicien miteux avait réussi à avoir Martin Burnham en ligne alors que nous avions échoué, le FBI fut mobilisé sur une affaire de kidnapping à Pittsburgh.

Mon associé Chuck m'apporta les enregistrements des premières communications parce qu'il pensait que ce serait amusant. Voyez-vous, un dealer de drogue de Pittsburgh avait kidnappé la petite amie d'un autre dealer de Pittsburgh et, pour une raison ou pour une autre, ce dernier était allé demander de l'aide au FBI. Se présenter au FBI semblait plutôt aller à l'encontre de ses intérêts, étant donné ses activités, mais il l'avait fait parce que qui que vous soyez, quand vous avez besoin d'aide, vous allez voir le FBI. Pas vrai ?

Sur les bandes, nos négociateurs suivent ce dealer pendant qu'il négocie avec l'autre vendeur de drogue. En temps normal, nous aurions demandé au type de poser une question en béton pour avoir une preuve de vie, du style : « Quel était le nom de l'ours en peluche de la petite amie quand elle était petite ? » Mais dans ce cas précis, le dealer n'avait pas encore été entraîné à poser les « bonnes » questions. Et alors, au milieu de sa conversation, il laissa juste échapper : « Hé, mec, comment je peux savoir qu'elle va bien ? »

Et un événement très drôle se produisit. Le ravisseur resta muet pendant dix secondes. Il était totalement déconcerté. Puis il dit, avec une intonation nettement moins conflictuelle : « Eh bien, je vais lui passer le téléphone. » J'étais sidéré, parce que ce dealer de drogue, inexpérimenté en matière de négociation, venait d'obtenir une victoire phénoménale. Faire en sorte que le ravisseur mette *volontairement* la victime en ligne, c'était énorme.

Eurêka ! Je venais de comprendre que c'était la bonne technique. Au lieu de poser une question fermée avec une seule bonne réponse, il avait posé une question ouverte, mais calibrée, qui forçait la partie adverse à s'arrêter et à réfléchir à la façon de résoudre *le* problème. Je me suis dit : « C'est parfait ! C'est une question naturelle et normale, pas une demande d'information. » C'est une question de type « comment », et le « comment » engage, parce qu'il demande de l'aide.

Mieux encore, le type ne doit rien au ravisseur, car c'est ce dernier qui a proposé de passer le combiné à la petite amie : il pense que c'est son idée. Or s'il a fait cette proposition, c'est qu'il croit avoir le contrôle de la situation. Et le secret pour prendre la main dans une négociation, c'est de donner à la partie adverse l'illusion du contrôle.

Tout le génie de cette technique est vraiment bien expliqué par Kevin Dutton dans son livre *Slip-Second Persuasion*[1]. Il parle de l'« incrédulité », qui est la résistance active à ce que dit l'autre, un rejet total. C'est là que se trouvent en général les deux parties au début de la négociation.

---

1. Kevin Dutton, *Split-Second Persuasion. The Ancient Art and New Science of Changing Minds*, Boston, Houghton Mifflin Harcourt, 2011.

Si vous ne sortez jamais de cette dynamique, vous finirez avec une confrontation, chaque côté cherchant à imposer son point de vue. Vous avez deux têtes dures qui se cognent l'une contre l'autre, comme à Dos Palmas. Mais si vous parvenez à faire en sorte que la partie adverse abandonne son incrédulité, vous pouvez lentement la conduire à *votre* point de vue avec *son* énergie, tout comme la question du dealer de drogue avait permis que le ravisseur se propose de réaliser ce qu'il désirait. Vous ne les persuadez pas directement d'envisager vos idées. Au lieu de ça, vous les amenez à vos idées. Comme le dit l'adage, la meilleure façon de monter à cheval, c'est encore de suivre la direction qu'il a choisie.

Notre travail de persuasion est plus simple qu'on ne le pense. Il ne s'agit pas de faire en sorte que les autres croient à ce que l'on dit. Il faut juste qu'ils cessent de ne pas croire. Une fois que l'on a fait cela, on a déjà à moitié gagné la partie. « L'incrédulité est la friction qui empêche la persuasion, dit Dutton. Sans elle, tout serait possible. »

Donner à son interlocuteur l'illusion du contrôle en posant des questions calibrées – en demandant de l'aide – est l'un des outils les plus puissants pour suspendre l'incrédulité. Il n'y a pas très longtemps, je suis tombé sur un article passionnant dans le *New York Times*[1] écrit par un interne en médecine. Un de ses patients avait arraché sa perfusion, fait ses bagages et

1. Dhruv Khullar, « Teaching Doctors the Art of Negotiation », *New York Times*, 23 janvier 2014. En ligne sur well.blogs.nytimes.com/2014/01/23/teaching-doctors-the-art-of-negotiation/, consulté le 18 juin 2016.

s'apprêtait à partir parce que les résultats de sa biopsie étaient en retard de plusieurs jours et qu'il en avait assez d'attendre.

C'est alors qu'un médecin-chef arriva. Après avoir calmement proposé au patient un verre d'eau et lui avoir demandé s'ils pouvaient parler un moment, il lui dit qu'il comprenait les raisons pour lesquelles il était hors de lui et lui promit d'appeler le laboratoire pour savoir pourquoi les résultats avaient été repoussés.

Mais c'est ce qu'il fit ensuite qui suspendit vraiment l'incrédulité du patient : il posa une question calibrée – sur ce qu'il pensait être si important dans sa décision de partir – puis, quand le patient expliqua qu'il avait des courses à faire, le médecin proposa de mettre en relation le patient avec des services qui pourraient l'aider à ce qu'elles soient faites. Et c'est tout : le patient proposa de rester.

Ce qui est tellement puissant avec la technique du médecin-chef, c'est qu'il prit ce qui était une confrontation – « je vais partir » *versus* « vous ne pouvez pas partir » – et posa des questions qui menèrent le patient à résoudre son propre problème… comme le voulait le médecin.

C'était toujours un genre d'épreuve de force, bien sûr, mais le médecin en atténua la confrontation et la fausse assurance en donnant au patient l'illusion du contrôle. Comme l'a dit un jour un ancien éditeur du *Washington Post*, Robert Estabrook : « Celui qui a appris à être en désaccord sans être désagréable a découvert le secret le plus précieux de la négociation. »

Cette technique de suspension de l'incrédulité, si utile avec les ravisseurs et les patients qui cherchent à s'échapper, est efficace dans toutes les situations, même pour négocier un prix. Quand vous entrez dans un magasin, au lieu d'expliquer à l'employé ce dont vous avez « besoin », vous pouvez décrire ce que vous recherchez et lui demander des suggestions.

Puis, une fois que vous avez choisi un produit, au lieu d'attaquer avec une offre ferme, vous pouvez juste mentionner que le prix est un peu plus élevé que ce que vous aviez prévu et demander de l'aide avec l'une des questions calibrées les plus fortes jamais conçues : « Comment faire ? » La partie critique de cette approche, c'est que vous demandez réellement de l'aide – et votre requête doit le faire sentir. Avec ce schéma de négociation, au lieu d'agresser l'employé, vous lui demandez conseil et lui donnez l'illusion du contrôle.

Demander de l'aide de cette façon, quand vous êtes déjà engagé dans un dialogue, est une technique de négociation extraordinairement puissante : des rencontres qui allaient être des épreuves de force conflictuelles deviennent des sessions où l'on cherche à résoudre des problèmes. Et les questions calibrées sont le meilleur outil pour y parvenir.

Calibrez vos questions

Il y a quelques années, j'étais en mission de conseil avec une cliente qui avait une petite entreprise de relations publiques pour le compte d'une grande firme. La grande firme ne réglait pas les factures et, le temps passant, devait de plus en plus d'argent à ma cliente. On la maintenait sur la sellette en lui promettant de nouvelles missions, sous-entendant qu'elle aurait beaucoup d'argent si elle continuait à travailler. Elle se sentait piégée.

Je lui conseillai tout simplement d'engager la firme dans une conversation où elle résumait la situation avant de demander : « Comment faire ? »

Elle secoua la tête. Hors de question. L'idée de devoir poser cette question la terrifiait. « S'ils me disent que je dois le faire, je suis piégée ! » fut sa réaction.

Elle interprétait la question comme : « Vous me dépouillez de mon argent et cela doit cesser. » Cela sonnait comme une première étape avant de se faire licencier.

Je lui expliquai que ce sous-entendu, bien que réel, était dans sa tête. Ses clients entendraient les mots et pas le sous-entendu, tant qu'elle restait calme et évitait que cela sonne comme une accusation ou une menace. Tant qu'elle restait détendue, ils considéreraient ce qu'elle affirmait comme un problème à résoudre.

Elle ne me croyait pas vraiment. Nous révisâmes le scénario plusieurs fois, mais elle avait toujours peur. Puis, quelques jours plus tard, elle m'appela, totalement euphorique. Le client l'avait contactée et elle avait enfin eu le courage de résumer la situation et de demander : « Comment faire ? »

Et devinez quoi ? La réponse qu'elle reçut fut : « Vous avez raison ; c'est impossible et j'en suis désolé. » Son client expliqua que la firme traversait des problèmes internes, mais lui donna un nouveau contact à la comptabilité et lui dit qu'elle serait payée sous quarante-huit heures. Ce qui fut fait.

Réfléchissez un moment à la question posée par ma cliente : sans l'accuser de quoi que ce soit, elle poussa la grande firme à comprendre ses problèmes et à proposer la solution qu'elle désirait. En deux mots comme en cent, c'est là tout le principe des questions ouvertes qui sont calibrées en vue d'un effet spécifique.

Tout comme les mots et les expressions qui atténuent le sens – comme « peut-être », « je pense » ou « on dirait » –, la question ouverte calibrée est sans agressivité, contrairement à une affirmation conflictuelle ou une requête fermée, qui pourraient irriter votre interlocuteur. Elle fonctionne car, au lieu d'être définie de façon rigide, elle est sujette à interprétation par votre interlocuteur. Elle permet d'introduire des idées et des demandes sans paraître autoritaire ou agressif.

Et c'est là toute la différence entre « Vous me dépouillez de mon argent et cela doit cesser » et « Comment faire ? ».

La vraie beauté des questions calibrées est qu'elles n'offrent pas de prise à une attaque, contrairement aux affirmations. Les questions calibrées ont le pouvoir d'apprendre à votre interlocuteur ce qu'est le problème plutôt que de provoquer un conflit en lui *disant* ce qu'est le problème.

Mais les questions calibrées ne sont pas juste des demandes aléatoires de commentaires. Elles ont une direction. Ainsi, elles doivent être conçues pour amener doucement la conversation là où vous souhaitez, tout en laissant l'autre personne croire que c'est son propre choix de vous y conduire.

D'où leur nom : vous devez les *calibrer* soigneusement, tout comme vous calibreriez le viseur d'un fusil ou un instrument de mesure pour cibler un problème particulier.

La bonne nouvelle, c'est qu'il existe des règles pour ça.

Tout d'abord, les questions calibrées n'utilisent ni les verbes comme « peut », « est », « sont » ni la forme « est-ce que », car ils amènent des questions fermées, auxquelles on ne peut répondre que par « oui » ou par « non ». Les questions calibrées commencent au contraire par des mots que l'on appelle « les questions de journaliste » : « qui », « quoi », « quand », « où », « pourquoi » et « comment ». Ces termes poussent votre interlocuteur à réfléchir, puis à répondre de façon détaillée.

Mais cette liste peut être réduite à « quoi », « comment » et *parfois* « pourquoi ». Rien d'autre. Avec « qui », « quand » et « où », votre interlocuteur se contentera de partager avec vous un fait sans réfléchir. Et « pourquoi » peut se retourner contre vous : dans toutes les langues, il sonne comme une accusation ; très rares sont les moments où cela joue en votre faveur.

Le seul moment où vous pouvez utiliser avec succès « pourquoi », c'est quand le caractère défensif qu'il crée va dans le sens du changement que vous essayez d'atteindre : par exemple « Pourquoi changerais-tu la façon dont tu as toujours fait les choses pour essayer mon approche ? » ou « Pourquoi votre entreprise quitterait-elle son fournisseur de longue date et choisirait-elle notre compagnie ? ». Comme toujours, le ton de la voix, respectueux et déférent, est central.

Dans les autres cas, traitez « pourquoi » comme un brûleur sur une cuisinière chaude : ne le touchez pas.

On pourrait croire que deux mots pour ouvrir la conversation, c'est bien peu. Mais faites-moi confiance : avec « quoi » et « comment », vous pouvez calibrer presque n'importe quelle question. « Est-ce que cela s'approche de quelque chose que tu apprécierais ? » peut devenir « Comment cela te paraît-il ? » ou « Qu'est-ce qui marche pour toi ici ? ». Vous pouvez même demander « Qu'est-ce qui ne marche pas pour toi ici ? » et vous obtiendrez probablement un certain nombre d'informations utiles de la part de votre interlocuteur.

Même une question aussi rude que « Pourquoi est-ce que tu as fait ça ? » peut être calibrée en « Qu'est-ce qui t'a amené à faire ça ? » qui en retire la dimension émotionnelle et rend la question moins accusatrice.

Ayez recours aux questions calibrées souvent et de façon précoce, et vous comprendrez que certaines vous serviront au début de chaque négociation. « Quel est le plus grand défi auquel vous êtes confronté ? » est l'une d'elles. Cela pousse la partie adverse à vous apprendre quelque chose à son sujet, ce qui est fondamental dans n'importe quelle négociation, parce que toute négociation est un processus de collecte d'informations.

Voici quelques autres exemples utiles dont je me sers dans presque chaque négociation, en fonction de la situation :

— Qu'est-ce qui est important pour vous ici ?
— Comment puis-je vous aider à rendre la situation meilleure pour nous ?
— Comment voudriez-vous que j'agisse ?

— Qu’est-ce qui nous a conduits à cette situation ?
— Comment pouvons-nous résoudre ce problème ?
— Quel est l’objectif ? / Que cherchons-nous à accomplir ici ?
— Comment faire ?

Ce que toute question calibrée bien conçue sous-entend, c’est que vous voulez la même chose que l’autre personne, mais que vous avez besoin de son intelligence pour surmonter le problème. Cela fonctionne vraiment avec des interlocuteurs très agressifs ou égoïstes.

Vous n’avez pas juste demandé implicitement de l’aide – suscitant de la bonne volonté et une attitude moins défensive –, mais vous avez créé une situation dans laquelle votre interlocuteur, jusqu’alors récalcitrant, utilise à présent ses ressources mentales et émotionnelles pour surmonter *vos* défis. C’est la première étape pour que votre interlocuteur adopte votre direction – et les obstacles qu’elle comprend – comme la sienne. Et cela conduit la partie adverse à concevoir une solution.

Votre solution.

Repensez à la façon dont le médecin a utilisé des questions calibrées pour faire en sorte que son patient ne parte pas. Comme le montre son récit, la clé pour que les gens adoptent votre point de vue n’cst pas de les affronter sur leurs idées (« Vous ne pouvez pas partir. »), mais de reconnaître ouvertement leurs idées (« Je comprends pourquoi vous êtes furieux »), puis de les guider vers la résolution de leur problème (« Qu’espérez-vous faire en partant ? »).

Comme je l'ai dit plus haut, le secret pour prendre l'avantage dans la négociation, c'est de donner à la partie adverse l'illusion du contrôle. C'est là l'ingéniosité des questions calibrées : votre interlocuteur a l'impression d'être aux commandes, alors que c'est vous qui cadrez la conversation. Votre interlocuteur ne saura jamais à quel point il est entravé par vos questions.

Un jour, je dus négocier avec l'un de mes supérieurs au FBI pour participer à un programme pour professionnels à Harvard. Il avait déjà validé les dépenses de transport mais, la veille de mon départ, il me convoqua dans son bureau et mit en question le bien-fondé de ce voyage.

Je le connaissais suffisamment bien pour savoir qu'il essayait de me montrer qu'il était aux commandes. Et donc, après l'avoir laissé parler un moment, je l'ai regardé et lui ai demandé : « Quand vous avez approuvé ce voyage, qu'aviez-vous en tête ? »

Il se détendit nettement, se recula dans son fauteuil et, joignant les extrémités de ses doigts, forma une flèche de ses mains. En général, ce langage corporel signifie que la personne se sent supérieure et responsable.

« Écoute, me dit-il. Fais juste en sorte de donner à tout le monde un compte rendu quand tu rentreras. »

Cette question, calibrée pour reconnaître son pouvoir et l'inciter à s'expliquer, lui donna l'illusion du contrôle.

Et j'obtins exactement ce que je souhaitais.

Comment *ne pas* se faire payer

Arrêtons-nous une minute ici. Il y a un élément d'une importance vitale dont vous devez toujours vous souvenir quand vous entrez dans une négociation avec votre liste de questions calibrées : sans self-control et sans régulation des émotions, ça ne fonctionnera pas.

La toute première chose que j'évoque quand je forme de nouveaux négociateurs, c'est l'importance centrale du self-control. Si vous n'arrivez pas à maîtriser vos propres émotions, comment pouvez-vous espérer influencer celles des autres ?

Voici une histoire qui va vous aider à comprendre ce que j'entends par là.

Il n'y a pas très longtemps, une stratège marketing indépendante est venue me voir, car l'une des entreprises avec lesquelles elle travaillait avait nommé un nouveau P-DG, un grippe-sou dont la stratégie consistait à réduire les coûts en délocalisant tout ce qu'il pouvait. C'était aussi un macho qui n'aimait pas le ton assuré de la stratège.

Immédiatement, des disputes éclatèrent entre ma cliente et le P-DG, lors de conférences téléphoniques, sur un mode passif-agressif typique des entreprises américaines. Au bout de quelques semaines, ma cliente décida qu'elle en avait assez et envoya sa facture pour les dernières missions qu'elle avait effectuées (il y en avait pour 7 000 dollars environ) et signifia poliment au P-DG leur impossibilité de collaborer. Le P-DG répondit que la facture était trop élevée, qu'il n'en paierait que la moitié et qu'ils parleraient du reste.

Après quoi, il cessa de répondre à ses appels.

La dynamique sous-jacente était que cet homme n'aimait pas être contesté, surtout par une femme. Elle et moi avons donc développé une stratégie qui lui montrait qu'elle comprenait où elle s'était trompée et reconnaissait son pouvoir, tout en orientant son énergie de façon à ce qu'il résolve son problème.

Le scénario que nous avons élaboré reprenait les meilleures pratiques de la négociation que nous avons évoquées jusqu'alors. Le voici :

1. Une question orientée vers le « non » pour reprendre le contact. « Avez-vous renoncé à régler cela à l'amiable ? »
2. Une affirmation qui ne laisse qu'une réponse de type « c'est vrai » pour former une dynamique d'accord : « On dirait que vous trouvez que ma facture n'est pas justifiée. »
3. Des questions calibrées concernant le problème pour qu'il révèle le fond de sa pensée : « En quoi cette facture viole-t-elle notre accord ? »
4. Encore des questions orientées vers le « non » pour faire tomber les barrières non dites : « Êtes-vous en train de dire que je vous ai trompé ? » ; « Êtes-vous en train de dire que je n'ai pas agi comme vous me l'aviez demandé ? » ; « Êtes-vous en train de dire que j'ai rompu notre contrat ? » ; ou : « Êtes-vous en train de dire que j'ai échoué ? »
5. Étiqueter et renvoyer en miroir l'essence de ses réponses si elles ne sont pas acceptables, pour qu'il les reconsidère : « On dirait que vous trouvez que mon travail était médiocre » ou : « Mon travail était-il médiocre ? »

6. Une question calibrée en réponse à n'importe quelle offre autre que le paiement intégral, afin qu'il propose lui-même une solution : « Comment accepter cela ? »
7. Si rien de tout cela ne débouche sur une offre de paiement intégral, une étiquette qui flatte son sentiment de contrôle et de pouvoir : « On dirait que vous êtes fier de la façon dont vous faites des affaires – à juste titre – et que vous possédez un talent non seulement pour augmenter vos gains, mais aussi pour gérer l'entreprise plus efficacement. »
8. Une longue pause, puis encore une question orientée vers le « non » : « Voulez-vous avoir la réputation de quelqu'un qui ne respecte pas ses accords ? »

De ma longue expérience de la négociation, des scripts comme celui-ci ont 90 % de chances de succès. À condition que le négociateur reste calme et rationnel. Et c'est une condition importante.

Dans ce cas précis, ma cliente n'a pas réussi à garder son calme.

La première étape – le mail magique – a fonctionné encore mieux que ce qu'elle attendait et le P-DG l'a rappelée dans les dix minutes, à sa grande surprise. Mais presque instantanément, sa colère a éclaté quand elle a entendu le ton condescendant de son interlocuteur. Elle a absolument voulu lui montrer à quel point il avait tort, lui imposer sa volonté, et la conversation s'est transformée en épreuve de force stérile.

Inutile de préciser qu'elle n'a même pas obtenu la moitié de la somme réclamée.

En gardant cela en tête, je voudrais clore ce chapitre avec quelques conseils pour rester rationnel dans une négociation. Même en connaissant les meilleures techniques et stratégies, vous devez réguler vos émotions si vous voulez avoir un espoir de sortir vainqueur.

La première règle – et la plus basique – pour garder votre sang-froid est de tourner sept fois votre langue dans votre bouche. Pas littéralement, bien sûr. Mais vous devez vous garder des réactions impulsives et passionnées. Faites une pause. Réfléchissez. Laissez la passion se dissiper. Cela vous permet de rassembler vos esprits et d'être plus prudent dans ce que vous affirmez. Cela diminue en outre vos chances d'en dire plus que ce que vous auriez voulu.

Les Japonais ont bien compris cela. Dans une négociation avec un étranger, il est courant pour les hommes d'affaires japonais d'avoir recours à un interprète, même quand ils comprennent parfaitement la langue de leur interlocuteur. En effet, communiquer par le biais d'un interprète permet de prendre du recul et donne le temps de cadrer sa réponse.

Une autre règle simple : quand vous êtes attaqué verbalement, ne répliquez pas. Au lieu de ça, désarmez votre interlocuteur en posant une question calibrée. La prochaine fois que quelqu'un cherche à vous entraîner dans une dispute, essayez donc. Je vous promets que vous modifierez le cours de la conversation.

L'idée générale, ici, c'est que, quand les gens sentent qu'ils ne contrôlent pas la situation, ils adoptent ce que les psychologues nomment une mentalité d'otage. Dans les périodes de conflit, ils réagissent à leur manque de pouvoir en devenant extrêmement défensifs ou en attaquant violemment.

Au niveau neurologique, dans des situations comme celles-ci, le mécanisme des « réactions de lutte ou de fuite » du cerveau reptilien ou les émotions du système limbique submergent la partie rationnelle de notre esprit, le néocortex, nous conduisant à surréagir d'une façon impulsive, instinctive.

Dans une négociation comme celle entre ma cliente et le P-DG, cela produit toujours un résultat négatif. Nous devons donc entraîner notre néocortex à dépasser les émotions des deux autres cerveaux.

Pour cela, réfléchissez avant de parler et apprenez comment faire évoluer, consciemment, votre état vers quelque chose de plus positif. Amenuisez la mentalité d'otage chez votre interlocuteur en posant une question ou même en vous excusant (« Vous avez raison. C'était un peu sévère »).

Si vous pouviez mesurer le rythme cardiaque d'un malfaiteur armé cerné par la police, vous découvririez que chaque question calibrée et chaque excuse fait baisser légèrement son rythme cardiaque. Et c'est ainsi que vous enclenchez une dynamique où des solutions peuvent être trouvées.

Leçons clés

Qui contrôle la conversation ? Celui qui écoute ou celui qui parle ?

Celui qui écoute, bien sûr.

Parce que celui qui parle livre des informations alors que celui qui écoute, s'il est bien entraîné, dirige la conversation vers son but. Il mobilise l'énergie de celui qui parle à ses propres fins.

Quand vous essaierez les techniques de ce chapitre dans votre vie quotidienne, souvenez-vous que ce sont des outils de personne à l'écoute. Il ne s'agit pas de forcer la main à votre interlocuteur pour qu'il se soumette, mais plutôt d'utiliser sa force pour atteindre vos objectifs. Comme dans le judo.

Quand vous pratiquerez cette discipline, n'oubliez pas ces leçons :

- Ne cherchez pas à obliger votre interlocuteur à admettre que vous avez raison. La confrontation agressive est l'ennemie de la négociation constructive.
- Évitez les questions auxquelles on peut répondre par « oui » ou par des petits bouts d'information. Elles demandent peu de réflexion et inspirent le besoin humain de réciprocité : on attendra alors de vous que vous donniez quelque chose en échange.
- Posez des questions calibrées qui commencent par « comment » ou « quoi ». En demandant implicitement de l'aide à la partie adverse, ces questions donneront à votre interlocuteur l'illusion du contrôle et l'encourageront à détailler ses réponses, révélant ainsi des informations importantes.
- Ne posez pas de questions qui commencent par « pourquoi », sauf si vous voulez que votre interlocuteur défende un but qui vous serve.

« Pourquoi » est toujours une accusation, dans toutes les langues.

- Calibrez vos questions pour orienter votre interlocuteur vers la résolution de votre problème. Il consacrera ainsi son énergie à trouver une solution.
- Tournez sept fois votre langue dans votre bouche. Quand vous êtes attaqué dans une négociation, marquez une pause et évitez les réactions émotionnelles d'énervement. Posez plutôt une question calibrée à votre interlocuteur.
- Il y a toujours une équipe en face de vous. Si vous n'influencez pas ces personnes, vous serez vulnérable.

8

Garantir une bonne application des accords

Il y a quelques années, au cours d'un soulèvement violent et chaotique dans une prison à Saint Martin Parish, en Louisiane, un groupe de détenus armés de couteaux de fortune prit en otage le directeur de la prison et certains membres du personnel. La situation était particulièrement tendue, car les prisonniers étaient à la fois stressés et désorganisés – ce qui signifiait que tout pouvait arriver.

Les négociateurs sentaient que, malgré leurs bravades, les prisonniers n'avaient pas vraiment l'intention de s'en prendre aux employés. Ils savaient que les détenus se sentaient acculés et que, par-dessus tout, ils voulaient en finir au plus vite.

Mais il y avait un obstacle : ayant pris en otage des gardiens de prison, sans parler du directeur, les détenus craignaient d'être tabassés – et méchamment – quand ils se rendraient.

Les négociateurs firent donc porter une paire de talkies-walkies aux détenus et mirent au point un protocole sophistiqué pour qu'ils mettent fin au soulèvement. L'idée était d'une étonnante simplicité : les détenus feraient sortir l'un des leurs avec un talkie-walkie ; celui-ci traverserait trois périmètres où étaient stationnés différents services de police, devant la prison. Une fois qu'il aurait dépassé le dernier périmètre, il monterait dans un fourgon cellulaire et serait transféré en détention. Là, avec son talkie-walkie, il pourrait contacter ceux qui étaient restés à l'intérieur et leur confirmer qu'il n'avait pas été tabassé. Et les autres sauraient qu'ils pouvaient sortir un par un, en toute sécurité.

Après quelques discussions, les détenus acceptèrent le plan et le premier d'entre eux sortit. Tout se déroula à merveille au début. Il passa devant la zone des policiers fédéraux, puis devant la zone où étaient stationnés les SWAT et il arriva enfin dans le périmètre extérieur. Mais juste au moment où il allait monter dans la camionnette, des policiers, voyant le talkie-walkie, lancèrent : « Qu'est-ce que vous foutez avec ça ? » et le confisquèrent avant d'envoyer le type en détention.

Les détenus restés dans la prison, sans nouvelles de leur camarade, se mirent à paniquer. Celui qui possédait le second talkie-walkie appela les négociateurs et se mit à crier : « Pourquoi est-ce qu'il n'a pas appelé ? Ils sont en train de le tabasser. On vous l'avait bien dit ! » Il parla de couper le doigt d'un otage, juste pour s'assurer que les négociateurs avaient bien conscience que les détenus ne rigolaient pas.

Et à ce moment-là, ce sont les négociateurs qui commencèrent à paniquer. Ils coururent vers le périmètre de sécurité et hurlèrent sur tout le monde. C'était une question de vie ou de mort – ou, du moins, de doigt amputé.

Finalement, après quinze minutes passées à s'arracher les cheveux, un membre des SWAT débarqua, tout fier de lui. « Il y a un imbécile qui avait filé une radio au type », dit-il, et il esquissa un sourire en tendant au négociateur le talkie-walkie. Les négociateurs se retinrent à grand-peine de le frapper avant de filer rejoindre le premier détenu pour qu'il puisse appeler ses complices.

Crise évitée, mais de justesse.

Là où je veux en venir, ici, c'est que votre boulot, en tant que négociateur, ne consiste pas uniquement à trouver un accord. Il s'agit de trouver un accord qui puisse être appliqué et de faire en sorte qu'il le soit. Les négociateurs doivent être des architectes décisionnels : ils doivent concevoir, de façon dynamique et flexible, les éléments verbaux et non verbaux de la négociation afin d'obtenir à la fois le consentement et la bonne application.

Un « oui » n'est rien sans un « comment ». C'est bien de trouver un accord, mais il est préférable d'avoir un contrat – et un chèque signé, c'est encore mieux. Vous ne faites pas de profit avec un accord. Les profits viennent avec sa mise en œuvre. Le succès, ce n'est pas quand le preneur d'otages annonce : « Oui, nous avons un accord » ; le succès vient ensuite, quand l'otage vous dit « merci ».

Dans ce chapitre, vous apprendrez comment vous rapprocher du consentement, et comment l'atteindre, tant avec ceux qui sont assis à la table des négociations qu'avec les forces invisibles qui jouent « en dessous » ; je montrerai également comment distinguer la véritable adhésion de l'acquiescement fictif et comment garantir la bonne application d'un accord grâce à la « règle des trois ».

« Oui » n'est rien sans « comment »

Environ un an après la crise de Dos Palmas, je donnais un cours à l'académie du FBI à Quantico quand le Bureau reçut un appel urgent du département d'État : un citoyen américain avait été kidnappé dans la jungle équatorienne par un groupe rebelle basé en Colombie. En tant que négociateur principal pour les prises d'otages à l'étranger, c'était une affaire pour moi : je montai donc une équipe et installai le quartier général des opérations à Quantico.

Depuis quelques années, José et sa femme, Julie, étaient guides pour des groupes de touristes dans la jungle près de la frontière colombienne. Né en Équateur, José avait acquis la nationalité américaine et travaillait à New York comme ambulancier quand lui et sa femme décidèrent de monter une entreprise d'écotourisme dans son pays natal. José adorait la jungle équatorienne et rêvait depuis longtemps de parler aux visiteurs des singes qui se balançaient entre les arbres et des fleurs qui parfumaient les sentiers.

L'affaire se développa, les écotouristes étaient séduits par la passion manifeste qui animait le couple. Le 20 août 2003, José et Julie emmenèrent 11 personnes faire du rafting sur le río Mira. Après une belle journée sur l'eau, tous les participants, souriants et trempés, s'entassèrent dans les jeeps et pick-up qui les ramenaient à un hôtel dans un village des environs. José racontait des légendes locales en conduisant le premier véhicule, et Julie, à sa droite, avait leur bébé de onze mois sur les genoux.

Ils étaient à cinq minutes de l'hôtel quand trois hommes surgirent sur la route en braquant leurs fusils vers le véhicule. Un quatrième homme apparut et pointa son pistolet sur la tête de Julie pendant que les brigands tiraient José de la voiture et le plaçaient de force sur la plate-forme à l'arrière. Les kidnappeurs menèrent ensuite le convoi à travers plusieurs petites villes jusqu'à un carrefour, où ils s'arrêtèrent, laissant là le véhicule et prenant José. Quand il passa près d'elle, Julie lui dit :

« Souviens-toi que, quoi qu'il arrive, je t'aime.

— Ne t'en fais pas, tout va bien se passer », répondit José.

Puis lui et ses ravisseurs disparurent dans la jungle.

Les kidnappeurs exigeaient 5 millions de dollars. Nous voulions gagner du temps. Depuis la débâcle de Dos Palmas et l'épiphanie de Pittsburgh, j'étais impatient de mettre en pratique ce que j'avais appris sur les questions calibrées. Quand José fut capturé, j'envoyai donc mes gars en Équateur et je leur annonçai qu'on allait suivre une nouvelle stratégie. Cet enlèvement nous fournirait une occasion de démontrer la validité de cette approche. « Tout ce qu'on va dire, c'est : "Hey, comment sait-on que José va bien ? Comment est-on censés payer sans savoir s'il va bien ?" Inlassablement. »

Même s'ils étaient mal à l'aise à l'idée d'employer des techniques qui n'avaient pas encore été testées, mes hommes étaient partants. Les policiers locaux étaient furieux, cependant, parce qu'ils demandaient toujours des preuves de vie avec la méthode classique (que le FBI leur avait enseignée). Heureusement, Julie était derrière nous à 100 % : elle comprenait comment les questions calibrées nous feraient gagner du temps, et elle était convaincue qu'avec suffisamment de temps son mari trouverait un moyen de rentrer chez lui.

Le lendemain de l'enlèvement, les rebelles conduisirent José dans les montagnes le long de la frontière colombienne et s'installèrent dans une cabane en pleine jungle. Là, José tissa de bonnes relations avec ses ravisseurs, afin que ce soit plus difficile pour eux de le tuer. Il les impressionna par sa connaissance de la jungle et, étant ceinture noire de karaté, il passait le temps en leur apprenant cet art martial.

Mes négociateurs coachaient quotidiennement Julie tandis que nous attendions un contact des rebelles. Nous apprîmes plus tard que le négociateur désigné par les ravisseurs de José devait marcher jusqu'à la ville pour négocier par téléphone.

Mes hommes conseillèrent à Julie de répondre systématiquement aux ravisseurs par une question. Ma stratégie visait à faire en sorte que les kidnappeurs soient toujours impliqués, mais toujours déstabilisés.

« Comment puis-je savoir que José est en vie ? » demanda-t-elle lors de leur première conversation.

Quand ils exigèrent 5 millions de dollars, elle dit : « Nous ne disposons pas d'une telle somme. Comment pouvons-nous trouver autant d'argent ? »

« Comment pouvons-nous vous payer quoi que ce soit avant de savoir si José va bien ? » demanda Julie lors de la conversation suivante.

Des questions, toujours des questions.

Le ravisseur qui négociait avec Julie semblait déconcerté par ses incessantes questions, et chaque fois il lui demandait du temps pour réfléchir. Cela ralentissait tout, mais il ne s'énerva jamais contre Julie. Répondre à des questions lui donnait l'illusion qu'il avait le contrôle de la situation.

En posant tout le temps des questions et en faisant des offres minuscules, Julie fit baisser la rançon à 16 500 dollars. Quand ils arrivèrent à ce montant, les ravisseurs exigèrent qu'elle leur apporte l'argent immédiatement.

« Comment puis-je faire cela alors que je dois vendre mes voitures et mes camions ? » demanda-t-elle.

Gagner du temps, encore et toujours.

Nous commencions à nous réjouir, parce que le succès était à portée de main ; nous étions vraiment proches d'une rançon que la famille pouvait payer.

Puis je reçus un appel au milieu de la nuit, de l'un de mes hommes en Équateur, Kevin Rust. Kevin est un incroyable négociateur, et c'est lui qui m'avait appelé un an plus tôt pour m'annoncer que Martin Burnham avait été tué. Quand j'entendis sa voix, mon estomac se serra.

« José vient de nous appeler, dit Kevin. Il est toujours sur le territoire des guérilleros, mais il s'est échappé, il se trouve dans un bus et il est en train de s'en sortir. »

Il me fallut trente secondes pour répondre et, quand je parvins à parler, tout ce que je pus dire se résumait à : « Merde alors ! C'est fantastique ! »

Ce qui s'était passé, nous l'avons appris par la suite : à cause de tous ces retards et de toutes ces questions, certains guérilleros étaient partis et n'étaient pas revenus. Assez rapidement, il n'y eut plus qu'un adolescent pour surveiller José la nuit. José vit une opportunité un soir tard, quand il se mit à pleuvoir à verse. Frappant le toit en métal, la pluie étouffait tous les autres bruits, et son unique gardien dormait. Sachant que les feuilles humides absorberaient la trace de ses pas, José passa par la fenêtre, courut le long de sentiers dans la jungle jusqu'à une piste de terre et se fraya un chemin jusqu'à une petite ville.

Deux jours plus tard, il était de retour auprès de Julie et de leur bébé, quelques jours à peine avant le premier anniversaire de sa fille.

Julie avait eu raison : avec suffisamment de temps, il avait trouvé le chemin de sa maison.

Les questions calibrées de type « comment » sont un moyen infaillible de faire durer les négociations. Elles mettent la pression sur votre interlocuteur pour qu'il trouve une réponse et qu'il prenne en compte vos problèmes au moment de formuler ses exigences.

En posant suffisamment de bonnes questions de type « comment », vous pouvez lire et façonner l'environnement de négociation d'une façon telle que vous obtiendrez en fin de compte la réponse que vous souhaitez entendre. Vous devez juste savoir où vous voulez amener la conversation quand vous élaborez vos questions.

Le truc des questions de type « comment », c'est que, bien utilisées, elles sont des façons douces et élégantes de dire « non » et qu'elles conduisent votre interlocuteur à formuler une meilleure solution – *votre* solution. Un doux « non, comment » invite à la collaboration et votre interlocuteur a l'impression d'avoir été traité avec respect.

Repensez à ce que Julie a fait quand les ravisseurs colombiens ont formulé leurs premières exigences.

« Comment pouvons-nous trouver autant d'argent ? » a-t-elle demandé.

Vous remarquerez qu'elle n'a pas utilisé le mot « non ». Mais elle a quand même réussi à rejeter délicatement les 5 millions de dollars demandés par les kidnappeurs.

À l'image de Julie, la première question négative que vous utiliserez est une variante du « Comment faire ? » (par exemple « Comment pouvons-nous vous augmenter autant ? »). Votre intonation est essentielle, dans la mesure où cette phrase peut sonner soit comme une accusation soit comme une demande d'aide. Faites donc attention à votre voix.

Cette question a généralement un effet positif : la partie adverse étudie en détail votre situation. Cette dynamique positive est ce que j'appelle de l'« empathie forcée », et elle est particulièrement efficace si, dans ce qui précède, vous avez déjà fait preuve d'empathie avec votre interlocuteur. Cela le pousse, par la dynamique de réciprocité, à faire quelque chose pour vous. À partir de l'enlèvement de José, « Comment faire ? » devint notre réponse principale à une demande de rançon émise par un ravisseur. Et cela ne s'est jamais retourné contre nous.

À une époque, je travaillais avec une experte-comptable, Kelly, à qui une société cliente devait beaucoup d'argent. Elle continuait à travailler parce qu'elle considérait qu'elle développait un contact utile, et parce que la promesse d'être payée un jour semblait justifier le fait de continuer sur la base de la bonne foi.

Mais arrivée à un certain point, Kelly avait tellement de retard dans ses propres factures qu'elle se trouvait dans une situation difficile. Elle ne pouvait pas continuer à travailler avec seulement une vague idée du moment où elle serait payée, mais elle craignait, si elle insistait trop, de n'être pas payée du tout.

Je lui dis d'attendre le moment où le client lui proposerait à nouveau du travail, parce que, si elle faisait une demande de règlement tout de suite, elle serait vulnérable s'ils refusaient.

Heureusement pour Kelly, le client l'appela bientôt pour lui proposer une nouvelle mission. Une fois qu'il eut terminé sa requête, elle posa calmement une question de type « comment » :

« Je vous aiderais volontiers, dit-elle, mais comment faire ? »

En indiquant sa volonté de travailler, mais en demandant de l'aide pour trouver une façon de le faire, son client mauvais payeur n'avait pas d'autre choix que de mettre ses besoins à elle au-dessus du reste.

Et elle fut payée.

En plus d'exprimer le « non », l'autre bénéfice important du « comment » est que, assez littéralement, cela oblige votre interlocuteur à réfléchir et à expliquer de quelle façon un accord sera mis en œuvre. Un accord n'est rien sans une bonne mise en œuvre. Une mauvaise mise en œuvre est un cancer qui rongera vos profits.

En poussant votre interlocuteur à expliciter, dans ses propres termes, la façon dont un accord sera appliqué, vos questions de type « comment » soigneusement calibrées le convaincront que la solution choisie est *son* idée. Et c'est crucial. Les gens font toujours plus d'efforts pour mettre en œuvre une solution quand ils pensent que c'est la leur. C'est simplement la nature humaine. Voilà pourquoi la négociation est souvent appelée « l'art de laisser quelqu'un arriver à vos fins ».

Il y a deux questions clés que vous pouvez poser pour que vos interlocuteurs croient qu'ils définissent le succès à *leur* façon : « Comment saurons-nous que nous sommes sur la bonne voie ? » et « Comment réglerons-nous les problèmes si nous découvrons que nous faisons fausse route ? ». Quand ils apportent une réponse, résumez ce qu'ils ont dit jusqu'à obtenir un « c'est vrai ». Alors, vous saurez qu'ils ont adhéré.

Revers de la médaille, soyez vigilant face à deux signes évocateurs qui montrent que votre interlocuteur *ne croit pas* que l'idée vient de lui. Comme je l'ai déjà mentionné, quand il dit « vous avez raison », c'est souvent un bon indicateur du fait qu'il n'est pas investi dans ce qui est en cours. Et quand vous insistez sur l'application de l'accord et qu'il répond « je vais essayer », c'est mauvais signe, parce que en vérité cela signifie : « Je prévois d'échouer. »

Quand vous entendez l'une ou l'autre de ces phrases, replongez avec des questions calibrées de type « comment » jusqu'à ce qu'il définisse, avec ses propres termes, les conditions d'une application réussie. Poursuivez en résumant ce qu'il a dit jusqu'à obtenir un « c'est vrai ».

Laissez la partie adverse croire qu'elle a gagné. Laissez-la croire que c'était son idée. Mettez votre ego de côté. Rappelez-vous qu'un « oui » n'est rien sans un « comment ». Continuez donc à demander « comment », jusqu'au bout. Et vous réussirez.

Influencez ceux qui restent dans l'ombre

Quelques semaines après le retour de José aux États-Unis, je suis allé en voiture voir sa famille, au nord de New York.

J'étais fou de joie quand José s'était évadé, mais je gardais une inquiétude tenace. Est-ce que ma nouvelle stratégie avait échoué ? José était rentré sain et sauf, mais ce n'était pas parce que nous avions négocié sa libération. Je craignais que sa libération n'ait moins à voir avec notre stratégie brillante qu'avec de la chance toute bête.

Après avoir été chaleureusement accueilli par Julie et ses parents, je m'assis avec José autour d'un café. J'étais venu ici pour ce que la CNU appelait le « débriefing des otages rescapés ». Je cherchais à savoir comment mieux conseiller les gens qui font face au risque d'enlèvement pour mieux survivre, pas seulement physiquement, mais également psychologiquement. J'étais fou d'impatience de savoir ce qui s'était passé derrière le rideau, parce que j'avais l'impression que ma nouvelle stratégie avait échoué.

Enfin, la conversation en arriva à notre utilisation des questions calibrées.

« Vous savez quoi ? dit-il. Le truc le plus incroyable, c'est que leur négociateur était censé rester en ville et trouver un accord mais, comme Julie n'arrêtait pas de lui poser des questions auxquelles il ne savait pas vraiment répondre, il devait toujours revenir dans la jungle. Ils se réunissaient tous et avaient un grand débat pour savoir comment répondre. Ils ont même envisagé de m'emmener en ville et de me passer le téléphone tellement Julie s'obstinait à demander comment elle pouvait savoir que j'allais bien. »

Là, je sus que nous possédions l'outil adéquat. C'était l'exact inverse de l'affaire Burnham, où notre négociateur avait conclu un accord avec un des ravisseurs, quand d'autres empochaient les 300 000 dollars avant de dire : « Non, nous ne ferons pas cela. » Faire en sorte que la partie adverse travaille aussi dur et imposer une telle coordination interne – et tout cela au service de nos propres finalités – était sans précédent.

Notre stratégie de négociation en Équateur avait été efficace non seulement parce que toutes ces questions contribuèrent à l'environnement qui permit à José de s'évader, mais aussi parce qu'elles obligeaient les ravisseurs – nos interlocuteurs – à être tous sur la même longueur d'onde.

Peu de preneurs d'otages – et peu d'entrepreneurs – agissent en solo. La plupart du temps, il y a d'autres acteurs, des gens qui peuvent faciliter ou tuer un accord. Si vous voulez vraiment arriver au « oui » *et* que votre accord soit appliqué, vous devez découvrir comment toucher ces individus.

Quand la mise en œuvre se fait par un comité, le soutien de ce comité est fondamental. Vous devez toujours découvrir ses motivations, même si vous n'avez pas encore identifié chaque individu de ce comité. Cela peut simplement passer par quelques questions calibrées – par exemple « Comment est-ce que cela affecte le reste de votre équipe ? » « Dans quelle mesure les gens qui ne participent pas à cette réunion sont-ils sur la même longueur d'onde ? » ou simplement « Pour vos collègues, quel est le plus gros défi dans ce domaine ? ».

L'idée générale que j'essaie d'exprimer ici, c'est que, dans toute négociation, vous devez analyser l'ensemble de l'espace de négociation.

Si d'autres gens sont concernés par ce qui est négocié et qu'ils peuvent plus tard faire valoir leurs droits ou leur pouvoir, c'est idiot de ne prendre en considération que les intérêts de ceux qui sont présents à la table de négociation. Vous devez vous méfier des acteurs qui restent dans l'ombre, ou de « niveau 2 » – c'est-à-dire des parties qui ne sont pas directement impliquées mais qui peuvent aider à mettre en œuvre des accords qu'elles approuvent et bloquer ceux qu'elles ne soutiennent pas. Vous ne pouvez pas les négliger, même quand vous traitez avec un P-DG. Il pourrait toujours y avoir quelqu'un qui murmure à son oreille. En fin de compte, les tueurs de marché sont souvent plus importants que les faiseurs de marché.

Repensez au soulèvement dans la prison : tout faillit être gâché parce qu'un second couteau dans notre camp n'était pas totalement sur la même longueur d'onde. En Équateur, c'est cela que notre utilisation des questions calibrées permit d'éviter, et c'est pour cela que le cas de José fut un succès sur toute la ligne.

Il suffit d'un second couteau pour faire capoter un accord.

Alors que je travaillais dans le privé depuis quelques années, j'ai payé le prix fort pour avoir quelque peu oublié l'importance d'évaluer et d'influencer la négociation cachée qui se passe « sous la table ».

Nous étions sur le point de conclure un accord avec une grande entreprise en Floride qui voulait une formation à la négociation pour l'une de ses divisions. Nous avions eu à de nombreuses reprises le P-DG et le directeur des ressources humaines au téléphone et ils étaient tous les deux à 100 % emballés par notre offre. Nous étions fous de joie – nous disposions, pensions-nous, d'une adhésion totale des décideurs pour un marché extrêmement lucratif.

Et puis, alors que nous étions en train de finaliser le contrat, l'accord tomba à l'eau.

Et c'est le chef de la division qui avait besoin de cette formation qui tua l'accord. Peut-être qu'il s'était senti menacé, qu'il était vexé ou, d'une façon ou d'une autre, blessé par l'idée que lui et son équipe aient « besoin » d'une formation tout court (un pourcentage étonnamment élevé de négociations repose sur des éléments non monétaires, ayant souvent davantage à voir avec l'estime de soi, le statut et autres besoins non financiers). Nous ne le saurons jamais.

Le fait est que nous nous en sommes souciés trop tard parce que nous étions convaincus que nous traitions avec les seuls décideurs qui importaient.

Nous aurions pu éviter tout cela si nous avions posé quelques questions calibrées comme : « Comment cela affecte-t-il les autres salariés de l'entreprise ? » « Dans quelle mesure le reste de votre équipe est-il à l'unisson ? » « Comment pouvons-nous être sûrs que nous donnons les bonnes informations aux bonnes personnes ? » « Comment peut-on s'assurer que les managers que nous allons former sont d'accord ? ».

Si nous avions posé des questions comme celles-ci, le P-DG et le responsable des ressources humaines auraient fait des vérifications auprès du chef de la division ; ils l'auraient peut-être même fait participer aux débats. Et ils nous auraient épargné beaucoup de désagréments.

Repérer les menteurs, gérer les crétins et charmer tous les autres

En tant que négociateur, vous allez tomber sur des gens qui vous mentent effrontément et qui essaient de vous pousser, par la peur, à signer un accord. Les crétins agressifs et les menteurs compulsifs font partie des risques du métier, et il vous revient de les gérer.

Mais apprendre à faire face aux agressions et à flairer la malhonnêteté relève d'une plus vaste question : comment repérer et interpréter les subtilités de la communication – à la fois verbales et non verbales – qui révèlent les états mentaux de vos interlocuteurs.

Les négociateurs véritablement efficaces sont conscients de toute la communication verbale, paraverbale (comment c'est dit) et non verbale qui imprègne les négociations et les dynamiques de groupe. Et ils savent comment tourner ces subtilités à leur avantage. Changer un seul terme quand vous présentez les différentes options – par exemple dire « ne pas perdre » plutôt que « garder » – peut influencer (inconsciemment) les choix (conscients) de votre interlocuteur.

Je voudrais parler ici des outils dont vous aurez besoin pour identifier les menteurs, désarmer les crétins et charmer tous les autres. Bien sûr, les questions ouvertes de type « comment » en font partie – il s'agit peut-être même de l'outil le plus important –, mais il y en a bien d'autres.

Alastair Onglingswan habitait aux Philippines. Un soir de 2004, il prit un taxi pour un long trajet qui devait le ramener du centre commercial Greenhill de Manille vers son domicile.

Il s'endormit.

Et quand il se réveilla, il était menotté.

Malheureusement pour Alastair, son chauffeur exerçait une seconde activité : il était kidnappeur.

Il conservait une bouteille d'éther sur le siège avant de son véhicule et, quand une cible s'endormait, il la droguait, la séquestrait et demandait une rançon.

En quelques heures, le ravisseur s'était servi du téléphone d'Alastair pour contacter sa petite amie à New York. Il exigea un paiement quotidien afin de « prendre soin » d'Alastair pendant qu'il se renseignait sur la fortune de sa famille. « Tant pis si vous ne payez pas, dit-il. Je peux toujours vendre ses organes en Arabie saoudite. »

Au bout de vingt-quatre heures, j'avais été mandaté pour diriger la négociation depuis Quantico. La petite amie d'Alastair était trop nerveuse pour se charger de la négociation du côté de la famille, et sa mère, qui habitait aux Philippines, était prête à accepter n'importe quelle exigence du ravisseur.

Mais à Manille, Aaron, le frère d'Alastair, refusait de céder : il avait tout simplement *compris* le principe de la négociation et il acceptait l'idée qu'Alastair puisse mourir, ce qui faisait de lui un négociateur plus fort et plus efficace. Aaron et moi-même avons mis en place une ligne téléphonique disponible en permanence et je devins le mentor d'Aaron à l'autre bout du monde.

À travers les commentaires et exigences du ravisseur, je devinai qu'il était expérimenté et patient. Pour prouver ses intentions, il proposa de couper une oreille d'Alastair et de l'envoyer à la famille, avec une vidéo où on le verrait pratiquer la mutilation.

Cette demande de paiement quotidien était clairement une astuce pour pomper rapidement autant d'argent que possible à la famille tout en évaluant dans le même temps son niveau de richesse. Nous devions découvrir qui était cet homme – agissait-il seul ou appartenait-il à un groupe, avait-il l'intention de tuer Alastair ? – avant que la famille n'ait plus d'argent à donner. Pour cela, nous allions devoir engager le ravisseur dans une longue négociation. Nous allions devoir tout ralentir.

Depuis Quantico, je bombardais Aaron de questions calibrées. Je lui demandais de mitrailler constamment ce sale type violent de « comment ». « Comment faire... », « Comment savons-nous... », « Comment pouvons-nous... ». Traiter les crétins avec respect est une méthode très puissante. Cela vous donne la capacité d'être catégorique – de dire « non » – d'une façon invisible.

« Comment savons-nous, si nous vous payons, que vous ne ferez pas de mal à Alastair ? » demanda Aaron.

Dans l'art martial chinois du tai-chi, le but est d'utiliser l'agressivité de votre adversaire contre lui – de retourner son attaque pour qu'elle constitue votre victoire. C'est l'approche pour laquelle nous avons opté avec le ravisseur d'Alastair : nous voulions absorber ses menaces et l'avoir à l'usure. Nous fîmes en sorte que le simple fait de planifier un appel avec nous devienne une affaire complexe. Nous répondions avec retard à ses mails.

Grâce à toutes ces tactiques, nous pûmes prendre l'avantage tout en lui laissant l'illusion du contrôle. Il pensait qu'il résolvait les problèmes d'Aaron alors qu'en réalité nous étions en train de collecter des informations à son sujet et de lui faire perdre du temps. Voyez-vous, il vaut mieux ne pas affronter en face une agressivité comme celle dont faisait preuve le ravisseur d'Alastair ; il est préférable d'opter pour des questions de type « quoi » et « comment » afin d'éviter de faire des offres ou d'ajuster votre propre position de négociation. Éludez les questions.

Enfin, après des jours de marchandage pour déterminer le tarif quotidien, Aaron obtint du ravisseur un montant symbolique et accepta de déposer une partie des fonds sur son compte en banque. Après avoir effectué ce paiement partiel, Aaron appliqua la méthode idéale pour attaquer le chauffeur de taxi de façon non agressive avec une question ajustée de type « quand/quoi ».

« Que se passera-t-il quand nous n'aurons plus d'argent ? » demanda Aaron.

Le ravisseur réfléchit.

« Tout se passera bien », répondit-il enfin.

Yes !

Sans en avoir conscience, notre tueur venait de nous promettre qu'il ne ferait pas de mal à Alastair. Une série répétitive de questions de type « quoi » et « comment » peut contribuer à vaincre les tactiques agressives d'un adversaire manipulateur.

Comme vous pouvez le constater, Aaron était devenu, grâce à leurs longues conversations téléphoniques, presque un ami pour le ravisseur. Au fil du temps, ce dernier avait donc relâché sa vigilance. Finalement, les enquêteurs de la police philippine localisèrent le téléphone dans une maison, où ils purent donner l'assaut. Alastair et le ravisseur ne s'y trouvaient pas, mais la femme du ravisseur y était. Elle parla à la police d'une autre maison qu'ils possédaient. La police lança rapidement un assaut sur cette seconde maison, libéra Alastair et arrêta le kidnappeur.

Il existe beaucoup d'autres tactiques, outils et méthodes pour utiliser des formes subtiles – verbales et non verbales – de communication permettant de comprendre et de modifier les états mentaux de votre interlocuteur. J'en passe certaines en revue ici, et je veux que vous preniez un moment pour assimiler chacune d'entre elles.

C'est le genre d'outils qui peuvent aider des négociateurs perspicaces à accomplir de grandes choses.

La règle des 7-38-55 %

Dans deux études célèbres consacrées aux mécanismes qui font que nous apprécions (ou pas) une personne, Albert Mehrabian[1], professeur de psychologie à l'UCLA, inventa la règle des 7-38-55 %. Pour lui, la communication est à 7 % verbale (le sens des mots), à 38 % vocale (l'intonation) et à 55 % corporelle (visage et langage corporel).

Si ces chiffres ne s'appliquent pas dans tous les cas de figure, cette règle offre néanmoins un ratio utile pour les négociateurs. En fait, le langage corporel et l'intonation – et non les mots – représentent nos outils d'évaluation les plus puissants. C'est pourquoi je suis toujours prêt à prendre l'avion pour rencontrer quelqu'un, même quand je peux exprimer l'essentiel de ce qui doit l'être au téléphone.

---

1. Albert Mehrabian, *Silent Messages. Implicit Communication of Emotions and Attitudes*, 2e éd., Belmont (Ca), Wadsworth, 1981 ; Albert Mehrabian, *Nonverbal Communication*, Chicago, Aldine-Atherton, 1972.

Comment mettre à profit cette règle ? D'abord, prêtez une grande attention à l'intonation et au langage corporel de votre interlocuteur pour vous assurer qu'ils sont cohérents avec le sens littéral des mots. S'ils ne correspondent pas, il est tout à fait possible que la personne soit en train de mentir – ou du moins qu'elle ne soit pas convaincue.

Quand le ton de la voix ou le langage corporel de quelqu'un n'est pas en harmonie avec le sens des mots qu'il prononce, employez des étiquettes pour découvrir la source de cette incohérence.

Voici un exemple.

Vous : « Donc nous sommes bien d'accord ? »

Lui : « Oui… »

Vous : « Je vous ai bien entendu dire “oui”, mais on dirait qu'il y avait une hésitation dans votre voix. »

Lui : « Oh, ce n'est rien, vraiment. »

Vous : « Non, c'est important, mettons les choses au clair. »

Lui : « Je vous en remercie. »

C'est une façon de s'assurer que votre accord sera appliqué sans mauvaises surprises. Et votre interlocuteur vous en sera reconnaissant. Il se sentira respecté parce que vous aurez perçu l'incohérence et que vous l'aurez traitée avec délicatesse par une étiquette. Votre relation de confiance n'en sera que meilleure.

La règle des trois

Je suis sûr qu'au cours de votre vie vous avez déjà été impliqué dans une négociation où un « oui » que vous aviez arraché s'est ensuite transformé en « non ». Peut-être que la partie adverse vous mentait, ou peut-être qu'elle prenait juste ses désirs pour des réalités. D'une façon ou d'une autre, ce n'est pas une expérience rare. Et si cela se produit, c'est parce qu'il existe en fait trois sortes de « oui » : le « oui » d'engagement, le « oui » de confirmation et le « oui » contrefait.

Comme nous l'avons vu dans le chapitre 5, il y a tellement de vendeurs qui cherchent avec insistance à coincer leurs clients avec un « oui » d'engagement que beaucoup de gens sont devenus très doués pour le « oui » contrefait.

La règle des trois est un outil diablement efficace pour éviter ces situations.

C'est très simple : il faut que l'autre partie montre trois fois son assentiment au cours de la même conversation. Cela triple la force de n'importe quelle dynamique que vous cherchez à développer. Ce faisant, cette règle met au jour les problèmes avant qu'ils n'adviennent. Il est vraiment difficile de mentir ou de simuler la conviction de façon répétitive.

Lorsque j'ai commencé à employer cette règle, j'ai eu l'impression de radoter ou de passer pour quelqu'un de vraiment insistant.

La solution, comme je l'ai découvert, consiste à diversifier les tactiques.

La première fois que votre interlocuteur montre son assentiment ou qu'il prend un engagement, c'est le n° 1. Pour le n° 2, vous pouvez étiqueter ou résumer ce qu'il vient de dire, afin qu'il réponde « c'est vrai ». Et le n° 3 pourrait être une question de type « comment » ou « quoi » concernant la mise en œuvre, qui lui demandera d'expliquer les conditions de réussite – une question comme « Que ferons-nous si nous faisons fausse route ? ».

Ou bien vous pouvez tout simplement poser la même question calibrée formulée de trois façons différentes comme : « Quel est le plus grand défi auquel vous avez fait face ? » « Qu'affrontons-nous ici ? » et « D'après vous, quel est l'obstacle le plus difficile à contourner ? ».

Quoi qu'il en soit, revenir trois fois sur le même sujet met en lumière les mensonges comme les incohérences entre les mots et le langage corporel dont nous avons parlé dans la section précédente. Alors la prochaine fois que vous aurez un doute sur la sincérité et l'engagement de votre interlocuteur, essayez d'appliquer cette règle.

L'effet Pinocchio

Avec le célèbre personnage inventé par Carlo Collodi, il était facile de savoir quand il mentait : il suffisait de regarder son nez.

En vérité, Collodi n'était pas très éloigné de la réalité. La plupart des gens laissent transparaître des signes révélateurs flagrants quand ils mentent. Pas un nez qui s'allonge, mais pas loin.

Dans une étude sur les éléments du mensonge[1], Deepak Malhotra, professeur à la Harvard Business School, et ses coauteurs ont découvert qu'en moyenne les menteurs utilisent plus de mots que ceux qui disent la vérité et qu'ils ont recours à beaucoup plus de pronoms à la troisième personne. Ils emploient « lui », « elle », « ça », « on », « eux » et « leur », plutôt que « je », afin de mettre une certaine distance entre eux et leur mensonge.

Et ces scientifiques ont découvert que les menteurs avaient tendance à recourir à des phrases plus complexes, cherchant par là à convaincre leurs partenaires suspicieux. Cela revient à déconcerter quelqu'un avec du baratin. Les chercheurs ont appelé cela l'« effet Pinocchio » parce que, tout comme le nez de la marionnette, le nombre de mots augmente avec le mensonge. Les gens qui mentent sont, on les comprend, plus soucieux d'être crus et ils fournissent donc plus d'efforts – trop, en fait – pour être crédibles.

Attention aux pronoms !

L'usage des pronoms par votre interlocuteur peut également contribuer à vous donner une idée de son

---

1. Lyn M. Van Swol, Michael T. Braun et Deepak Malhotra, « Evidence for the Pinocchio Effect. Linguistic Differences Between Lies, Deception by Omissions, and Truths », *Discourse Processes*, vol. 49, n° 2, 2012, p. 79-106.

importance réelle dans les chaînes de décision et d'application du côté de la partie adverse. Plus votre interlocuteur emploiera de « je », de « moi » et de « mon », moins il sera important.

En revanche, plus il est ardu de faire prononcer un pronom à la première personne par un négociateur, plus celui-ci est important. Dans l'étude de Malhotra, le menteur se mettait à distance du mensonge ; dans une négociation, les décideurs intelligents ne veulent pas être forcés à prendre une décision : ils vont sans cesse se référer aux gens qui ne sont pas autour de la table pour ne pas se retrouver coincés.

Aux Philippines, le chauffeur de taxi qui avait enlevé Alastair Onglingswan avait dit « nous », « eux » et « ils » tellement tôt que j'étais persuadé que nous avions affaire au leader d'un groupe. En quelque sorte, j'en eus la confirmation au moment de l'opération de sauvetage, puisqu'il était en fait le seul membre de son prétendu « groupe ». Dans le braquage de la banque Chase de Manhattan évoqué au chapitre 2, Chris Watts parlait toujours de la dangerosité des « autres » et du peu d'influence qu'il avait sur eux – un mensonge.

La réduction Chris

Les gens prétendent toujours qu'il faut se souvenir et user (mais pas abuser) du nom de votre interlocuteur dans une négociation. C'est effectivement important. Cependant, en réalité, les gens en ont souvent assez que l'on martèle leur nom. Le vendeur habile qui cherchera à les mener vers le « oui » le leur répétera encore et encore.

Mais changez plutôt d'approche et essayez d'employer votre propre nom. C'est comme ça que j'obtiens la « réduction Chris ».

Tout comme le fait d'avoir utilisé le nom d'Alastair avec le kidnappeur et d'avoir obtenu qu'il l'emploie aussi avait humanisé l'otage et rendu moins probable le fait qu'il soit maltraité, utiliser votre propre nom créera une dynamique d'« empathie forcée ». La partie adverse vous considérera comme une personne.

Il y a quelques années, je me trouvais dans un bar avec quelques collègues négociateurs au FBI. Il y avait foule, mais je repérai une chaise inoccupée. Je me dirigeai vers celle-ci mais, au moment où j'allais m'y asseoir, le type qui était à côté me lança :

« N'y pense même pas.

— Et pourquoi ? » demandai-je.

Et il me répondit :

« Parce que sinon je te botterai les fesses. »

Il était grand, costaud et déjà saoul ; mais, tout de même, j'ai passé ma vie à négocier des libérations d'otages – je tourne autour des situations tendues qui ont besoin de médiation comme un papillon de nuit autour d'une lampe.

Je lui tendis la main et dis : « Je m'appelle Chris. »

Le type cessa de bouger et, durant cette pause, mes collègues du FBI arrivèrent, lui tapèrent sur l'épaule et proposèrent de lui offrir un verre. Il s'avéra que c'était un vétéran du Vietnam et qu'il traversait un moment particulièrement difficile. Il était dans un bar bondé où tout le monde semblait fêter quelque chose. La seule chose qu'il avait en tête, c'était se battre. Mais aussitôt que je devins « Chris », plus rien ne fut pareil.

Maintenant, transposez cet état d'esprit dans une négociation financière. Quelques mois après cette expérience, je me trouvais dans un centre commercial du Kansas et j'avais choisi quelques chemises dans l'une des boutiques. Au comptoir, une jeune femme me demanda si je voulais prendre une carte de fidélité. Je lui demandai si, en adhérant, j'aurais droit à un rabais et elle me répondit par la négative.

Je décidai donc d'essayer un autre angle d'attaque. Je dis d'une manière amicale : « Je m'appelle Chris. Quelle est la réduction pour Chris ? »

Elle leva la tête de sa caisse, croisa mon regard et partit d'un petit rire.

« Il faudrait que je demande à ma manager, Kathy », dit-elle, et elle se retourna vers la femme qui était à ses côtés depuis le début.

Kathy, qui n'avait rien perdu de l'échange, affirma : « Le mieux que je puisse faire, c'est 10 %. »

Humanisez-vous. Utilisez votre nom pour vous présenter. Employez-le d'une façon légère, amicale. Pour que vos interlocuteurs apprécient aussi l'échange. Et obtenez votre propre réduction.

Faites-les enchérir contre eux-mêmes

Comme Julie l'a fait avec les ravisseurs de José, la meilleure méthode pour que vos interlocuteurs abaissent leurs exigences consiste à dire « non » en utilisant des questions de type « comment ». Grâce à ces rejets indirects, votre interlocuteur ne se fermera pas comme il le ferait face à un « non » direct, blessant son amour-propre. En fait, ces réponses sonneront tellement comme des contre-propositions que vos interlocuteurs continueront souvent à enchérir contre eux-mêmes.

D'après nos observations, il est généralement possible d'exprimer quatre fois un refus avant de prononcer réellement le mot « non ».

La première étape dans cette série de « non » est le bon vieux : « Comment faire ? »

Vous devez poser la question d'une façon respectueuse pour qu'elle prenne la forme d'une demande d'assistance. Ainsi, vous invitez votre interlocuteur à participer à votre dilemme et à le résoudre avec une meilleure offre.

Ensuite, une variante de « votre offre est très généreuse, mais je suis désolé, ça ne me convient pas » constitue une autre façon élégante de repousser quelqu'un.

Cette réponse qui a fait ses preuves évite de faire une contre-offre et l'usage de « généreux » encourage votre interlocuteur à se mettre à la hauteur du mot. « Je suis désolé » adoucit le « non » et bâtit de l'empathie. (Ignorez les soi-disant experts en négociation qui prétendent que les excuses sont toujours un signe de faiblesse.)

Puis vous pouvez utiliser une réponse comme : « Je suis désolé, mais je crains de ne pas pouvoir faire ça. » C'est un peu plus direct, et « ne pas pouvoir faire ça » remplit à merveille deux fonctions. En exprimant une incapacité à accomplir quelque chose, il peut provoquer chez la partie adverse de l'empathie à votre égard.

« Non, je suis désolé » est une version légèrement plus succincte pour le quatrième « non ». Si c'est formulé avec douceur, l'aspect négatif en est atténué.

Si vous devez aller plus loin, bien sûr, « non » représente la dernière façon d'exprimer un refus – et la plus directe. Il devrait être prononcé avec une inflexion descendante et un ton respectueux : ce n'est pas censé être « NON ! ».

Un de mes étudiants, Jesus Bueno, m'a écrit il y a peu pour me raconter une histoire incroyable. Voici comment il avait eu recours aux différentes étapes du « non » pour aider son frère Joaquin à se sortir d'une situation commerciale délicate.

Son frère et deux de ses amis venaient d'acquérir un coffee shop franchisé dans le nord de l'Espagne, où la culture de marijuana pour un usage personnel est légale. Joaquin et son associé Bruno avaient chacun investi 20 000 euros dans l'affaire pour obtenir 46 % des parts (un partenaire minoritaire avait investi 3 500 euros, pour 8 %).

Depuis le début, les relations entre Joaquin et Bruno étaient difficiles. Joaquin était un excellent commercial, tandis que Bruno était plutôt un comptable. Le partenaire minoritaire était également un excellent commercial, et lui et Joaquin pensaient qu'augmenter les ventes était la meilleure stratégie. Pour cela, il fallait proposer des réductions pour les grosses commandes et les consommateurs les plus fidèles, ce que désapprouvait Bruno. Les dépenses prévues pour lancer un site web et pour augmenter les stocks finirent d'irriter ce dernier.

Puis la femme de Bruno s'en prit à Joaquin : à sa place, elle n'aurait pas dépensé autant d'argent en investissements et elle aurait tiré plus de profits. Un jour, en passant en revue le stock, Joaquin remarqua que certaines marchandises commandées n'avaient pas été placées dans les rayonnages du magasin. Il se mit à les chercher en ligne et, à sa grande surprise, il découvrit une boutique sur eBay créée au nom de jeune fille de la femme, qui vendait exactement ces produits manquants.

Une énorme querelle entre Bruno et Joaquin s'ensuivit, et leur relation s'envenima. Sous le coup de l'émotion, Bruno déclara à Joaquin qu'il était prêt à vendre ses parts, car il trouvait que les risques commerciaux qu'ils prenaient étaient trop importants. Et Joaquin consulta son frère : Jesus, mon étudiant.

Pensant que Bruno voulait vendre à cause de pressions exercées par sa femme, Jesus aida Joaquin à élaborer un message d'empathie sur le thème « on dirait que tu subis une forte pression de la part de ta femme ». Joaquin était lui aussi en plein divorce, et les deux frères décidèrent de s'en servir pour faire le lien avec la situation de Bruno. Ils préparèrent un audit des accusations – « je sais que tu penses que je me fiche des coûts et des bénéfices de l'entreprise » – afin d'atténuer les énergies négatives et de faire parler Bruno.

Cela fonctionna à merveille. Bruno fut immédiatement d'accord avec l'audit des accusations et se mit à expliquer pourquoi il pensait que Joaquin était imprudent dans ses dépenses. Bruno souligna également qu'il n'avait personne pour le renflouer, contrairement à Joaquin (qui avait contracté un prêt de lancement auprès de sa mère). Joaquin appliqua la technique des miroirs pour que Bruno continue à parler, ce qu'il fit.

Finalement, Joaquin dit : « Je sais ce que tu subis avec les pressions de ta femme, je suis moi-même en train de divorcer et c'est vraiment très éprouvant. » Bruno partit ensuite dans une diatribe de dix minutes contre son épouse et laissa échapper une information importante : sa femme était très contrariée parce que la banque qui leur avait prêté les 20 000 euros avait réexaminé leur emprunt et ne leur avait laissé le choix qu'entre rembourser la totalité de la somme ou supporter un taux d'intérêt beaucoup plus élevé.

Bingo !

Forts de cette information, Jesus et Joaquin se réunirent à nouveau et décidèrent que ce dernier pourrait raisonnablement payer un montant tout juste supérieur à l'emprunt, car Bruno avait déjà reçu 14 000 euros en salaires. Joaquin pouvait d'autant plus miser bas que la lettre de la banque avait mis Bruno en mauvaise posture et qu'il n'y avait pas vraiment de marché pour vendre ses parts.

Les deux frères fixèrent donc leur offre à 23 000 euros, avec 11 000 euros d'avance et 12 000 euros étalés sur une année.

Puis les choses allèrent de travers.

Au lieu d'attendre que Bruno donne un prix, Joaquin brûla les étapes et fit son offre finale, expliquant à son associé qu'il la trouvait « très juste ». S'il y a bien une façon de rebuter votre interlocuteur, c'est en sous-entendant qu'être en désaccord avec vous serait *injuste*.

Ce qui arriva par la suite en apporta la preuve.

En colère, Bruno raccrocha le téléphone et, deux jours plus tard, Joaquin reçut un mail d'une personne qui expliquait avoir été embauchée pour représenter Bruno. Il voulait 30 812 euros ; 20 000 euros pour l'emprunt, 4 000 euros pour le salaire, 6 230 euros pour la valeur résiduelle et 582 euros pour les intérêts.

Des montants qui n'étaient pas ronds et qui semblaient impossibles à modifier tant leur précision était grande. Le type était un pro.

Jesus dit à Joaquin qu'il avait fait n'importe quoi. Mais tous deux savaient que Bruno était plus ou moins prêt à tout pour vendre. Ils décidèrent donc d'avoir recours à la stratégie du « non » en plusieurs étapes pour que Bruno enchérisse contre lui-même. Le pire scénario, estimèrent-ils, serait que Bruno change d'avis sur la vente de ses parts et que le *statu quo* perdure. C'était un risque qu'ils devaient prendre.

Ils élaborèrent leur premier « non » :

> Le prix que vous proposez est très juste, et il est certain que j'aimerais pouvoir en avoir les moyens. Bruno a travaillé très dur pour cette affaire, et il mérite une compensation appropriée. Je suis vraiment désolé, et vous souhaite bonne chance.

Vous remarquez comment ils ne font aucune contre-proposition et disent « non » sans utiliser le mot ?

Joaquin fut surpris de recevoir, dès le lendemain, un mail du conseiller, baissant le prix à 28 346 euros.

Joaquin et Jesus conçurent alors leur deuxième « non » indirect :

> Merci pour votre offre. Vous avez été très généreux de baisser le prix, ce que j'apprécie vraiment. J'aimerais vraiment pouvoir vous payer ce prix-là, mais je vous dis sincèrement qu'en ce moment je n'en ai pas les moyens. Comme vous le savez, je suis en plein divorce, et je ne peux tout simplement pas sortir une telle somme. Une fois de plus, je vous souhaite bonne chance.

Le lendemain, Joaquin reçut un mail d'une seule ligne envoyé par le conseiller, faisant passer le prix à 25 000 euros. Joaquin voulait accepter, mais Jesus lui expliqua qu'il lui restait quelques étapes dans le « non ».

Joaquin refusa, avant de finalement céder.

Il y a une leçon importante à retenir ici : pour conclure un marché, il faut rester concentré jusqu'à la dernière minute. Il y a quelques points cruciaux dans le final où vous devez compter sur votre discipline mentale. Ne vous demandez pas à quelle heure décolle le dernier vol et ce que ça ferait de rentrer tôt à la maison et d'aller jouer au golf. Ne laissez pas votre esprit divaguer. Restez concentré.

Ils écrivirent donc :

> Merci encore pour votre offre généreuse. Vous avez vraiment fait baisser le prix et j'ai cherché par tous les moyens à rassembler cette somme. Malheureusement, personne n'est disposé à me prêter d'argent, pas même ma mère. J'ai essayé plusieurs pistes, mais je suis dans l'incapacité de vous apporter un tel montant. En définitive, je peux vous offrir

23 567 euros, et je ne peux régler que 15 321,37 euros d'avance. Je pourrais vous payer la somme restante sur une période d'un an. C'est vraiment le mieux que je puisse faire. Je vous souhaite bonne chance pour la décision que vous allez prendre.

Une utilisation brillante des chiffres précis, et quelle façon de dire « non » sans employer le terme tout en créant de l'empathie !

Et cela fonctionna. Dans l'heure, le conseiller accepta.

Observez bien cette scène : voyez comme le mélange de réponses en miroir et de questions ouvertes a permis d'obtenir l'information sur les problèmes financiers de Bruno, puis comme la méthode des « non » a tiré profit de son désespoir. S'il y avait eu un autre acheteur, cela n'aurait peut-être pas été une très bonne idée d'appliquer cette méthode ; mais sans concurrent, c'était une méthode brillante pour que Bruno enchérisse contre lui-même.

Leçons clés

Les meilleurs négociateurs – les vrais « faiseurs de pluie » – savent qu'une négociation se joue sur un terrain qui se situe en deçà des mots. Pour atteindre un vrai bon accord, il faut savoir détecter et manipuler des signaux subtils, non flagrants, sous-jacents. C'est uniquement en visualisant et en modifiant ces problèmes souterrains que vous pouvez façonner un bon accord et vous assurer qu'il sera exécuté.

Quand vous appliquerez ces outils, n'oubliez pas le concept le plus important de ce chapitre : « oui » n'est rien sans « comment ». Demander « comment », savoir « comment » et définir « comment » : cela fait partie de l'arsenal du négociateur efficace. Il serait désarmé sans eux.

- Posez des questions calibrées de type « comment », et posez-les encore et encore. Si vous demandez inlassablement « comment », votre interlocuteur restera engagé, mais sans équilibre. En répondant aux questions, il aura l'illusion du contrôle. Cela le conduira aussi à prendre en considération vos problèmes quand il formulera ses exigences.
- Posez des questions de type « comment » pour façonner l'environnement de négociation. Vous y arriverez en utilisant « Comment puis-je faire ça ? » une version adoucie du « non ». Cela incitera subtilement votre interlocuteur à rechercher d'autres solutions – *vos* solutions. Et très souvent, cela le poussera à enchérir contre lui-même.
- Ne prêtez pas uniquement attention aux gens avec lesquels vous négociez directement : cernez les motivations des acteurs qui restent dans l'ombre. Vous pouvez le faire en demandant comment un marché affectera les autres acteurs concernés et s'ils sont tous sur la même ligne.
- Suivez la règle des 7-38-55 % en prêtant une attention soutenue au ton de la voix et au langage corporel. Une incohérence entre les mots et les

signaux non verbaux vous indiquera quand votre interlocuteur ment ou n'est pas à l'aise avec un accord.

- Le « oui » est-il réel ou contrefait ? Testez-le avec la règle des trois : ayez recours aux questions calibrées, aux résumés et aux étiquettes pour que votre interlocuteur réaffirme son accord au moins à trois reprises. Il est vraiment difficile de mentir ou de simuler la conviction de façon répétée.
- L'usage des pronoms vous apportera une connaissance approfondie de l'autorité relative de quelqu'un. Si vous entendez beaucoup de « je », « moi » et « mon », le vrai pouvoir de décision repose sans doute ailleurs. Si vous entendez beaucoup de « nous », « eux » et « leur », il est plus probable que vous êtes en train de traiter directement avec un décideur expérimenté, qui maintient ses options ouvertes.
- Servez-vous de votre nom pour être une véritable personne aux yeux de la partie adverse et même pour obtenir votre réduction personnelle. L'humour et l'humanité sont les meilleures façons de briser la glace et de faire sauter les obstacles.

9

Soyez dur en affaires

Il y a quelques années, je suis tombé sous le charme d'un Toyota 4Runner rouge. En fait, il n'était pas simplement rouge, mais *salsa red pearl*. Le genre de rouge incandescent qui semble briller la nuit. Irrésistible, non ? Il me le fallait. Cela devint une obsession.

Je me mis à la recherche de concessionnaires automobiles dans la région de Washington DC, et je compris vite que je n'étais pas le seul à être obsédé par ce SUV : dans toute la région, il n'en restait plus un seul de cette couleur, sauf chez un concessionnaire.

Vous connaissez le proverbe selon lequel il ne faut pas faire les courses quand on a le ventre vide ? Eh bien, moi, j'avais très faim. En fait, j'étais même amoureux… Je m'assis, rassemblai mes esprits et élaborai une stratégie. C'était ma dernière cartouche, il ne fallait pas que je me rate.

Je pris ma voiture et roulai vers le concessionnaire un vendredi après-midi ensoleillé. Je m'assis face au vendeur, un type qui s'appelait Stan et qui était plutôt gentil, et je lui dis à quel point je trouvais le véhicule magnifique.

Il me fit son sourire classique – il me tenait, pensait-il – et m'indiqua le prix de « ce merveilleux véhicule » : 36 000 dollars.

Je hochai la tête avec compréhension et fis la moue. La clé, pour commencer à marchander, est de déstabiliser l'autre tout doucement. Vous le faites le plus gentiment possible. Si j'arrivais à trouver le juste équilibre, j'aurais de bonnes chances d'obtenir le prix que je voulais.

« Je peux payer 30 000 dollars, dis-je. Et je peux le faire immédiatement, en une seule fois. Je vous ferai un chèque aujourd'hui pour le montant global. Je suis désolé, je crains de ne pouvoir payer plus. »

Malgré son sourire, sa bouche trembla, comme s'il était déconcentré. Mais il se reprit et secoua la tête.

« Je suis sûr que vous pouvez comprendre que l'on ne peut pas faire ça. Le prix public indiqué est de 36 000 dollars, après tout.

— Mais comment faire ? demandai-je respectueusement.

— Je suis sûr, dit-il, puis il marqua une pause, comme s'il n'était pas certain de ce qu'il avait voulu dire, je suis sûr que l'on peut trouver une solution pour financer ces 36 000 dollars.

— C'est un véhicule magnifique. Vraiment extraordinaire. Je ne peux pas vous dire à quel point j'adorerais l'avoir. Il vaut plus que ce que je propose. Je suis désolé, c'est vraiment embarrassant. Mais je ne peux tout simplement pas payer ce prix. »

Il me fixa en silence, un peu confus à présent. Puis il se leva et disparut dans les bureaux pendant ce qui me parut être une éternité. Il était parti tellement longtemps que je me souviens de m'être dit : « Zut ! J'aurais dû demander un prix plus bas ! Ils vont céder. » Toute réponse qui n'est pas un rejet pur et simple de votre offre signifie que vous avez l'ascendant.

Quand il revint, il m'annonça, comme si c'était Noël, que son patron avait accepté un nouveau prix : 34 000 dollars.

« Wow, votre offre est très généreuse et c'est la voiture de mes rêves, répondis-je. J'aimerais tellement pouvoir faire ça. C'est vraiment gênant. Je ne peux tout simplement pas. »

Il se tut et je ne mordis pas à l'hameçon. Je laissai durer le silence ; puis, avec un soupir, il quitta à nouveau la pièce, d'un pas lourd.

Il revint après une nouvelle absence interminable.

« Vous avez gagné, dit-il. Mon manager a accepté 32 500 dollars. »

Il fit glisser vers moi un papier sur lequel il était écrit en grand : « VOUS AVEZ GAGNÉ. » Les mots étaient même entourés de petits smileys.

« Je suis tellement reconnaissant. Vous avez fait preuve d'une si grande générosité, et je ne pourrai jamais vous remercier assez. Assurément, le SUV vaut plus que mon prix, ai-je dit. Je suis désolé, je ne peux juste pas faire ça. »

Il se leva à nouveau. Pas de sourire désormais. Toujours confus. Après quelques secondes, il retourna voir son manager et je m'installai confortablement dans le fauteuil. Je pouvais sentir venir la victoire.

Une minute plus tard – pas une éternité, cette fois –, il revint et s'assit.

« On peut le faire », dit-il.

Deux jours plus tard, je roulais dans mon Toyota 4Runner de couleur *salsa red pearl* – que j'avais payé 30 000 dollars.

Bon sang, qu'est-ce que j'aime ce véhicule ! Je le conduis encore aujourd'hui.

La plupart des négociations atteignent ce stade inévitable où une interaction souple et informelle entre deux personnes vire à la confrontation et aux proverbiales « choses sérieuses ». Vous connaissez ce moment : grâce aux miroirs et aux étiquettes, vous avez établi une bonne relation ; un passage en revue des accusations a éliminé tous les obstacles mentaux ou émotionnels persistants, et vous avez déterminé et résumé les intérêts et positions en jeu, provoquant un « c'est vrai », et…

Le temps de marchander est venu.

Vous y voilà : le face-à-face financier, une danse incommode d'offres et de contre-offres qui provoque des sueurs froides chez la plupart des gens. Si vous pensez appartenir à cette majorité, si pour vous ce moment inévitable n'est rien de plus qu'un mal nécessaire, il est probable que vous vous fassiez régulièrement avoir par ceux qui ont appris à l'accepter.

Dans la négociation, aucun moment ne déclenche plus d'anxiété et d'agression incontrôlée que cette phase de marchandage ; et, pour cette raison, c'est souvent la phase la plus ratée, la moins bien gérée. Pour la plupart des gens, il s'agit tout simplement d'une dynamique inconfortable. Même quand nous avons établi les meilleurs plans, beaucoup d'entre nous se dégonflent au moment de négocier les prix.

Dans ce chapitre, je vais expliquer les tactiques qui constituent le processus de marchandage et montrer comment les dynamiques psychologiques déterminent quelles tactiques devraient être utilisées et comment elles devraient être mises en œuvre.

Le marchandage n'est pas une science exacte, mais il ne se résume pas non plus à de la simple intuition ni à des mathématiques. Pour bien marchander, vous devez oublier vos présupposés et apprendre à reconnaître les stratégies psychologiques subtiles qui jouent un rôle vital à la table de négociation. Les négociateurs expérimentés voient au-delà des offres initiales, contre-offres et offres finales. Ce qu'ils perçoivent, ce sont les courants psychologiques qui se meuvent en profondeur.

Une fois que vous aurez appris à repérer ces courants, vous serez capable de « lire » les situations de marchandage avec plus de précision et de répondre en confiance aux questions tactiques qui tracassent même les meilleurs négociateurs.

Vous serez alors prêt pour de la « négociation à mains nues ». Et vos interlocuteurs ne verront rien venir.

Quel est votre type ?

Il y a quelques années, j'étais sur mon bateau avec un de mes employés, Keenon, un homme remarquable ; j'étais censé le motiver et lui faire passer un entretien d'évaluation.

« Quand je pense à ce que l'on fait, je le décris comme "mettre au jour les courants contraires", dis-je.

— Mettre au jour les courants contraires, répéta Keenon.

— Oui, l'idée, c'est que nous – toi et moi et tout le monde ici – avons les compétences pour reconnaître les forces psychologiques qui nous éloignent de la rive et pour les utiliser afin d'aller vers un lieu plus productif.

— Un lieu plus productif, dit Keenon.

— Exactement, dis-je. Un endroit où on peut… »

Nous parlions depuis quarante-cinq minutes quand mon fils Brandon, qui gère le Black Swan Group, éclata de rire.

« Je n'en peux plus ! Tu ne vois rien ? Vraiment, papa, tu ne vois rien ? »

Je clignai des yeux. Qu'est-ce que j'étais censé voir ? Je lui posai la question.

« Tout ce que fait Keenon, c'est de te renvoyer des miroirs. Et ça fait presque une heure.

— Oh », dis-je, et je rougis tandis que Keenon se mit à rire.

Il avait entièrement raison. Keenon m'avait fait marcher pendant toute notre conversation, utilisant l'outil psychologique le plus efficace avec des personnes assertives comme moi : le miroir.

Votre style de négociation – et celui de votre interlocuteur – se forme à travers l'enfance, l'éducation, la culture et bien d'autres facteurs ; en le reconnaissant, vous pouvez déterminer vos forces et faiblesses dans la négociation (ainsi que celles de vos interlocuteurs) et ajuster en conséquence votre état d'esprit et vos stratégies.

Le style de négociation est une variable cruciale dans le marchandage. Si vous ne savez pas vers quoi ira votre instinct ou celui de votre interlocuteur dans différentes circonstances, vous aurez d'énormes problèmes pour élaborer des stratégies et tactiques efficaces. Vous et votre interlocuteur avez des habitudes d'esprit et de comportement ; quand vous les aurez repérées, vous pourrez vous en servir d'une façon stratégique.

C'est ce que Keenon avait fait.

D'innombrables travaux de recherche sont consacrés aux archétypes et aux profils comportementaux de tous les gens que vous pourriez être amenés à rencontrer à la table des négociations. Il y en a tellement que cela en perd son utilité. Au cours des dernières années, dans un effort initialement conduit par mon fils Brandon, nous avons renforcé et simplifié toutes ces recherches, les recoupant avec nos propres expériences de terrain et des études de cas de nos étudiants en école de commerce. Nous avons découvert que les gens se répartissaient en trois grandes catégories. Certains sont des arrangeurs ; d'autres – comme moi – sont essentiellement des assertifs ; et les derniers sont des analystes, qui aiment les données.

Dans les films hollywoodiens, les scènes de négociation laissent croire qu'il faut un style assertif pour marchander efficacement, mais chacun des trois styles peut avoir son efficacité. Et pour être véritablement efficace, vous avez besoin de posséder des éléments de chacun d'entre eux.

Une étude sur les avocats négociateurs américains[1] a montré que, dans les deux plus grandes villes américaines, 65 % des avocats employaient un style coopératif, contre seulement 24 % qui étaient vraiment assertifs. Et quand ces avocats étaient notés selon leur efficacité, plus de 75 % des membres du groupe le plus efficace étaient coopératifs ; seuls 12 % étaient assertifs. Donc si vous n'êtes pas un assertif, ne désespérez pas. La plupart du temps, une revendication directe se révèle contre-productive.

Et pensez à ne pas vous enfermer dans votre style de négociation. Personne ne se résume à un seul style. La plupart d'entre nous possèdent la capacité de basculer rapidement vers son style minoritaire si la situation l'exige. Mais il existe une vérité fondamentale pour le succès d'un style de négociation : pour être bon, vous devez apprendre à être vous-même à la table de négociation. Pour être grand, vous devez améliorer vos forces, pas les changer.

Voici un guide qui vous permettra de définir le type de négociateur que vous avez face à vous et d'élaborer les tactiques qui seront les plus adaptées.

1. Gerald R. Williams, *Legal Negotiations and Settlement*, St. Paul (MN), West, 1983.

L'analyste

Les analystes sont méthodiques et appliqués. Ils ne sont pas pressés. D'après eux, tant qu'ils travaillent, d'une façon systématique et approfondie, pour atteindre le meilleur résultat, le temps a peu d'importance. Ce qu'ils valorisent, c'est la minimisation des erreurs. Leur devise : « aussi longtemps qu'il faudra pour y arriver ».

Les analystes classiques préfèrent travailler seuls et s'écartent rarement de leur but. Ils ne montrent presque jamais leurs émotions et emploient souvent un ton très proche de la voix d'animateur radio dont j'ai parlé dans le chapitre 3, lent et mesuré avec une intonation descendante. Cependant, les analystes parlent souvent d'une façon distante et froide plutôt que réconfortante. Cela décourage leurs interlocuteurs sans qu'ils ne le sachent et, de fait, ces derniers ont plus de mal à s'ouvrir et à se sentir à l'aise.

Les analystes s'enorgueillissent de ne rater aucun détail dans leur préparation fouillée. Ils feront des recherches pendant deux semaines pour obtenir des données qu'ils auraient eues en quinze minutes à la table des négociations, simplement pour ne pas être surpris. Les analystes détestent les surprises.

Ce sont des timides doués pour résoudre des problèmes, des agrégateurs d'information, et ils sont hypersensibles à la réciprocité. Ils vous donneront une information, mais si, dans un certain délai, ils n'obtiennent rien en retour, ils perdent confiance et se désengageront. Souvent, ces réactions donneront l'impression de sortir de nulle part, mais souvenez-vous que, comme ils aiment travailler seuls, le simple fait qu'ils soient en train de vous parler représente déjà, de leur point de vue, une concession. Ils considéreront souvent les concessions faites par leurs interlocuteurs comme un nouvel élément d'information à récupérer et à analyser. Ne vous attendez pas à des contre-propositions immédiates de leur part.

Les personnalités de ce type sont sceptiques par nature. Commencer par poser trop de questions est une mauvaise idée, parce qu'ils ne voudront pas répondre avant d'avoir saisi toutes les implications. Pour eux, il est vital d'être préparé. Utilisez des données claires pour expliquer vos raisons ; n'improvisez pas ; utilisez des comparaisons de données pour contredire et concentrez-vous sur les faits ; prévenez-les des enjeux de façon précoce ; et évitez les surprises.

S'ils gardent le silence, c'est pour se donner un temps de réflexion, et cela ne signifie donc pas qu'ils sont contrariés ou qu'ils essaient de vous faire parler davantage. Si vous avez l'impression qu'ils ne voient pas les choses comme vous, donnez-leur une chance de réfléchir d'abord.

Les excuses ont peu de valeur pour eux puisqu'ils considèrent la négociation et leur relation avec vous en tant que personne comme deux choses distinctes. Ils répondent plutôt bien sur le moment aux étiquettes. En revanche, ils ne répondent pas rapidement aux questions calibrées ou aux questions fermées quand la réponse est « oui ». Ils ont parfois besoin de quelques jours.

Si vous êtes un analyste, attention à ne pas vous couper d'une source essentielle de données : votre interlocuteur. La meilleure chose que vous pouvez faire est de sourire quand vous parlez. Les gens vous communiqueront plus volontiers des informations. Sourire peut aussi devenir une habitude qui, lorsque vous serez pris au dépourvu, vous aidera à ne pas le montrer.

L'arrangeur

Pour ce type de négociateur, le plus important est le temps passé à bâtir la relation. Les arrangeurs pensent que, tant qu'il y a un échange continu et fluide d'informations, le temps est bien dépensé. Tant qu'ils communiquent, ils sont contents. Leur but est d'être en très bons termes avec leurs interlocuteurs. Ils adorent les situations où tout le monde est gagnant.

Des trois types de négociateurs, ils sont les plus enclins à bâtir de très bonnes relations sans rien accomplir.

Les arrangeurs veulent rester amis avec leurs interlocuteurs même s'ils ne parviennent pas à un accord. Il est très facile de leur parler, ils sont très amicaux et ont des voix agréables. Ils feront une concession en signe d'apaisement ou acquiesceront en espérant que la partie adverse le fera aussi.

Si vos interlocuteurs sont sociables, recherchent la paix, sont optimistes, parfois distraits et gèrent mal leur temps, ce sont probablement des arrangeurs. Si c'est le cas, soyez sociable et amical. Écoutez-les parler de leurs idées et posez des questions calibrées spécifiquement axées sur l'application de l'accord, pour les pousser à aller de l'avant et traduire leurs mots en actes. À cause de leur tendance à être les premiers à activer le cycle de réciprocité, ils peuvent avoir accepté de vous donner quelque chose qu'ils ne peuvent en réalité pas vous fournir.

Leur approche de la préparation peut être défaillante, puisqu'ils sont bien plus concentrés sur la personne qu'ils ont face à eux. Ils veulent vous connaître. Ils ont une passion phénoménale pour l'esprit de la négociation et pour ce qui est nécessaire non seulement pour gérer les émotions, mais aussi pour les satisfaire.

S'il est très simple d'être en désaccord avec des arrangeurs (parce qu'ils souhaitent ardemment entendre ce que vous avez à dire), il peut être difficile de mettre au jour leurs objections. Ils auront décelé de potentiels points problématiques au préalable, mais les laisseront dans l'ombre par crainte du conflit que cela pourrait causer.

Si vous vous êtes défini comme un arrangeur, conservez votre capacité à vous rendre aimable, mais ne sacrifiez pas vos objections. Non seulement les deux autres types de négociateurs ont besoin d'entendre votre point de vue, mais en outre, si vous traitez avec un autre arrangeur, vos objections seront bienvenues. Par ailleurs, restez lucide sur l'excès de bavardage : les deux autres types n'en ont pas besoin ; et si vous négociez avec un autre arrangeur, votre échange risque de ne déboucher sur rien de concret.

L'assertif

Pour l'assertif, le temps, c'est de l'argent ; chaque minute perdue est un dollar perdu. Ce qui compte, c'est d'accomplir un maximum de choses en un minimum de temps. Pour lui, obtenir une solution parfaite n'est pas aussi important qu'avoir une solution tout court.

Les assertifs sont des fougueux qui aiment pardessus tout gagner, souvent aux dépens des autres. Leurs collègues et leurs interlocuteurs ne se demandent jamais quelle est leur position, parce que celle-ci est toujours directe et franche. Ils ont un style de communication agressif et ils ne se préoccupent pas de ce que deviendront leurs relations avec leurs interlocuteurs. Leur vision d'une relation d'affaires est fondée sur le respect : rien de plus et rien de moins.

Plus que toute autre chose, les assertifs veulent être entendus. Et non seulement ils veulent être entendus, mais ils ne sont pas en mesure d'écouter avant de savoir que vous les avez entendus. Ils se concentrent sur leurs propres buts plutôt que sur les gens. Et ils affirment plus qu'ils ne demandent.

Quand vous traitez avec des personnalités de type assertif, il est préférable de se concentrer sur ce qu'ils ont à dire, parce qu'une fois qu'ils auront la conviction que vous les comprenez, alors (et seulement alors) ils écouteront votre point de vue.

Pour un assertif, chaque silence est une occasion de parler plus. Les miroirs sont un outil formidable avec ce type de personnalité. Tout comme les questions calibrées, les étiquettes et les résumés. La chose la plus importante à obtenir d'un assertif est un « c'est vrai » – qui peut prendre la forme de « c'est exactement ça » ou « vous avez mis le doigt dessus ».

En ce qui concerne la réciprocité, la mentalité des assertifs est de donner peu pour prendre beaucoup. Ils auront l'impression qu'ils méritent ce que vous leur avez donné et ils oublieront donc vos attentes de réciprocité. Ils chercheront simplement l'occasion de recevoir davantage. S'ils ont fait une quelconque concession, ils compteront les secondes jusqu'à ce qu'ils obtiennent quelque chose en retour.

Si vous êtes un assertif, soyez particulièrement vigilant quant à votre intonation. Sans avoir l'intention d'être excessivement dur, vous en donnerez souvent l'impression. Adoucissez volontairement votre ton et travaillez à le rendre plus plaisant. Utilisez des questions calibrées et des étiquettes avec votre interlocuteur, cela vous rendra aussi plus accessible et augmentera les chances de collaboration.

Nous avons vu comment chacun de ces groupes perçoit différemment l'importance du temps (temps = préparation ; temps = relation ; temps = argent). Ils ont aussi une interprétation complètement différente du silence.

Je suis pour ma part résolument un assertif. Un jour, pendant une conférence, une personne de type arrangeur m'avait dit qu'il avait fait capoter un marché. J'ai pensé : « Qu'est-ce que tu as fait ? Tu as crié sur l'autre et tu es parti ? » Parce que pour moi, faire capoter un deal, ça se passe comme ça.

En fait, il s'était juste tu. Pour un arrangeur, le silence est un signe de colère.

Pour un analyste en revanche, le silence signifie juste qu'il veut réfléchir. Et pour un assertif, votre silence est interprété de deux façons : vous n'avez rien à dire ou vous voulez qu'il parle. J'en suis, donc je le sais :

le seul moment où je suis silencieux, c'est quand je n'ai plus rien à dire.

Ce qui est amusant, c'est quand ces différents types se croisent. Quand un analyste s'interrompt pour réfléchir, son interlocuteur arrangeur devient nerveux et l'assertif se met à parler, embêtant ainsi l'analyste, qui se dit : « À chaque fois que j'essaie de réfléchir, c'est pour toi l'occasion de parler encore plus. Quand vas-tu te taire ? »

Avant de passer à autre chose, je voudrais expliquer pourquoi les gens échouent souvent à cerner le style de leur interlocuteur.

Le plus grand obstacle pour déterminer avec précision le style de quelqu'un est ce que j'appelle le paradoxe « je suis normal ». Il s'agit de notre supposition que tout un chacun voit le monde comme nous. Après tout, qui ne ferait pas cette hypothèse ?

Mais aussi innocent et compréhensible que ce soit, penser que vous êtes normal est l'un des présupposés les plus dommageables dans une négociation. À cause de celui-ci, nous projetons inconsciemment notre style sur la partie adverse. Mais le monde compte trois types de négociateurs, et il y a donc 66 % de chances que votre interlocuteur n'ait pas le même style que vous. Une « normalité » différente.

Un P-DG m'a un jour raconté qu'il s'attendait à ce que 9 négociations sur 10 échouent. Ce P-DG projetait manifestement ses croyances sur la partie adverse. En réalité, c'est probablement qu'il ne correspondait qu'une fois sur dix avec quelqu'un ayant la même tournure d'esprit que lui. S'il avait compris que son interlocuteur n'était pas comme lui, il aurait sans doute augmenté son taux de succès.

De la façon dont ils se préparent à la façon dont ils s'engagent dans le dialogue, les trois types négocient différemment. Avant même de songer à marchander efficacement, vous devez comprendre la « normalité » de votre interlocuteur. Vous devez trouver son type en vous ouvrant à sa différence. Parce que, quand il s'agit de négocier, la règle d'or « traite les autres comme tu voudrais être traité » est fausse.

La règle, chez Black Swan, est la suivante : ne traitez pas les autres comme vous voudriez être traité ; traitez-les comme ils ont besoin d'être traités.

Encaisser les coups

Pour les chercheurs qui travaillent sur la négociation, le marchandage est un processus rationnel, dépourvu d'émotion. Ils parlent de ZAP – zone d'accord possible –, la zone où le vendeur et l'acheteur peuvent tomber d'accord. Disons que Tony veut vendre sa voiture, mais qu'il n'acceptera pas moins de 5 000 dollars ; Samantha, elle, veut acheter une voiture, mais sans payer plus de 6 000 dollars. La ZAP se situe entre 5 000 et 6 000 dollars. Certains accords ont des ZAP et d'autres n'en ont pas. Tout cela est très rationnel.

C'est du moins ce que l'on veut vous faire croire.

Vous devez vous ôter cette idée de la tête. Dans une vraie session de marchandage, les excellents négociateurs n'utilisent pas de ZAP. Les négociateurs expérimentés commencent souvent par une offre ridicule, un point d'ancrage extrême. Si vous n'êtes pas prêt à y faire face, vous serez déstabilisé émotionnellement et vous irez tout de suite à votre maximum. C'est la nature humaine. Comme l'a dit le grand boxeur et mangeur d'oreille Mike Tyson : « Tous les gens ont un plan, jusqu'au moment où ils prennent un coup de poing dans la mâchoire. »

En réalité, si vous êtes un négociateur bien préparé, qui cherche des informations et les collecte sans relâche, vous préférez que l'autre annonce son prix en premier parce que vous voulez voir sa main. Et vous allez recevoir son ancrage extrême. Mais l'ancrage extrême est puissant et vous êtes humain : vos émotions peuvent prendre le dessus. Si tel est le cas, il existe deux méthodes pour tenir le coup sans enchérir contre vous-même ou répondre avec colère. Quand vous aurez appris ces tactiques, vous serez prêt à résister à cette attaque et à la contrer avec panache.

D'abord, déviez le coup de manière à amener votre interlocuteur à se découvrir. Les négociateurs qui réussissent disent souvent « non » en employant l'une des nombreuses méthodes déjà évoquées (« Comment puis-je accepter cela ? ») ou ils détournent l'ancrage avec des questions comme « Que cherchez-vous à accomplir ici ? ». Des réponses de ce type sont d'excellentes façons de recentrer votre interlocuteur quand vous sentez que l'on vous tire vers le piège du compromis.

Vous pouvez aussi répondre à un ancrage coup-de-poing en parlant des termes et conditions. Ce que j'entends par là, c'est que, quand vous sentez que l'on vous pousse au marchandage, vous pouvez détourner la conversation sur des questions non monétaires qui atténueront l'importance du prix final.

Vous pouvez y parvenir directement en proposant, avec une intonation encourageante : « Mettons le prix de côté un instant et parlons de ce qui ferait un bon marché. » Ou vous pourriez l'amener de façon plus oblique en demandant : « Que pourriez-vous offrir en plus pour que cela devienne un bon prix à mes yeux ? »

Et si la partie adverse *vous* pousse à parler le premier, libérez-vous de son étreinte. Au lieu d'annoncer un prix, faites référence à un chiffre incroyablement élevé que quelqu'un d'autre pourrait lancer. Une fois, une chaîne d'hôpitaux voulait que je parle le premier et je leur ai répondu : « Eh bien, si vous allez à la Harvard Business School, ils vous factureront 2 500 dollars par jour pour chaque étudiant. »

Quoi qu'il arrive, l'idée ici est de siphonner des informations chez votre interlocuteur. Si vous le laissez ancrer le premier, vous aurez une mine de renseignements à son sujet. Tout ce que vous devez apprendre à faire, c'est à encaisser le premier coup.

L'un de mes étudiants de MBA à Georgetown, Farouq, comprit comment ne pas plier après avoir encaissé un coup le jour où il alla demander de l'argent à la doyenne du MBA pour organiser à Dubaï un grand événement destiné aux anciens élèves. La situation était désespérée, parce qu'il lui fallait 600 dollars et qu'elle représentait sa dernière chance.

Lors du rendez-vous, Farouq expliqua à la doyenne à quel point le voyage excitait les étudiants et à quel point cela serait bénéfique pour la réputation du MBA de Georgetown dans la région.

Avant même qu'il ait pu terminer, la doyenne se lança.

« Le voyage que vous organisez a l'air formidable, dit-elle. Mais nous n'avons pas beaucoup d'argent et je ne peux pas autoriser plus de 300 dollars. »

Farouq ne s'attendait pas à ce que la doyenne se prononce si rapidement. Mais les choses ne se passent pas toujours comme prévu.

« C'est une offre très généreuse étant donné vos contraintes budgétaires, mais je ne suis pas certain que cela nous aiderait à réaliser une grande réception pour les anciens élèves de la région », dit Farouq, reconnaissant ses limites mais disant « non » sans utiliser le mot.

Puis il lâcha un ancrage extrême :

« J'ai un montant très élevé en tête : ce dont nous avons besoin, c'est 1 000 dollars. »

Comme on pouvait s'y attendre, l'ancrage extrême ébranla rapidement les limites de la doyenne.

« Ce n'est pas du tout dans ma fourchette, et je suis certaine de ne pas pouvoir autoriser cela. Cependant, je vous donnerai 500 dollars. »

Farouq eut presque envie de céder – s'il manquait 100 dollars, ce n'était pas irrémédiable –, mais il se rappela la malédiction consistant à viser trop bas. Il décida de pousser.

Il expliqua à la doyenne que les 500 dollars le rapprochaient de son but, mais que ce n'était pas encore tout à fait ça ; mais, avec 850 dollars, ça irait.

La doyenne répliqua qu'elle donnait déjà plus que ce qu'elle voulait et que 500 dollars représentaient une somme raisonnable. À ce stade, si Farouq avait été moins bien préparé, il aurait abandonné, mais il était prêt à encaisser les coups.

« Je pense que votre offre est très raisonnable, et je comprends vos restrictions, mais j'ai besoin de plus d'argent pour mettre en place un grand événement pour l'école, dit-il. Que diriez-vous de 775 dollars ? »

La doyenne sourit, et Farouq sut qu'il avait gagné.

« Vous semblez avoir un chiffre précis en tête, auquel vous essayez d'arriver, dit-elle. Donnez-le-moi directement. »

À ce stade, Farouq fut ravi de lui indiquer le montant. Il sentait qu'elle était sincère.

« J'ai besoin de 737,50 dollars pour que ça marche, et vous êtes la dernière personne que je rencontre », dit-il.

Elle rit.

La doyenne le félicita ensuite, parce qu'il savait ce qu'il voulait, et elle dit qu'elle allait consulter son budget. Deux jours plus tard, Farouq reçut un mail : il allait obtenir 750 dollars.

Rendre les coups : utiliser l'affirmation sans être utilisé par elle

Quand une négociation est éloignée de son terme et se trouve dans une impasse, vous devez faire bouger les choses et faire en sorte que votre interlocuteur abandonne son état d'esprit rigide. Dans des situations de ce type, des gestes forts peuvent constituer des outils d'une efficacité redoutable. Parfois, une situation exige juste de vous que vous soyez l'agresseur et que vous attaquiez la partie adverse.

Cela étant dit, si vous êtes quelqu'un de gentil, cela représentera un vrai effort de frapper l'autre comme Mike Tyson. Vous ne pouvez pas être ce que vous n'êtes pas. Comme le dit le proverbe danois, on fait la cuisine avec la farine que l'on a sous la main. Mais tout le monde peut apprendre quelques outils.

Voici quelques moyens efficaces de s'affirmer intelligemment.

Être en colère – menacer sans être en colère – s'offusquer de façon stratégique

Marwan Sinaceur, de l'Insead, et Larissa Tiedens, de l'université Stanford, ont découvert que les expressions de colère pouvaient donner l'avantage à un négociateur et augmenter ses chances de réussite[1]. La colère montre une passion et une conviction qui peuvent contribuer à influencer la partie adverse afin qu'elle accepte un montant moins élevé. Cependant, en accroissant la sensibilité au danger et à la peur chez votre interlocuteur, votre colère limite les ressources dont il dispose pour d'autres activités cognitives, le poussant à faire de mauvaises concessions qui condui-

1. Marwan Sinaceur et Larissa Tiedens, « Get Mad and Get More than Even. The Benefits of Anger Expressions in Negotiations », *Journal of Experimental Social Psychology*, vol. 42, n° 3, 2006, p. 314-322.

ront probablement à des problèmes d'application, réduisant ainsi vos gains.

Soyez donc vigilant : des chercheurs ont aussi découvert que feindre l'expression d'une colère que l'on ne ressent pas – faire semblant, en somme – se retourne contre vous, aboutissant à des exigences difficiles à traiter et détruisant le lien de confiance. Pour que la colère soit efficace, elle doit être réelle. La clé, c'est qu'elle doit rester sous contrôle parce que la colère réduit également nos propres capacités cognitives.

Quand quelqu'un lance une offre ridicule, qui vous rend vraiment fou, prenez une inspiration profonde, autorisez un peu de colère et canalisez-la – vers la proposition, pas vers la personne – et dites : « Je ne vois pas comment cela pourrait marcher. »

S'offusquer de façon opportune – « s'offusquer de façon stratégique » – peut sensibiliser votre interlocuteur à ce qui pose problème. D'après des recherches menées par Daniel Ames et Abbie Wazlawek, deux chercheurs de l'université Columbia, les gens confrontés à cette stratégie ont plus tendance à se juger *suraffirmatifs*, même quand leurs interlocuteurs ne le pensent pas[1]. La vraie leçon ici, c'est qu'il faut être conscient de la façon dont cela pourrait être utilisé contre vous. Ne devenez pas victime de « l'offuscation stratégique ».

Les menaces proférées sans colère mais avec assurance – c'est-à-dire avec confiance et sang-froid – sont

1. Daniel R. Ames et Abbie Wazlawek, « Pushing in the Dark. Causes and Consequences of Limited Self-Awareness for Interpersonal Assertiveness », *Personality and Social Psychology Bulletin*, vol. 40, n° 6, 2014, p. 1-16.

de très bons outils. « Désolé, ça ne marche pas pour moi », prononcé avec assurance, est une phrase qui fonctionne.

Les questions de type « pourquoi »

Dans le chapitre 7, j'ai parlé des problèmes du « pourquoi ». Partout, les gens se mettent sur la défensive face à un « pourquoi ».

Faites une expérience : la prochaine fois que votre patron vous ordonnera de faire quelque chose, demandez-lui « pourquoi » et observez ce qui se passe. Puis essayez avec un collègue, un employé de rang inférieur et un ami. Observez leurs réactions et vous devriez constater qu'ils se mettent sur la défensive. Ne le faites pas trop, cependant, sinon vous perdrez votre travail et vos amis.

Le seul moment où je demande « Pourquoi avez-vous fait ça ? » dans une négociation, c'est quand je veux retarder quelqu'un. Mais c'est une technique incertaine et je ne la recommanderais pas.

Il existe cependant une autre façon efficace d'utiliser « pourquoi ». L'idée est d'instrumentaliser le réflexe défensif que provoque la question pour que votre interlocuteur défende votre position.

Je sais que ça a l'air bizarre, mais c'est efficace. Le schéma de base fonctionne de la sorte : quand vous voulez faire basculer un interlocuteur dubitatif de votre côté, demandez-lui : « Pourquoi feriez-vous *ça* ? » mais d'une façon telle que le « ça » vous favorise. Laissez-moi vous expliquer. Si vous cherchez à éloigner par la ruse un client d'un concurrent, vous pourriez dire :

« Pourquoi feriez-vous affaire avec moi ? Pourquoi changeriez-vous de fournisseur ? Il est parfait ! »

Dans ces questions, le « pourquoi » trompe votre interlocuteur afin qu'il travaille pour vos intérêts.

Les messages à la première personne

Utiliser la première personne est une autre excellente façon de fixer des limites sans aller jusqu'à la confrontation.

Quand vous dites « je suis désolé, ça ne me convient pas », le pronom « je » concentre de façon stratégique l'attention de votre interlocuteur sur vous suffisamment longtemps pour que vous marquiez un point.

Le message traditionnel à la première personne utilise « je » pour appuyer sur pause et s'extraire d'une mauvaise dynamique. Quand vous voulez contrer des affirmations contre-productives formulées par votre interlocuteur, vous pouvez dire « je sens… quand vous… parce que… » et cela exige un temps mort de la part de votre interlocuteur.

Mais faites attention avec le grand « je » : vous devez être attentif à ne pas employer un ton qui paraisse agressif ou querelleur. Il doit être détaché et égal.

Ne cherchez pas à tout prix un accord : soyez prêt à vous retirer

Nous avons dit plus haut qu'il valait mieux une absence d'accord qu'un mauvais accord. Si vous pensez qu'il est impossible de dire « non », alors vous avez été pris en otage.

Une fois que vous êtes au clair avec votre limite, vous devez être prêt à claquer la porte. Il ne faut jamais avoir besoin à tout prix de signer un accord.

Avant de passer à la suite, je voudrais insister sur l'importance de maintenir une relation collaborative même quand vous fixez des limites. Votre réponse doit toujours exprimer des limites nettes et clairement affirmées – être à la fois douce et ferme –, sans haine ni violence. Colère et autres émotions fortes peuvent, en de rares occasions, être efficaces. Mais uniquement en tant qu'actes calculés, pas en tant qu'attaques personnelles. Dans une session de « négociations à mains nues », le principe qu'il est vital de garder à l'esprit est de ne jamais considérer votre interlocuteur comme un ennemi.

La personne en face de vous n'est jamais le problème ; le problème qui n'a pas encore été résolu, oui. Séparez la personne du problème et concentrez-vous sur la question à résoudre. C'est une des tactiques les plus basiques pour éviter l'escalade émotionnelle. Dans les films ou dans la vie politique, notre culture diabolise les gens ; cela instille l'idée que tous les problèmes pourraient être réglés si l'on se séparait de la personne. Mais cette dynamique est toxique pour toute négociation.

Il ne faut rendre les coups qu'en dernier recours. Avant d'en arriver là, je fais toujours une tentative pour calmer les choses. Suggérez un temps mort. Quand vos interlocuteurs reculent et prennent une grande inspiration, ils ne se sentent plus prisonniers d'une mauvaise situation. Ils récupèrent leur capacité d'agir et d'avoir du pouvoir. Et ils vous apprécieront pour cela.

Pensez aux tactiques consistant à rendre les coups et à fixer des limites comme à une courbe en S aplatie : vous avez accéléré sur la pente de la négociation et atteint un plateau qui requiert que vous interrompiez temporairement tout progrès (le fait d'intensifier ou d'apaiser le problème agissant comme un frein) afin de ramener la situation à un état d'entente avant de repartir. Pour adopter une approche positive, constructive du conflit, il faut comprendre que le lien est fondamental pour toute résolution de problème. Ne faites jamais de votre interlocuteur un ennemi.

Le modèle Ackerman

J'ai beaucoup parlé du judo psychologique dont j'ai fait ma spécialité : les questions calibrées, les miroirs, les outils pour casser le jeu d'un adversaire et le conduire à enchérir contre lui-même.

Mais en définitive, la négociation se résume toujours à déterminer qui obtiendra quelle part du gâteau, et de temps en temps vous serez contraint à un vrai marchandage à mains nues avec un négociateur dur à cuire.

Dans le monde de la libération d'otages, j'ai été confronté à cette négociation à mains nues. J'ai marchandé avec beaucoup de types qui s'accrochaient à leur plan de jeu et avaient l'habitude d'obtenir ce qu'ils désiraient. « Payez ou alors nous tuerons », disaient-ils

– et ils le pensaient. Mes compétences devaient être précises pour négocier avec eux. J'avais besoin d'outils.

Et dans ma formation à la négociation au FBI, j'ai appris le système de marchandage que j'utilise encore à ce jour. Je ne jure que par lui.

J'appelle ce système le modèle Ackerman, du nom de son inventeur, Mike Ackerman, un ancien de la CIA qui a créé à Miami un cabinet de consultants pour les enlèvements avec demande de rançon. Dans beaucoup de kidnappings, nous étions constamment associés avec des « gars d'Ackerman » – mais jamais lui en personne – qui avaient contribué à la conception de la négociation.

Après avoir pris ma retraite du FBI, j'ai enfin rencontré Mike lors d'un voyage à Miami. Quand je lui ai dit que j'avais aussi utilisé son système pour les négociations commerciales, il a ri et dit qu'il avait soumis le système à Howard Raiffa, une légende de la négociation à Harvard, et que ce dernier lui avait affirmé que le système fonctionnerait dans n'importe quelle situation. Je me sentis donc assez légitime.

À première vue, le modèle Ackerman est une méthode d'offre et de contre-offre. Mais c'est un système très efficace pour mettre à mal la dynamique de marchandage classique, dont le résultat prévisible est de couper la poire en deux.

La procédure systématisée, facile à mémoriser, ne comporte que quelques étapes :

1. Fixez votre prix cible (votre objectif).
2. Fixez votre première offre à 65 % de votre prix cible.

3. Calculez trois augmentations de taille décroissante (jusqu'à 85, 95 et 100 %).
4. Faites preuve de beaucoup d'empathie et dites « non » de différentes façons afin que la partie adverse contre avant que vous n'ayez augmenté votre offre.
5. En calculant le montant final, utilisez des chiffres précis, pas ronds – comme, disons, 37 893 dollars plutôt que 38 000. Cela donne de la crédibilité et du poids au montant proposé.
6. Pour votre dernière offre, ajoutez un élément non monétaire (dont ils ne veulent sans doute pas) pour montrer que vous avez atteint votre limite.

Le génie de ce système, c'est qu'il incorpore les tactiques psychologiques dont on a traité – la réciprocité, les ancrages extrêmes, l'aversion à la perte, et ainsi de suite – sans que vous ayez besoin d'y penser.

Si vous me le permettez, je vais passer en revue les différentes étapes pour que vous compreniez ce que je veux dire.

Premièrement, l'offre originale (65 % du prix cible) déterminera un point d'ancrage extrême, une attaque qui peut pousser votre interlocuteur directement à son prix limite. Le choc d'un ancrage extrême va provoquer une réaction de lutte ou de fuite chez tous les négociateurs, à l'exception des plus aguerris, limitant leurs capacités cognitives et les incitant à commettre une action irréfléchie.

Maintenant, observez les augmentations progressives de l'offre à 85, 95 et 100 % du prix cible. Vous allez les lâcher avec parcimonie, après que votre interlocuteur aura fait une nouvelle offre et après que vous aurez posé quelques questions calibrées pour voir si vous pouvez le leurrer afin qu'il enchérisse contre lui-même.

Quand vous faites ces offres, elles agissent à différents niveaux. D'abord, elles jouent sur la norme de réciprocité ; elles poussent votre interlocuteur à faire lui aussi une concession. Tout comme les gens ont davantage tendance à envoyer des cartes de vœux à ceux qui leur ont d'abord écrit, ils ont plus tendance à faire des concessions avec ceux qui ont fait des compromis en leur faveur.

Deuxièmement, l'augmentation décroissante des augmentations – notez qu'elle diminue de moitié chaque fois – convainc votre interlocuteur qu'il est en train de vous presser jusqu'au point de rupture. À la dernière majoration, il aura eu l'impression de vous avoir pressé jusqu'à la dernière goutte.

Cela gonfle vraiment son estime de lui-même. Les chercheurs ont découvert que les gens qui obtiennent des concessions ont souvent une meilleure image du processus de marchandage que ceux à qui l'on a fait une seule offre solide et « juste ». En fait, ils l'apprécient mieux, même quand ils paient plus – ou reçoivent moins – que ce qu'ils auraient pu.

Enfin, le pouvoir des chiffres non ronds mérite d'être répété.

À Haïti, j'utilisais intensément le modèle Ackerman. Pendant dix-huit mois, nous avions deux ou trois enlèvements par semaine ; par expérience, nous savions que les prix du marché étaient situés entre 15 000 et 75 000 dollars par victime. Parce que j'étais une tête dure, j'ouvrais à 5 000 dollars.

L'un de ces cas sortait vraiment du lot, le premier que j'ai évoqué dans ce livre. J'ai eu recours au modèle Ackerman, leur faisant perdre pied avec un ancrage extrême, les frappant avec des questions calibrées et leur faisant des concessions de plus en plus réduites. Enfin, j'ai lâché ce montant bizarre qui scella l'accord. Je n'oublierai jamais quand le directeur du bureau du FBI à Miami a appelé mon collègue le lendemain, disant : « Voss a eu ce type pour 4 751 dollars ? Qu'est-ce que ça change, un dollar ? »

Ils hurlaient de rire, et ils n'avaient pas tort. Ce dollar est ridicule. Mais la nature humaine est ainsi faite. Vous avez déjà remarqué que l'on ne peut rien acheter à 2 dollars, mais que l'on peut trouver des millions de produits à 1,99 dollar ? Nous préférons 1,99 dollar à 2 dollars, même si nous savons que c'est une ruse.

Négocier une réduction de loyer quand on vient de vous annoncer une augmentation

Huit mois après avoir signé un bail de 1 850 dollars par mois, Mishary, un de mes étudiants en MBA à Georgetown, reçut une mauvaise nouvelle : son propriétaire l'informait que, s'il voulait rester, le loyer passerait désormais à 2 100 dollars par mois pour dix mois, ou 2 000 dollars par mois pour un an.

Mishary adorait l'endroit où il habitait et il ne pensait pas trouver mieux ailleurs, mais le prix était déjà élevé et il ne pouvait pas se permettre de payer plus.

Prenant à cœur le slogan de notre classe – « on commence à son plus haut niveau de préparation » –, il plongea dans les annonces immobilières et découvrit que les prix pour des appartements comparables étaient compris entre 1 800 et 1 950 dollars par mois, mais qu'aucun n'était dans un aussi bon immeuble. Il examina ensuite ses propres finances et décida que le loyer qu'il voulait payer s'établissait à 1 830 dollars.

Il réclama un rendez-vous avec l'agent immobilier. Ça n'allait pas être une partie de plaisir.

Lors de leur entretien, Mishary présenta sa situation. Son expérience dans cet immeuble avait été vraiment positive, dit-il. Et, fit-il remarquer, il payait toujours son loyer en temps et en heure. Il serait triste de partir, poursuivit-il, et le propriétaire perdrait un bon locataire. L'agent acquiesça.

« Entièrement d'accord, dit-il. C'est pour cette raison que je pense qu'il serait bénéfique pour nous tous que l'on renouvelle le bail. »

À cet instant, Mishary utilisa les recherches qu'il avait effectuées : dans le quartier, les prix étaient « nettement » inférieurs, expliqua-t-il. « Même si votre immeuble est meilleur en matière de lieu et de services, **comment payer 200 dollars de plus** ? »

La négociation était lancée.

L'agent resta silencieux quelque temps, puis concéda : « Votre remarque est juste, mais cela reste un bon prix. Et comme vous l'avez constaté, nous pouvons le louer plus cher. »

Mishary lâcha alors un ancrage extrême.

« Je comprends totalement, vous avez effectivement un meilleur emplacement et de meilleurs équipements.

Mais je suis désolé, je ne peux tout simplement pas, dit-il. **Est-ce qu'un loyer de 1 730 dollars par mois pour un bail d'un an vous semble juste ?** »

L'agent éclata de rire et, quand il eut terminé, il dit qu'il était hors de question qu'il accepte un tel montant, bien en deçà des prix du marché.

Au lieu de s'enferrer dans un marchandage, Mishary passa intelligemment aux questions calibrées.

« OK, est-ce que vous pouvez alors m'aider à comprendre quelque chose : **comment fixez-vous les prix pour les renouvellements de bail ?** »

L'agent ne dit rien d'extraordinaire – juste qu'il étudiait divers facteurs, comme les prix dans le quartier et l'état de l'offre et de la demande –, mais cela fournit à Mishary l'ouverture pour défendre l'idée que son départ ferait courir au propriétaire le risque d'avoir un appartement non loué, qu'il faudrait repeindre. Un mois sans locataire représenterait une perte de 2 000 dollars, dit-il.

Puis il fit une nouvelle offre. Vous êtes probablement en train de vous demander pourquoi il fait deux offres sans en avoir reçu en retour. Et vous avez raison : en temps normal, c'est interdit. Mais vous devez être capable d'improviser. Si vous sentez que vous contrôlez la négociation, vous pouvez faire deux ou trois avancées en même temps. Ne laissez pas les règles casser le flux.

« Laissez-moi essayer d'avancer avec vous : **que diriez-vous de 1 790 dollars pour douze mois** ? »

L'agent se tut, puis répondit :

« Monsieur, je comprends vos inquiétudes, et ce que vous venez de dire est sensé. Votre proposition, cependant, est très basse. Mais laissez-moi du temps pour y réfléchir et revoyons-nous un peu plus tard. Qu'en pensez-vous ? »

Souvenez-vous : n'importe quelle réponse qui n'est pas un rejet immédiat signifie que vous avez l'ascendant.

Cinq jours plus tard, les deux hommes se retrouvèrent.

« J'ai fait les calculs et, croyez-moi, c'est une bonne affaire, commença l'agent. Je peux vous proposer 1 950 dollars par mois pendant un an. »

Mishary savait qu'il avait gagné. L'agent avait juste besoin d'être un peu poussé. Il félicita donc l'agent et dit non sans dire « non ». Et avez-vous remarqué comment il avait joué avec les étiquettes afin que son interlocuteur s'ouvre ?

« C'est généreux de votre part, mais comment pourrais-je accepter alors qu'il me suffit de déménager de quelques pâtés de maisons pour payer 1 800 dollars ? Une différence de 150 dollars signifie beaucoup pour moi. Vous savez, je suis étudiant. Je ne sais pas, **on dirait que vous préférez courir le risque de laisser l'appartement sans locataire**.

— Ce n'est pas ça, répondit l'agent. Mais je ne peux pas vous faire une proposition inférieure au marché. »

Mishary observa une pause, de façon théâtrale, comme si l'agent était en train de lui soutirer jusqu'au dernier centime.

« Je vais vous dire quelque chose, alors. J'étais monté de 1 730 à 1 790 dollars, dit-il en soupirant. Je vais aller jusqu'à 1 810 dollars. Et je pense que c'est un bon résultat pour nous deux. »

L'agent secoua la tête.

« C'est toujours inférieur au prix du marché, monsieur. Et je ne peux pas faire ça. »

Mishary se prépara alors à faire sa dernière offre, selon le schéma d'Ackerman. Il resta silencieux un moment puis demanda à l'agent un papier et un crayon. Il se mit à effectuer de faux calculs, pour donner l'impression qu'il était vraiment en train d'aller à ses limites.

Enfin, il regarda l'agent et dit : « J'ai fait mes calculs et le maximum que je peux me permettre est 1 829 dollars. »

L'agent hocha la tête, comme s'il tournait autour de l'offre. Finalement, il ouvrit la bouche.

« Waouh ! 1 829 dollars, dit-il. Vous êtes très précis. Vous êtes sans doute comptable. (Mishary ne l'était pas.) Écoutez. J'apprécie le fait que vous vouliez prolonger avec nous et, pour cette raison, je pense que l'on peut se mettre d'accord sur ce montant pour un bail de douze mois. »

Gling ! Admirez cette brillante association d'offres décroissantes, de chiffres précis, de recherche approfondie, d'étiquetage intelligent et de refus qui ne disent pas « non ». C'est de cette façon que l'on obtient une *baisse* de loyer alors que son propriétaire voulait augmenter ses rentrées d'argent.

Leçons clés

Quand arrivera le moment de vérité – et il arrivera –, vous vous trouverez face à un négociateur prêt au combat. Après avoir épuisé toutes les techniques psychologiques les plus fines – l'étiquetage, le miroir et le calibrage –, vous allez devoir parler des choses sérieuses.

Pour la plupart d'entre nous, ce n'est pas une partie de plaisir.

Les négociateurs accomplis savent cependant que le conflit est souvent le chemin vers de très bons accords. Et les meilleurs trouvent même des façons de s'amuser en s'engageant dans le conflit. Le conflit fait naître la vérité, la créativité et la résolution des problèmes. Donc la prochaine fois que vous vous trouverez face à un négociateur prêt au combat, souvenez-vous des leçons de ce chapitre.

- Trouvez le style de négociation de votre interlocuteur. Quand vous aurez déterminé si c'est un arrangeur, un assertif ou un analyste, vous saurez comment l'approcher.
- Préparez, préparez, préparez. Quand la pression est forte, vous ne vous hissez pas à la hauteur de la situation ; vous vous placez à votre plus haut niveau de préparation. Élaborez donc un but ambitieux et légitime, puis jouez avec les étiquettes, les questions calibrées et les réponses dont vous vous servirez pour y arriver. De la sorte, à la table des négociations, vous n'aurez pas besoin d'improviser.

- Attendez-vous à prendre des coups. Les meilleurs négociateurs commencent généralement avec un ancrage extrême pour vous déstabiliser. Si vous n'êtes pas prêt, vous irez directement à votre maximum, sans même lutter. Préparez donc vos tactiques d'esquive pour ne pas être aspiré dans le piège du compromis.
- Fixez des limites et apprenez à prendre ou à rendre un coup sans colère. Le problème, ce n'est pas la personne en face de vous ; c'est la situation.
- Préparez un modèle Ackerman. Avant de plonger dans les méandres du marchandage, il vous faut un plan qui comporte un point d'ancrage extrême, des questions calibrées et des offres bien définies. Retenez bien ceci : 65, 85, 95 et 100 %. Avec ces augmentations décroissantes et en finissant sur des chiffres qui ne sont pas ronds, votre interlocuteur aura l'impression de vous soutirer le maximum, alors que vous arriverez en vérité au montant que *vous* désirez.

10

Trouvez le cygne noir

Le 17 juin 1981 était une belle journée de printemps. La température dépassait les 20 °C, avec un fort vent d'ouest. À 11 h 30, William Griffin, 37 ans, quitta la chambre située au deuxième étage de la maison de ses parents à Rochester, dans l'État de New York, et descendit l'escalier impeccable qui menait à leur salon méticuleusement rangé.

Arrivé en bas, il s'arrêta, marqua une pause puis, sans un mot, tira trois coups de fusil ; deux tuèrent sa mère et une personne qui posait du papier peint, et le troisième blessa sévèrement son beau-père. Dans cet espace clos, le bruit détona.

Ensuite, Griffin quitta la maison et abattit un ouvrier et deux passants, tout en se dirigeant au petit trot vers la Security Trust Company, une banque du quartier. Dès qu'il pénétra dans les locaux, les gens tentèrent de s'enfuir. Griffin prit en otage 9 employés et ordonna aux clients de quitter les lieux.

Pendant les trois heures et demie qui suivirent, Griffin poussa les policiers et les agents du FBI à une confrontation violente. Il tira sur les deux premiers officiers de police qui avaient répondu à l'alarme silencieuse de la banque, les blessant, puis sur 6 personnes qui marchaient près de la banque. Griffin tira tellement de balles – plus d'une centaine en tout – que la police dut se servir d'un camion poubelle pour protéger un officier.

À 14 h 30, rassemblant d'un signe de la main les neuf employés dans un petit bureau, Griffin ordonna à la manager d'appeler la police et de lui transmettre un message.

À l'extérieur, l'agent du FBI Clint Van Zandt se tenait à l'affût. L'officier de police Jim O'Brien décrocha le combiné.

« Présentez-vous aux portes de la banque à 15 heures pour un échange de coups de feu avec lui sur le parking, lâcha-t-elle en larmes, ou alors il commencera à tuer des otages et jettera leurs corps à l'extérieur. »

Puis la communication fut coupée.

Dans l'histoire des États-Unis, jamais un preneur d'otages n'avait tué sur un ultimatum. La date butoir a toujours été une façon d'occuper les esprits ; ce que les malfaiteurs veulent vraiment, c'est de l'argent, du respect et un hélicoptère. Tout le monde sait ça. C'est une *connaissance connue* permanente et immuable. C'est la vérité.

Mais cette vérité permanente et immuable était sur le point de changer.

Ce qui se produisit par la suite montra la puissance des cygnes noirs, ces informations cachées et inattendues – ces *inconnues inconnues* – dont l'exhumation a des effets décisifs sur une dynamique de négociation.

Pour créer des ruptures dans une négociation – quand le jeu bascule de façon inaltérable en votre faveur –, il est nécessaire de découvrir et d'utiliser les cygnes noirs.

Voici comment y arriver.

Trouver un levier dans l'imprévisible prévisible

À 15 heures précises, Griffin fit un geste en direction d'un de ses otages, une guichetière de 29 ans qui s'appelait Margaret Moore, et la somma de se diriger vers les portes en verre de la banque. Pétrifiée, Moore fit ce qu'il lui ordonnait, non sans hurler qu'elle élevait seule son jeune fils.

Griffin ne sembla pas l'entendre ou s'en soucier. Quand Moore, pleurant, arriva dans le vestibule, Griffin tira deux balles avec son fusil de calibre .12. Les deux cartouches atteignirent Moore à l'abdomen, la projetant violemment contre la porte vitrée et coupant presque en deux son corps.

Dehors, les agents étaient sous le choc. Clairement, Griffin ne voulait ni argent, ni respect, ni moyen de s'échapper. Il n'en sortirait que les pieds devant.

Ensuite, Griffin marcha jusqu'à une grande fenêtre et, de tout son corps, vint s'appuyer contre la vitre. Il se trouvait dans l'axe d'un sniper positionné dans l'église, de l'autre côté de la rue. Griffin savait très bien que l'homme était posté à cet endroit-là ; un peu plus tôt, il lui avait tiré dessus.

Moins d'une seconde après que la silhouette de Griffin fut apparue dans son champ de vision, le sniper appuya sur la détente.

Et Griffin s'effondra au sol, mort.

La théorie du cygne noir montre que l'impossible – ou l'impensable – peut se produire. Je ne parle pas ici de probabilités, mais plutôt d'événements dont personne n'avait envisagé la possibilité.

Le concept de cygne noir fut popularisé par l'analyste des risques Nassim Nicholas Taleb dans ses livres à succès *Le Hasard sauvage* et *Le Cygne noir*[1], mais le terme est bien plus ancien. Jusqu'au XVIIe siècle, les gens ne pouvaient imaginer que des cygnes blancs, parce que tous les cygnes qui avaient été observés étaient blancs. Dans le Londres du XVIIe siècle, l'expression « cygne noir » désignait couramment une chose impossible.

Mais en 1697, lors d'un voyage en Australie occidentale, l'explorateur néerlandais Willem de Vlamingh vit un cygne noir. Soudain, l'impensable et l'impensé devinrent réels. Dans l'esprit des gens, il était évident que le prochain cygne qu'ils verraient serait blanc. La découverte des cygnes noirs fit voler en éclats cette vision du monde.

---

1. Nassim Nicholas Taleb, *Le Hasard sauvage. Comment la chance nous trompe*, Paris, Les Belles Lettres, 2017, et *Le Cygne noir. La puissance de l'imprévisible*, Paris, Les Belles Lettres, 2012.

Bien sûr, les cygnes noirs ne sont qu'une métaphore. Mais pensez à Pearl Harbor, à l'essor d'Internet, aux attentats du 11-Septembre et à la récente crise financière.

Aucun de ces événements n'a été prédit – et pourtant, après réflexion, tous les signaux étaient présents. Mais personne n'y avait prêté attention.

Pour Taleb, le cygne noir démontre l'inutilité des prédictions fondées sur l'expérience passée. Les cygnes noirs sont des événements ou des informations qui sont hors du champ de nos attentes habituelles et qui ne peuvent donc pas être prédits.

C'est un concept crucial pour la négociation. Dans toute négociation coexistent différents types d'informations. Il y a ce que l'on sait : le nom de notre interlocuteur, son offre, notre expérience des précédentes négociations. Ce sont les *connus connus*. Il y a les choses dont nous sommes certains qu'elles existent mais que nous ne connaissons pas, comme la possibilité que la partie adverse tombe malade et cède la place à un autre interlocuteur. Ce sont les *inconnues connues* et elles agissent comme les *wild cards* au poker ; vous savez qu'elles sont là mais vous ignorez qui les possède. Mais le plus important, ce sont les choses que, sans le savoir, nous ignorons, des informations que nous n'avions jamais imaginé être décisives si elles étaient révélées. Et si notre interlocuteur désirait l'échec de l'accord parce qu'il part pour la concurrence ?

Ces *inconnues inconnues* sont les cygnes noirs.

Avec tous leurs *connus connus* et les attentes liées à leurs expériences précédentes qui guidaient si fermement leur approche, Van Zandt et l'ensemble du FBI furent aveugles aux indices et aux liens qui montraient que quelque chose sortait du domaine du prévisible. Ils n'arrivaient pas à voir les cygnes noirs qui se trouvaient face à eux.

Je ne veux pas pointer du doigt Van Zandt ici. Il rendit un service à l'ensemble des forces de police en mettant l'accent sur cet événement et il me raconta – ainsi qu'à une salle de conférences remplie d'agents – cette horrible journée de juin au cours d'une session de formation à Quantico. Il nous présentait le phénomène de suicide par police interposée – quand un individu crée délibérément une situation de crise pour provoquer une réponse létale de la police – mais on pouvait tirer une leçon encore plus grande de cette histoire : l'importance de percevoir l'inattendu, pour que des événements tels que la mort de Moore ne se reproduisent plus jamais.

En ce jour de juin 1981, mes collègues avaient appelé sans relâche la banque mais, chaque fois, l'employé qui décrochait raccrochait aussitôt. Ils auraient dû comprendre à ce moment-là que la situation sortait du *connu*. Les preneurs d'otages parlent *toujours*, parce qu'ils ont *toujours* des exigences ; ils veulent *toujours* être entendus, respectés et payés.

Mais pas Griffin.

En plcine prise d'otages, un officier de police entra dans le poste de commandement et apprit aux autres qu'un double homicide, avec une troisième personne grièvement blessée, avait été signalé à quelques pâtés de maisons de là où ils se trouvaient.

« Est-ce que l'on a besoin de cette information ? demanda Van Zandt. Est-ce qu'il y a un lien ? »

Personne ne le savait ni ne le découvrit à temps. Si ç'avait été le cas, ils auraient pu trouver un deuxième cygne noir : ce Griffin avait déjà tué plusieurs personnes sans faire de demande de rançon.

Et puis, quelques heures plus tard, Griffin fit lire par un otage, au téléphone, une note destinée à la police. Étrangement, elle ne comportait aucune revendication. C'était une diatribe décousue sur sa vie et les injustices qu'il avait subies. Le message était tellement long et confus qu'il ne fut même pas lu en entier. De ce fait, une phrase importante – un autre cygne noir – ne put être enregistrée : « après que la police m'aura ôté la vie ».

Ces cygnes noirs ne furent jamais découverts et Van Zandt et ses collègues ne virent jamais la situation pour ce qu'elle était : Griffin voulait mourir, et il voulait que la police se charge de le tuer.

Le FBI n'avait jamais été confronté à ce genre de situation – une fusillade avec ultimatum. Essayant d'adapter l'information à ce qui s'était produit par le passé, aux vieux schémas, les agents se demandèrent : « Que veut-il *réellement* ? » Ils s'attendaient à ce que Griffin, après ses menaces, prenne le téléphone et entame le dialogue, car personne ne se fait jamais tuer sur un ultimatum.

Ou, du moins, c'est ce qu'ils pensaient.

Dévoiler les *inconnues inconnues*

Tirons les leçons de ce qui s'est passé à 15 heures le 17 juin 1981 à Rochester : quand les pièces d'un puzzle ne s'assemblent pas, c'est généralement parce que nos cadres de référence sont erronés ; elles ne s'assembleront jamais, sauf si nous nous libérons de nos présupposés.

Chaque cas est nouveau. Nous devons laisser ce que nous savons – nos *connus connus* – nous guider, mais sans nous masquer ce que nous ne savons pas ; nous devons rester flexibles et prêts à nous adapter à toute situation ; nous devons toujours conserver un esprit de débutant ; et nous ne devons jamais surestimer notre expérience ou sous-estimer les réalités informationnelles et émotionnelles apportées à chaque instant dans n'importe quelle situation à laquelle nous sommes confrontés.

Mais ce ne furent pas les seules leçons importantes de cette tragédie. Si une confiance trop appuyée au *connu connu* peut bloquer le négociateur sur des suppositions qui l'empêchent de voir et d'entendre la totalité de ce qu'offre une situation donnée, alors peut-être qu'une réceptivité accrue à l'*inconnu inconnu* peut libérer ce même négociateur afin qu'il voie et entende les éléments susceptibles de produire des ruptures spectaculaires.

Quand j'ai entendu le récit de cette journée du 17 juin 1981, j'ai compris que je devais changer complètement mon approche de la négociation. J'ai émis l'hypothèse que, dans toute négociation, chaque partie est en possession d'au moins trois cygnes noirs, trois informations qui, si elles étaient découvertes par la partie adverse, changeraient tout.

Depuis, mon expérience a validé cette hypothèse.

Je dois souligner ici qu'il ne s'agit pas d'un simple petit ajustement de la technique de négociation. Ce n'est pas un hasard si j'ai choisi d'appeler mon cabinet « Black Swan » ; c'est aussi le symbole de notre approche.

Trouver les cygnes noirs et les utiliser exige un changement d'état d'esprit. La négociation cesse d'être une partie d'échecs à une dimension (mouvement et contre-mouvement) pour devenir un jeu à trois dimensions plus émotionnel, intuitif, adaptable… et véritablement efficace.

Trouver les cygnes noirs n'est pas chose aisée, bien sûr. Nous sommes tous, à divers degrés, aveugles. Nous ignorons ce qui se trouve au coin de la rue avant de tourner. Par définition, nous ne savons pas ce que nous ne savons pas.

Voilà pourquoi j'affirme que trouver et comprendre les cygnes noirs demande un changement d'état d'esprit. Vous devez élargir vos chemins bien balisés et adopter une écoute plus intuitive et nuancée.

C'est vital pour les gens de tous milieux, des négociateurs aux inventeurs et aux spécialistes du marketing. Ce que vous ne savez pas peut vous tuer, ou mettre fin à vos accords. Mais c'est incroyablement difficile à apprendre. Le défi le plus basique est que l'on ne sait pas quelles questions poser au client, à l'usager… à son interlocuteur. S'ils ne sont pas correctement interrogés, la plupart des gens sont incapables d'exprimer l'information que vous voulez obtenir. Le monde n'a pas dit à Steve Jobs qu'il voulait un iPad : Steve Jobs a découvert notre besoin, ce cygne noir, sans que nous ayons conscience que l'information se trouvait là.

Le problème, c'est que les techniques conventionnelles d'interrogatoire et de recherche sont conçues pour confirmer le *connu connu* et réduire l'incertitude. Elles ne vont pas vers l'inconnu.

Les négociations souffriront toujours d'une prédictibilité limitée. Votre interlocuteur pourra vous dire « c'est un lopin de terre charmant » sans mentionner que c'est également un site contaminé. Il dira : « Est-ce que le voisinage est bruyant ? Eh bien, on fait tous un petit peu de bruit, non ? » quand la vérité, c'est qu'un groupe de heavy métal répète ici toutes les nuits.

C'est celui qui sera le plus apte à découvrir, à s'adapter et à exploiter ces inconnues qui sortira vainqueur.

Pour mettre au jour ces inconnues, nous devons questionner le monde, lancer un appel et écouter avec intensité la réponse. Poser de nombreuses questions. Détecter les indices non verbaux et toujours exprimer nos observations devant notre interlocuteur.

Ce n'est pas différent de ce que vous avez appris jusqu'à maintenant. C'est simplement plus intense et plus intuitif. Vous devez sentir la vérité derrière le camouflage ; vous devez remarquer la brève pause qui suggère l'inconfort et le mensonge. Ne cherchez pas à vérifier ce que vous attendez. Si vous le faites, c'est cela que vous trouverez. Vous devez plutôt vous ouvrir à la réalité qui vous fait face.

C'est pour cela que mon entreprise a changé sa méthode de préparation et d'engagement dans une négociation.

Peu importe la masse de recherches que notre équipe a réalisée au préalable, nous nous demandons toujours : « Pourquoi communiquent-ils ce qu'ils sont en train de communiquer ? » Souvenez-vous que négocier s'apparente plus à marcher sur la corde raide qu'à affronter un adversaire. Si vous vous focalisez trop sur l'objectif final, vous risquez de ne pas être concentré à l'étape suivante – et de tomber de la corde. Concentrez-vous donc sur la prochaine étape parce que, tant que vous franchissez les étapes, la corde vous mène vers le but.

La majorité des gens imaginent que les cygnes noirs sont des informations très privées ou jalousement conservées, alors qu'en fait l'information peut paraître complètement inoffensive. Les deux parties peuvent être totalement inconscientes de son importance. Votre interlocuteur dispose toujours d'informations dont il ne comprend pas la valeur.

Les trois types de leviers

Je vais revenir à quelques techniques spécifiques permettant de mettre au jour les cygnes noirs, mais je voudrais d'abord examiner ce qui les rend tellement utiles.

La réponse, c'est le levier. Les cygnes noirs sont des multiplicateurs de leviers. Ils vous donnent l'avantage.

« Levier » est le mot magique, mais c'est aussi l'un de ces concepts que les experts en négociation lancent avec désinvolture, sans l'approfondir. Je voudrais donc le faire ici.

En théorie, il s'agit de la capacité à infliger des pertes et à conserver ses gains. Quels gains votre interlocuteur veut-il réaliser et que craint-il de perdre ? Découvrez ces informations, nous dit-on, et vous obtiendrez un levier sur les perceptions, actions et décisions de la partie adverse. En pratique, comme les perceptions irrationnelles représentent notre réalité, la perte et le gain sont des notions glissantes, et savoir quels leviers existent de fait contre vous n'a souvent aucune importance ; ce qui en a vraiment, c'est le levier que vos interlocuteurs pensent que vous avez sur eux. C'est pourquoi je dis qu'il y a toujours des leviers : puisqu'il s'agit d'un concept essentiellement émotionnel, on peut décider s'ils existent ou non.

S'ils vous parlent, vous avez de l'influence. Qui est influent dans un kidnapping ? Le ravisseur ou la famille de la victime ? La plupart des gens croient que seul le ravisseur dispose de moyens de pression. Bien sûr, il détient quelqu'un que vous aimez, mais vous possédez ce qu'il désire. Qu'est-ce qui est le plus puissant ? En outre, combien d'acheteurs y a-t-il pour ce que les ravisseurs essaient de vendre ? Quel business est prospère avec un seul acheteur ?

L'influence obéit à beaucoup de facteurs comme le temps, la nécessité, la concurrence. Si vous avez *besoin* de vendre votre maison *maintenant*, vous avez moins de leviers que si vous n'avez pas d'échéance. Si vous *voulez* la vendre mais que vous n'y êtes pas *obligé*, vous en avez davantage. Et si plusieurs personnes font une offre en même temps, tant mieux pour vous.

Remarquez que l'influence n'est pas la même chose que le pouvoir. Donald Trump a beaucoup de pouvoir ;

mais s'il est coincé dans le désert et que le propriétaire du seul magasin à des kilomètres à la ronde dispose de l'eau qu'il désire, c'est le vendeur qui a les leviers.

Pour comprendre les leviers, on peut les comparer à un fluide qui circule entre les parties. En tant que négociateur, vous devez toujours savoir quelle partie, à n'importe quel moment, pense qu'elle a le plus à perdre si la négociation échoue. Celle qui pense avoir le plus à perdre et craint le plus cette perte a moins de leviers, et vice versa. Pour avoir des moyens de pression, vous devez persuader votre interlocuteur qu'il a quelque chose à perdre si le marché échoue.

On peut distinguer trois types de levier : positif, négatif et normatif.

Les leviers positifs

Un levier positif est tout simplement votre capacité, comme négociateur, à fournir – ou à conserver – ce que désire votre interlocuteur. Quand la partie adverse dit « je veux », comme dans « je veux acheter votre voiture », vous possédez un levier positif.

Ainsi, vous avez le pouvoir : vous pouvez transformer le désir de votre interlocuteur en réalité ; vous pouvez le garder pour vous, lui infligeant ainsi de la souffrance ; ou vous pouvez vous servir de son désir pour obtenir un meilleur accord avec une autre partie.

Voici un exemple.

Trois mois après avoir mis sur le marché votre entreprise, un acquéreur potentiel vous dit enfin : « Oui, j'aimerais l'acheter. » Vous êtes enthousiaste mais, quelques jours plus tard, votre joie se transforme en déception quand il vous fait une offre tellement basse qu'elle en est insultante. C'est la seule offre dont vous disposez. Que devez-vous faire ?

Avec un peu de chance, vous avez été en contact avec d'autres acheteurs, même de façon informelle. Si c'est le cas, vous pouvez utiliser l'offre pour créer un sentiment de concurrence et faire monter les enchères. Au moins, vous les forcerez à faire un choix.

Mais même si vous ne disposez pas d'autre offre ou si l'acheteur intéressé est votre premier choix, vous avez plus de pouvoir maintenant que votre interlocuteur vous a fait part de son désir. Vous contrôlez ce qu'il convoite. C'est pour cette raison que les négociateurs expérimentés repoussent le moment de faire une offre – ils ne veulent pas renoncer à un moyen de pression.

Les leviers positifs devraient avoir un effet psychologique bénéfique pendant les négociations. Partant d'une situation où vous attendez quelque chose de l'investisseur, vous arrivez à une situation où chacun des deux attend quelque chose de l'autre.

Quand vous détenez ce levier positif, vous pouvez trouver d'autres éléments que convoite votre adversaire. Peut-être souhaite-t-il acheter votre entreprise petit à petit ? Aidez-le à le faire, s'il augmente son prix. Peut-être son offre correspond-elle à tout l'argent qu'il possède ? Aidez-le à obtenir ce qu'il veut – votre entreprise – en lui proposant de ne lui en vendre que 75 % pour ce prix-là.

Les leviers négatifs

Les leviers négatifs correspondent à ce que la plupart des gens imaginent quand ils entendent le mot « levier ». C'est la capacité – fondée sur les menaces – que possède le négociateur de faire du mal à son interlocuteur. Vous disposez d'un levier négatif si vous pouvez dire à votre interlocuteur : « Si vous ne respectez pas vos engagements, ne payez pas votre facture, etc., je détruirai votre réputation. »

Ce type de pression attire l'attention grâce à un concept que nous avons déjà évoqué : *l'aversion à la perte*. Comme le savent depuis longtemps les négociateurs efficaces et comme l'ont prouvé à de nombreuses reprises les psychologues, les pertes potentielles paraissent bien plus grandes pour l'esprit humain que des gains équivalents. Obtenir un bon accord peut nous pousser à faire un pari risqué, mais sauver notre réputation est une motivation bien plus puissante.

Quel type de cygnes noirs devez-vous donc repérer avant qu'ils n'agissent comme des leviers négatifs ? Les négociateurs efficaces cherchent des informations, souvent révélées de façon oblique, qui montrent ce qui est important pour leur interlocuteur : Quelle est leur audience ? Que signifient pour eux le statut et la réputation ? Qu'est-ce qui les inquiète le plus ? Pour trouver ces informations, on peut, en dehors de la négociation, parler à une tierce personne qui connaît notre interlocuteur. Mais la méthode la plus efficace consiste à les recueillir directement à partir d'interactions avec lui.

Cela dit, un mot d'avertissement : je ne crois pas aux menaces directes et je fais très attention, même avec les plus subtiles. Les menaces peuvent être comme des bombes atomiques : elles laissent un résidu toxique qu'il sera difficile d'éliminer. Vous devez gérer les potentielles conséquences négatives avec prudence, sous peine de vous faire du mal et de vous empoisonner ou de briser tout le processus.

Si vous utilisez trop directement votre levier négatif, votre interlocuteur pourrait avoir l'impression de perdre son autonomie. Et souvent, les gens préféreraient mourir plutôt que de renoncer à leur autonomie. Au minimum, ils se comporteront de façon irrationnelle et interrompront les négociations.

Une technique plus subtile consiste à étiqueter sur vos leviers négatifs, clarifiant ainsi les choses sans devoir attaquer. Des phrases comme « on dirait que vous valorisez fortement le fait d'avoir toujours payé en temps et en heure » ou « on dirait que vous ne vous souciez pas de la position dans laquelle vous me mettez » peuvent réellement ouvrir le processus de négociation.

Les leviers normatifs

Tout le monde obéit à un ensemble de règles et à un cadre moral.

Les leviers normatifs permettent d'utiliser les normes et standards de la partie adverse pour faire progresser votre position. Si vous parvenez à montrer des incohérences entre ses croyances et ses actions, vous posséderez un levier normatif. Personne n'aime passer pour un hypocrite.

Par exemple, si votre interlocuteur laisse échapper que, quand il achète une entreprise, il paie généralement un certain montant, en fonction du cash-flow, vous pouvez cadrer le prix qu'il désire de façon à refléter son estimation.

Découvrir le cygne noir qui vous permettra de connaître l'évaluation normative de votre interlocuteur peut être aussi simple que ça : demandez-lui ce qu'il pense et écoutez-le franchement. Pour lui parler en employant son propre langage, vous devez d'abord le connaître.

Connaître leur religion

En mai 2003, j'ai conduit les négociations avec un fermier qui se révéla être l'un des terroristes les plus improbables de l'ère post-11-Septembre.

Le drame commença quand Dwight Watson, un cultivateur de tabac de Caroline du Nord, accrocha sa jeep à un tracteur John Deere orné de bannières et d'un drapeau américain inversé, et le remorqua jusqu'à Washington DC pour protester contre la politique du gouvernement qui, d'après lui, conduisait les cultivateurs de tabac à la faillite.

Quand Watson arriva dans la capitale, il poussa son tracteur dans un bassin situé entre le Washington Monument et le Vietnam Veterans Memorial et menaça de le faire sauter avec les explosifs qui, affirmait-il, étaient à l'intérieur.

La capitale fut bouclée, et la police bloqua une zone de huit pâtés de maisons entre le Lincoln Memorial et le Washington Monument. Quelques mois après les attaques des snipers de Washington et dans la période précédant la guerre d'Irak, la facilité avec laquelle Watson jeta la capitale dans la tourmente effraya les gens.

Depuis son téléphone portable, Watson raconta au *Washington Post* qu'il était prêt à tout pour montrer comment la réduction des subventions était en train de tuer les cultivateurs de tabac. Il expliqua au *Post* que Dieu lui avait donné pour instruction de rendre sa contestation publique et qu'il n'allait pas quitter les lieux.

« Si c'est comme ça que l'Amérique va être dirigée, qu'ils aillent au diable, dit-il encore. Je ne me rendrai pas. Ils peuvent tout faire sauter. Je suis prêt à aller au paradis. »

Le FBI m'installa dans une caravane aménagée sur le National Mall, d'où je devais guider une équipe d'agents du FBI et de la US Park Police. Il fallait dissuader Watson de se tuer – et peut-être d'en tuer d'autres.

Alors nous nous sommes mis au travail.

Comme on pouvait s'y attendre en négociant avec un type menaçant de détruire une bonne partie de la capitale américaine, la situation était tendue. Les tireurs d'élite avaient leurs armes pointées en direction de Watson, et ils avaient le « feu vert » pour tirer s'il faisait le moindre geste incontrôlé.

Dans n'importe quelle négociation – et particulièrement quand elle est aussi tendue que celle-là –, ce qui détermine votre succès, ce n'est pas de bien parler, mais de bien écouter. Comprendre l'« autre » est une condition pour être en mesure de lui parler de façon persuasive et de présenter des options qui trouvent un écho chez lui. Il y a la négociation visible et il y a tout ce qui est sous-jacent (l'espace secret de négociation où vivent les cygnes noirs).

On accède souvent à cet espace secret en comprenant la vision du monde de la partie adverse, sa *raison d'être*, sa religion. En effet, plonger dans la « religion » de votre interlocuteur (qui implique parfois Dieu, mais pas toujours) suppose que l'on aille au-delà de la table des négociations, que l'on entre dans son existence, notamment émotionnelle.

Une fois que vous avez compris la vision du monde de votre interlocuteur, vous pouvez l'influencer. Voilà pourquoi, tandis que nous parlions avec Watson, je consacrais toute mon énergie à tenter de comprendre qui il était plutôt que de le conduire par des arguments logiques à une reddition.

Ce faisant, nous apprîmes que Watson avait eu de plus en plus de mal à vivre de sa plantation de tabac de 624 hectares, dans sa famille depuis cinq générations. Après que sa récolte fut frappée par la sécheresse et réduite de moitié, Watson conclut qu'il n'avait plus les moyens de poursuivre l'exploitation de sa ferme et roula jusqu'à Washington pour faire passer le message. Il voulait attirer l'attention – et, sachant cela, nous disposions d'un levier positif.

Watson nous dit aussi qu'il était un vétéran, et que les vétérans avaient des règles. C'est le genre d'information que vous appréciez, puisqu'elle vous donne un levier normatif. Il nous déclara qu'il serait prêt à se rendre, mais pas dans l'immédiat. Officier de police militaire dans la 82e division aéroportée dans les années 1970, il avait appris que, s'il était coincé derrière les lignes ennemies, il pouvait se rendre avec honneur si les renforts n'arrivaient pas dans les trois jours. Mais pas avant.

À présent, nous disposions de règles que l'on pourrait lui opposer. Par ailleurs, en admettant qu'il pourrait se rendre, il indiquait que, malgré ses menaces, il voulait vivre. L'une des premières choses que vous essayez de déterminer dans une négociation qui implique des otages, c'est si votre interlocuteur entend vivre ou mourir. Et Watson venait de répondre à cette question.

Nous avons saisi cette information – notre levier négatif, puisque nous pouvions prendre une chose à laquelle il tenait : sa vie – et avons commencé à l'utiliser en même temps que notre levier positif – son désir d'être entendu. Nous lui avons rappelé qu'il avait déjà fait les gros titres au niveau national et que, s'il voulait que son message perdure, il allait falloir qu'il vive.

Watson était suffisamment intelligent pour comprendre qu'il n'en sortirait peut-être pas vivant, mais les règles de l'honneur militaire prévalaient. Ses désirs et ses peurs nous aidèrent à générer des leviers positif et négatif, mais ils étaient secondaires au regard des normes qui régissaient son existence.

Bien sûr, nous aurions pu nous contenter d'attendre le troisième jour, mais je doutais que l'on aille aussi loin. L'atmosphère devenait de plus en plus pesante. La capitale était assiégée et nous avions des raisons de croire qu'il détenait des explosifs. S'il faisait un geste suspect, s'il pétait un plomb, les snipers tireraient. Il avait laissé éclater sa colère à plusieurs reprises, et chaque heure qui passait le mettait un peu plus en danger. Il pouvait être tué à tout moment.

Mais impossible d'avoir recours à cet ultimatum : nous savions que menacer de le tuer ne servirait à rien. C'est le principe du « paradoxe du pouvoir » – plus on insiste, plus on risque de rencontrer une résistance. C'est pourquoi il convient d'utiliser avec parcimonie le levier négatif.

Toujours est-il que nous disposions de peu de temps et qu'il fallait accélérer. Mais comment procéder ?

Ce qui arriva ensuite démontre l'efficacité de cette méthode : écouter votre interlocuteur avec la plus grande attention pour comprendre sa vision du monde peut révéler un cygne noir qui transforme une dynamique de négociation. Watson n'a pas exprimé directement ce qu'il avait en tête mais, en lui prêtant une attention soutenue, nous avons pu découvrir une vérité subtile qui donnait sens à tout ce qu'il disait.

Au bout de trente-six heures, Winnie Miller, un agent du FBI qui avait tout écouté, à la recherche de références subtiles que Watson aurait faites, se tourna vers moi.

« C'est un chrétien fervent, dit-elle. Dis-lui que demain est l'aube du troisième jour. C'est le jour où, d'après les chrétiens, Jésus quitta sa tombe et monta vers le ciel. Si le Christ est sorti à l'aube du troisième jour, pourquoi pas Watson ? »

C'était un usage brillant de l'écoute profonde. En saisissant le contenu implicite des mots de Watson et sa vision du monde, nous avons pu lui montrer que nous ne faisions pas que l'*écouter*, mais que nous l'avions aussi *entendu*.

Si nous parvenions à comprendre Watson, cela lui permettrait de sortir honorablement de l'impasse, et de le faire avec le sentiment qu'il se rendait à un adversaire qui respectait sa personne et ses croyances.

En adaptant vos demandes à la conception du monde que votre interlocuteur utilise pour prendre ses décisions, vous lui témoignez du respect et, en retour, vous obtenez de l'attention et des résultats. Connaître la religion de votre interlocuteur, ce n'est pas seulement gagner un levier normatif pour le principe. Cela vous donne une compréhension holistique de sa vision du monde – dans ce cas précis, littéralement, une religion – et vous pourrez utiliser cette connaissance pour élaborer vos stratégies de négociation.

Se servir de la religion de votre interlocuteur est très efficace, en grande partie parce qu'elle fait pour lui figure d'autorité. Sa « religion » est ce que le marché, les experts, Dieu ou la société – tout ce qui a de l'importance pour lui – ont déterminé comme étant juste et bon. Et il s'en remet à cette autorité.

Lorsque nous avons été de nouveau en contact avec Watson, nous avons mentionné que le lendemain matin serait l'aube du troisième jour. Il y eut un long silence à l'autre bout de la ligne. De notre côté, le centre des opérations de négociation était tellement calme que l'on pouvait entendre battre le cœur de son voisin.

Watson toussa.

« Je sortirai », dit-il.

Et c'est ce qu'il fit, mettant fin à une confrontation de quarante-huit heures, évitant un assaut et permettant à la capitale du pays de reprendre sa vie normale.

On ne trouva aucun explosif.

Grâce à l'histoire de Watson, vous mesurez désormais l'importance de connaître la « religion » de votre interlocuteur. Voici deux conseils pour y parvenir :

— Passez en revue tout ce que vous entendez. Vous ne saisirez pas tout à la première écoute ; vérifiez donc une seconde fois. Comparez vos notes avec celles de vos collègues. Vous découvrirez souvent de nouvelles informations qui vous aideront à faire avancer la négociation.

— Faites appel à des personnes dont la seule mission sera de percevoir le contenu implicite des mots prononcés par votre interlocuteur. Elles entendront des choses qui vous auront échappé.

En d'autres termes, écoutez, écoutez encore, et écoutez toujours.

Nous avons vu comment une compréhension holistique de la « religion » de votre interlocuteur – un énorme cygne noir – peut apporter un levier normatif utile pour la négociation. Mais il y a d'autres cas où apprendre la « religion » de votre interlocuteur vous permet d'atteindre de meilleurs résultats.

Le principe de similarité

Des recherches en sciences sociales ont confirmé ce que les bons négociateurs savent depuis toujours : nous faisons davantage confiance aux gens qui nous ressemblent ou qui nous sont familiers.

Le sentiment d'appartenance fait appel à un instinct primaire. Et si vous réveillez cet instinct, si vous amenez votre interlocuteur à se dire : « Oh, nous voyons le monde de la même façon », alors vous gagnez immédiatement de l'influence.

Quand notre interlocuteur affiche des attitudes, des croyances, des idées – et même des façons de s'habiller – qui sont similaires aux nôtres, nous avons tendance à l'apprécier et à le croire davantage. Des similarités aussi superficielles que l'appartenance à un club ou le statut d'ancien étudiant d'une même école améliorent les relations.

C'est pour cela que, dans de nombreuses cultures, les négociateurs passent du temps à établir une bonne relation avec leur interlocuteur avant même de penser à lui faire une offre. Les deux parties savent que l'information qu'elles récoltent pourrait se révéler vitale pour gagner efficacement de l'influence afin de conclure un accord. C'est un peu comme des chiens qui se tournent autour, reniflant chacun le derrière de l'autre.

Pour mon entreprise, il m'est ainsi arrivé de conclure un accord avec un P-DG, dans l'Ohio, pour lequel le principe de similarité a joué un rôle majeur.

Mon interlocuteur multipliait les références provenant des chrétiens *born-again*. Alors que l'on discutait, il se demandait sans cesse s'il devait faire venir ses conseillers. Ce dilemme le contrariait clairement ; à tel point qu'il s'est même exclamé : « Personne ne me comprend ! »

À ce moment-là, j'ai commencé à chercher le terme chrétien résumant l'essence de ce qu'il exprimait. Puis ce terme me vint à l'esprit ; les gens l'emploient souvent, à l'église, pour désigner le devoir que chacun a de gérer ses propres ressources et celles du monde – et donc celles de Dieu – avec honnêteté, transparence et responsabilité.

« C'est vraiment de l'économat pour vous, n'est-ce pas ? » ai-je dit.

Sa voix se fit aussitôt plus ferme.

« Oui ! Vous êtes le seul à comprendre », me dit-il.

Et il signa avec nous sur-le-champ. En lui montrant que je comprenais ses principes les plus profonds et en établissant une certaine similarité entre nous, un sentiment d'appartenance partagé, je fus en mesure de le conduire à un accord. Dès que j'ai pu mettre en lumière une sorte d'identité partagée avec ce chrétien, nous fûmes gagnants. Pas simplement grâce à notre similarité, mais grâce à la compréhension sous-entendue par cette similarité.

Le pouvoir des espoirs et des rêves

Quand vous connaissez la religion de votre interlocuteur et que vous avez saisi ce à quoi il aspire vraiment, servez-vous de ces connaissances pour l'amener dans votre sillage.

Que l'on soit ingénieur, dirigeant ou encore enfant, nous voulons tous croire que nous sommes capables d'atteindre l'extraordinaire. Enfants, nous rêvions d'être les personnages centraux de grands événements : un acteur qui remporte un oscar, un sportif qui marque le but de la victoire. Cependant, lorsque l'on grandit, nos parents, nos enseignants et nos amis nous parlent davantage de ce dont on n'est pas capable et de ce qui ne nous sera pas permis que de ce qui est possible. Nous commençons alors à perdre foi.

Mais quand nous partageons un même but avec une personne qui se propose de l'atteindre, nous sommes prêts à reconsidérer nos perceptions de ce qui peut changer. Nous voulons tous prendre le chemin de l'épanouissement et, quand quelqu'un a le courage de le tracer pour nous, nous le suivons naturellement.

Donc quand vous cernez les aspirations de votre interlocuteur, exprimez de l'enthousiasme pour ses buts – et pour sa capacité à les atteindre – pour l'inciter à vous suivre.

Ted Leonsis est très doué pour cela. Propriétaire de l'équipe de basket des Washington Wizards et de l'équipe de hockey des Washington Capitals, il cherche constamment à créer des événements sportifs mémorables, que les gens seront fiers de raconter à leurs petits-enfants. Qui refuserait de passer un accord avec quelqu'un qui le rendrait immortel ?

La religion comme raison

Plusieurs travaux de recherche ont montré que les gens répondaient favorablement à des demandes exprimées avec une intonation tempérée et complétées d'une information de type « parce que ».

Dans une célèbre étude de la fin des années 1970, Ellen Langer[1], professeur de psychologie à Harvard, et ses collègues ont abordé des gens qui faisaient la queue à la photocopieuse pour leur demander s'ils pouvaient les doubler, fournissant parfois un prétexte, parfois non. Ce qu'elle découvrit était incroyable : quand elle ne se justifiait pas, 60 % des gens la laissaient passer ; mais quand elle invoquait une quelconque raison, ils étaient alors 90 % à accepter. Et ce quel que soit le prétexte. (« Excusez-moi, j'ai cinq pages. Est-ce que je peux vous passer devant ? Parce que je dois faire des copies » marchait très bien.) Les gens répondaient juste de façon positive au schéma.

Si des prétextes bidon fonctionnent avec de simples photocopies, vous pouvez accroître votre efficacité sur des sujets plus délicats en proposant des justifications qui font référence à la religion de votre interlocuteur. Si le P-DG chrétien avait fait une offre trop basse au moment de signer un contrat avec mon entreprise, j'aurais pu lui répondre : « J'aimerais accepter, mais j'ai le devoir d'être un économe responsable de mes ressources. »

---

1. Ellen J. Langer, Arthur Blank et Benzion Chanowitz, « The Mindlessness of Ostensibly Thoughtful Action. The Role of "Placebic" Information in Interpersonal Interaction », *Journal of Personality and Social Psychology*, vol. 36, n° 6, 1978, p. 635-642.

Ce n'est pas insensé, c'est un indice

Adopter ce qui est inconnu n'est pas dans la nature humaine. Cela nous effraie. Quand nous sommes confrontés à l'inconnu, nous l'ignorons, nous le fuyons ou nous l'étiquetons de façon à pouvoir le rejeter. Dans les négociations, cela prend la forme d'une phrase : « Ils sont fous ! »

C'est l'une des raisons pour lesquelles j'ai vivement critiqué la politique américaine de libération des otages – à savoir que l'on ne négocie pas avec les « terroristes », terme englobant des groupes allant des talibans à l'État islamique.

La raison de ce non-engagement est bien résumée par le journaliste Peter Bergen, consultant en sécurité nationale sur CNN : « Les négociations avec des fanatiques religieux qui ont des illusions de grandeur se passent généralement mal. »

L'option choisie consiste à *ne pas* comprendre leur religion, leur fanatisme et leurs illusions. Plutôt que de se lancer dans une négociation risquée, on hausse les épaules en disant : « Ils sont fous. »

C'est une erreur. Nous devons au contraire faire preuve de compréhension. Je ne suis pourtant pas un doux pacifiste (le FBI n'embauche pas ce genre d'agents), mais c'est la meilleure façon de découvrir les faiblesses et les aspirations de la partie adverse et d'acquérir une influence sur elle. Sans parler, vous n'obtiendrez rien.

Dans tout type de négociation, de l'éducation des enfants à des accords politiques ou commerciaux, nous pouvons tous être amenés à penser : « Ils sont fous. »

Mais cela indique souvent qu'il y a des cygnes noirs à trouver qui pourront faire avancer la négociation. Quand nous voyons ou entendons quelque chose qui n'a aucun sens – quelque chose de « fou » –, un choix crucial se présente à nous : pousser plus loin, et même plus énergiquement, dans la voie où on est bloqué ; ou prendre l'autre chemin, celui qui garantit l'échec, en se disant que cette négociation était de toute façon inutile.

Dans leur grand livre *Negotiation Genius*, Deepak Malhotra et Max H. Bazerman[1], professeurs à la Harvard Business School, apportent un éclairage sur les raisons pour lesquelles les négociateurs considèrent, à tort, que leurs interlocuteurs sont fous. Je voudrais les passer en revue ici.

Erreur n° 1 : ils sont mal informés

Souvent, la partie adverse agit en fonction d'informations erronées ; et quand les gens ont de mauvaises informations, ils font de mauvais choix. L'industrie informatique dispose d'un très bon terme pour décrire cela : GIGO – *garbage in, garbage out*[2].

---

1. Deepak Malhotra et Max H. Bazerman, *Negotiation Genius. How to Overcome Obstacles and Achieve Brilliant Results at the Bargaining Table and Beyond*, New York, Bantam Books, 2007.

2. Si les entrées d'un système sont erronées, les sorties le seront aussi. *(N.d.T.)*

Malhotra prend l'exemple d'un conflit entre un de ses étudiants et son ex-employé. Ce dernier affirmait qu'on lui devait 130 000 dollars de commissions pour du travail qu'il avait effectué avant d'être licencié : il menaçait de poursuites judiciaires.

Confus, le dirigeant s'adressa aux comptables de l'entreprise. Et il découvrit le problème : au moment du licenciement, les comptes avaient été mal tenus, mais ils avaient depuis été remis en ordre. Avec la bonne information, les comptables assurèrent au dirigeant que l'employé devait en fait 25 000 dollars à l'entreprise.

Désireux d'éviter un procès, le dirigeant appela l'employé, lui expliqua la situation et fit une offre : s'il laissait tomber sa plainte, il pouvait garder les 25 000 dollars. À sa grande surprise, l'employé déclara qu'il maintenait son action en justice ; c'était un comportement irrationnel, fou.

Malhotra expliqua à son étudiant que le problème n'était pas la folie, mais un manque d'information et de confiance. Le dirigeant fit donc appel à un cabinet comptable extérieur pour auditer les chiffres et envoyer les résultats à l'employé.

L'employé abandonna alors ses poursuites.

L'idée ici, c'est que, agissant avec des informations incomplètes, les gens semblent fous pour ceux qui possèdent des informations différentes. Votre travail, quand vous êtes confronté à ce genre de situation, est de découvrir ce que votre interlocuteur ignore et de lui apporter cette information.

Erreur n° 2 : ils agissent sous contrainte

Si votre interlocuteur vous semble instable, il est peut-être dans l'impossibilité de faire certaines choses, mais il ne souhaite pas le révéler. De telles contraintes peuvent faire passer votre interlocuteur le plus sain pour quelqu'un d'irrationnel. La partie adverse peut être empêchée à cause d'un avis juridique ou de promesses déjà faites, ou même pour éviter de créer un précédent.

Ou, tout simplement, elle n'a pas le pouvoir de conclure l'accord.

Un de mes clients en a fait l'expérience en démarchant Coca-Cola pour son entreprise de marketing.

Après des mois de négociation, on arrivait en novembre et il n'avait toujours pas conclu d'accord avec Coca-Cola. Si rien n'était signé avant la fin de l'année, il dépendrait alors du nouveau budget et il risquait de perdre son client.

Le problème, c'est que son contact avait soudainement cessé de répondre. Nous lui avons donc conseillé d'envoyer notre mail classique destiné à ceux qui ne répondent pas, celui qui marche *toujours* : « Avez-vous abandonné l'idée de finaliser l'accord cette année ? »

Mais, étrangement, le contact chez Coca-Cola ne répondit pas au mail imparable. Que se passait-il ?

En apparence, c'était assez irrationnel, mais le contact avait été quelqu'un de fiable jusque-là. Pour nous, cela ne pouvait signifier qu'une seule chose : le type avait *abandonné* l'idée de conclure l'accord avant la fin de l'année, mais il ne voulait pas l'admettre. Il y avait forcément de la contrainte.

Nous avons donc demandé à notre client de mener l'enquête et, après une flopée d'appels et de mails, il mit la main sur quelqu'un qui connaissait son contact. Et il s'avéra que nous avions raison : le service concerné était dans une situation chaotique depuis des semaines et, à la suite de ces luttes internes, le contact de mon client avait perdu toute son influence. Sans surprise, il avait du mal à l'admettre. Et c'est pour cela qu'il évitait mon client.

Pour le dire simplement, il subissait des contraintes majeures.

Erreur n° 3 : ils ont d'autres intérêts

Repensez à William Griffin, la première personne à avoir tué un otage après un ultimatum.

Les négociateurs du FBI et de la police présents sur place ignoraient que son but n'était pas de négocier un accord pour libérer les otages contre de l'argent. Il voulait être tué par un policier. Si cette aspiration avait été mise au jour, mes collègues auraient pu sauver plus de vies.

Il n'est pas rare que vos interlocuteurs aient des intérêts cachés. Ils rejettent souvent des offres pour des raisons qui ne sont pas liées à leur valeur.

Un client peut reporter l'achat de votre produit pour que l'année fiscale se termine avant que la facture n'arrive, augmentant ainsi ses chances d'obtenir une promotion. Ou un employé peut démissionner au milieu d'un projet décisif pour sa carrière, juste avant la saison des bonus, parce qu'il a appris que des collègues gagnaient bien davantage. Pour cet employé, l'équité est un intérêt tout aussi important que l'argent.

Quelles que soient les particularités de ces situations, ces gens n'agissent pas de façon irrationnelle. Ils se soumettent simplement à des besoins et désirs que vous ne comprenez pas encore, leur représentation du monde étant déterminée par leur propre ensemble de règles. Votre travail consiste à ramener ces cygnes noirs vers la lumière.

Comme nous l'avons vu, quand vous reconnaissez que votre interlocuteur n'est pas irrationnel, mais simplement mal informé, contraint, ou qu'il obéit à des intérêts que vous ne connaissez pas encore, votre champ d'action s'accroît considérablement. Et cela vous permet de négocier de façon bien plus efficace.

Voici quelques façons de mettre au jour ces puissants cygnes noirs.

Rien de tel qu'un face-à-face

Les cygnes noirs sont extrêmement durs à débusquer si vous ne vous asseyez pas à la table des négociations, au sens propre.

Vous pouvez faire autant de recherches que vous voulez, vous ne trouverez certaines informations que si vous êtes assis face à votre interlocuteur.

De nos jours, la plupart des jeunes échangent presque uniquement par mail. C'est comme ça. Mais trouver les cygnes noirs à travers des mails est très difficile pour une raison simple : même si vous déstabilisez votre interlocuteur avec de très bonnes étiquettes et des questions calibrées, avant de vous répondre il aura du temps pour réfléchir et se recentrer afin d'éviter de trop en dire.

En outre, le mail ne permet ni de faire jouer votre intonation et ni de lire la partie non verbale des réponses de votre interlocuteur (souvenez-vous du 7-38-55 %).

À présent, revenons à mon client qui, essayant de convaincre Coca-Cola, apprit que son contact dans l'entreprise avait été mis de côté.

La seule façon pour mon client de conclure un marché avec Coca-Cola, c'était de faire admettre à son contact qu'il n'avait plus de poids dans la négociation et qu'il devait passer le relais au responsable adéquat. Mais celui-ci n'avait pas la moindre intention de le faire, parce qu'il s'imaginait encore qu'il pourrait être utile.

J'ai donc conseillé à mon client d'organiser une sortie avec son contact : « Vous l'invitez à dîner. Vous lui dites : "Serait-ce une mauvaise idée si je vous emmenais dans votre restaurant préféré pour passer un bon moment ensemble, sans parler affaires ?" »

Peu importe la raison pour laquelle le contact refusait de transmettre le dossier – qu'il soit embarrassé, qu'il n'apprécie pas mon client ou, tout simplement, qu'il ne veuille pas parler de la situation –, la seule façon de faire avancer le processus passait par l'interaction humaine directe.

Mon client invita donc le type à dîner et, comme promis, il n'aborda aucune question professionnelle. Mais il était impossible de ne pas en parler et, juste parce que mon client avait créé une interaction personnelle, en face à face, le contact admit qu'il n'était plus la personne adéquate. Il reconnut que son service était désorganisé et que, pour que l'accord soit conclu, il fallait transmettre le dossier à quelqu'un d'autre.

Ce qu'il fit. Plus d'un an s'écoula avant la signature du contrat, mais ça avait fonctionné.

Surveillez les moments de relâchement

Les moments de face-à-face sont utiles. Pourtant, dans le cadre de réunions d'affaires formelles, de rencontres structurées et de sessions de négociation planifiées, on n'apprend souvent pas grand-chose – parce que, dans ce contexte, les gens restent sur leurs gardes.

La recherche des cygnes noirs est aussi efficace lors des moments de relâchement, à la marge, que ce soit lors d'un dîner (comme mon client l'a fait avec son contact chez Coca-Cola) ou lors des brefs instants de détente précédant ou suivant des interactions plus formelles.

Au cours d'une rencontre professionnelle classique, les premières minutes (avant que l'on se mette vraiment au travail) et les derniers instants (quand tout le monde s'en va) en disent souvent plus sur la partie adverse que tout ce qui se passe entre les deux. C'est pourquoi les journalistes n'éteignent jamais leurs enregistreurs : vous obtenez toujours les meilleurs éléments au début et à la fin d'une interview.

Par ailleurs, regardez attentivement votre interlocuteur quand il y a une interruption, un échange un peu étrange, ou tout ce qui peut rompre le cours de la discussion. Quand quelqu'un sort du rang, les masques se fissurent légèrement. La simple observation des réactions verbales et non verbales face à ces perturbations peut se révéler une mine d'or.

Si ça n'a aucun sens, il y a de l'argent à gagner

Les étudiants me demandent souvent si les cygnes noirs sont un type particulier d'information ou s'il s'agit de n'importe quelle information utile. Je réponds toujours qu'un cygne noir, c'est simplement un élément que vous ignorez et qui change les choses.

L'histoire d'un de mes étudiants de MBA, en stage dans une entreprise immobilière à Washington, en donne un très bon exemple. Confronté à un interlocuteur dont les comportements semblaient insensés, il fit innocemment apparaître l'un des plus beaux cygnes noirs que j'aie vus depuis des années en utilisant une étiquette.

Mon étudiant avait effectué un audit préalable sur des cibles potentielles quand un des associés lui demanda d'étudier une propriété à usage mixte au centre de Charleston, en Caroline du Sud. Il n'avait aucune connaissance du marché local, et il appela donc le courtier qui vendait la propriété pour demander les documents de présentation.

Après avoir parlé des conditions de vente et du marché immobilier de la ville, mon étudiant et son patron décidèrent que la somme demandée, 4,3 millions de dollars, devait baisser de 450 000 dollars.

Mon étudiant rappela le courtier pour débattre du prix et des prochaines étapes. Après quelques plaisanteries, le courtier demanda à mon étudiant ce qu'il pensait de la propriété.

« Ça a l'air d'être un bien intéressant, dit-il. Malheureusement, nous ne connaissons pas les indicateurs du marché. Nous aimons le centre-ville et King Street en particulier, mais nous nous posons beaucoup de questions. »

Le courtier lui répondit qu'il était sur le marché depuis plus de quinze ans, et qu'il était donc bien informé. À ce stade, mon étudiant passa aux **questions calibrées de type « comment » et « quoi »** afin de recueillir des informations et de juger des compétences de son interlocuteur.

« Génial, dit mon étudiant. D'abord et avant tout, comment Charleston a-t-elle été affectée par la récession économique ? »

Le courtier livra une réponse détaillée, citant des exemples précis où le marché s'était renforcé. Ce faisant, il montra à mon étudiant qu'il était bien informé.

« On dirait que je suis entre de bonnes mains ! poursuivit celui-ci, **utilisant une étiquette pour construire de l'empathie**. Autre question : quel taux de capitalisation peut-on attendre de ce genre de bâtiment ? »

Dans le jeu de questions-réponses qui suivit, mon étudiant apprit que les taux pouvaient atteindre 6 à 7 %, parce que des immeubles comme celui-ci étaient très demandés par les étudiants de l'université locale, une école en pleine croissance dont 60 % des étudiants vivaient à l'extérieur du campus.

Il apprit également qu'acquérir un terrain mitoyen pour bâtir un immeuble similaire serait beaucoup trop cher – voire impossible à réaliser. En effet, personne n'avait rien construit depuis cinq ans dans cette rue à cause des lois de conservation du patrimoine. Et même s'il était possible d'acheter du terrain, le courtier lui révéla qu'un immeuble similaire coûterait 2,5 millions d'euros rien que pour sa construction.

« L'immeuble est en excellent état, surtout par rapport aux autres options dont disposent les étudiants, dit encore le courtier.

— On dirait que cet immeuble fait davantage office de dortoir idéal que d'immeuble familial classique », dit mon étudiant, **se servant d'une étiquette pour tirer plus d'informations**.

Et il obtint ce qu'il voulait.

« Heureusement et malheureusement, oui, dit le courtier. Le taux d'occupation est historiquement de 100 % et c'est une poule aux œufs d'or, mais les étudiants se comportent comme des étudiants… »

Une pensée traversa l'esprit de mon étudiant : tout ça cachait quelque chose. **Puisque cet immeuble occupé à 100 %, près d'un campus en pleine croissance, dans une ville riche, générait tellement de profits, pourquoi le vendre** ? Cela dépassait l'entendement. Un peu troublé mais toujours tourné vers la négociation, mon étudiant élabora une étiquette. Or, sans le faire exprès, **il étiqueta mal la situation**, forçant le courtier à le corriger et à révéler un cygne noir.

« S'il vend une telle poule aux œufs d'or, on dirait que l'actuel propriétaire a des doutes sur l'avenir des indicateurs de marché, dit mon étudiant.

— Eh bien, le vendeur possède quelques biens plus difficiles à Atlanta et à Savannah, et il doit donc se désengager de cette propriété pour rembourser les autres emprunts immobiliers. »

Bingo ! Mon étudiant avait mis au jour un **cygne noir** fantastique. Le vendeur avait des **contraintes jusqu'alors méconnues**.

N'écoutant plus le courtier qui lui décrivait d'autres biens, mon étudiant en profita pour parler avec son patron du prix à proposer. Celui-ci lui donna rapidement son feu vert pour une offre extrêmement basse – **un ancrage extrême** – afin de tenter de tirer le courtier vers son minimum.

Quand son interlocuteur lui confirma que le vendeur serait prêt à conclure un accord dans des délais courts, mon étudiant élabora son ancrage.

« Je pense que j'en ai assez entendu, dit-il. Nous sommes prêts à proposer 3,4 millions de dollars.

— OK, répondit le courtier. C'est bien en deçà du prix demandé. Cependant, je peux transmettre l'offre au vendeur et voir ce qu'il en dit. »

Plus tard dans la journée, le courtier revint avec une contre-offre. Le vendeur trouvait le montant trop bas, mais il était prêt à accepter 3,7 millions. Mon étudiant faillit tomber de sa chaise ; la contre-offre était inférieure à son objectif. Mais plutôt que de sauter sur l'occasion – et risquer de laisser de l'argent sur la table avec un **accord *win-wimp*** (« gagnant-poule mouillée ») –, mon étudiant poussa plus loin. **Il répondit « non » sans utiliser le mot**.

« C'est plus proche de la valeur que nous estimons, consentit-il, mais, en toute conscience, nous ne pouvons pas payer plus de 3,55 millions de dollars. »

(Plus tard, mon étudiant me dit – et je fus d'accord – qu'il aurait dû ici **se servir d'une étiquette ou d'une question calibrée** afin de pousser le courtier à enchérir contre lui-même. Mais il avait été tellement surpris par l'effondrement du prix qu'il était retombé dans du marchandage à l'ancienne.)

« Je ne suis autorisé à descendre que jusqu'à 3,6 millions de dollars », répondit le courtier, montrant clairement qu'il n'avait jamais suivi de cours de négociation – où on lui aurait enseigné le modèle Ackerman et comment éviter le marchandage en parlant des termes et conditions.

Le supérieur de mon étudiant lui indiqua que 3,6 millions de dollars lui convenaient et il accepta le prix.

Vous connaissez maintenant les techniques qui ont permis à mon étudiant de conclure un très bon marché pour son entreprise, de **l'usage des étiquettes et des questions calibrées à la recherche des contraintes afin de dévoiler un magnifique cygne noir**. Il faut aussi noter que mon étudiant avait fait un travail préalable énorme et qu'il avait préparé des étiquettes et des questions ; il était donc prêt à saisir le cygne noir quand le courtier le lui offrit.

Sachant que la vente de cet immeuble devait permettre au propriétaire de rembourser des emprunts immobiliers, mon étudiant comprit en effet que le timing était important.

Bien sûr, on peut toujours faire mieux. Après coup, mon étudiant aurait préféré attendre avant de faire une offre très basse ; il aurait pu profiter de cette occasion pour parler des autres propriétés. Il aurait peut-être découvert d'autres opportunités d'investissement dans le portfolio du vendeur.

En outre, il aurait pu créer plus d'**empathie** et extraire plus d'*inconnues inconnues* avec des étiquettes ou des questions calibrées comme : « Quels marchés trouvez-vous difficiles en ce moment ? » Il aurait peut-être même pu **rencontrer directement le vendeur, en face à face**.

Mais bien joué quand même !

Surmonter la peur et apprendre à obtenir ce que l'on veut

La plupart des gens craignent les conflits et préfèrent fuir le débat plutôt que de risquer l'affrontement et les attaques personnelles. Ainsi, les gens évitent souvent de faire valoir leurs intérêts auprès de leurs proches. Par peur de paraître cupides ou égoïstes, ils optent pour le compromis et finissent par se replier sur eux-mêmes, devenant amers et s'éloignant les uns des autres. Nous avons tous entendu parler de mariages qui se terminent par un divorce sans que le couple se soit jamais disputé.

Toutes les associations humaines, du gouvernement à l'entreprise, fonctionnent plus ou moins sur le même schéma que la famille. Sauf pour quelques personnes, pour qui c'est naturel, tout le monde, *a priori*, déteste la négociation. Vos mains sont moites, votre instinct oscille entre l'envie de combattre et celle de fuir (avec un net penchant pour cette seconde option) et vos pensées sont confuses, comme si vous étiez ivre.

Naturellement, le premier réflexe est de se dégonfler, de laisser tomber et de fuir. La simple idée de jeter un ancrage extrême est traumatisante. C'est pour cela que les accords *win-wimp* sont la norme, à la maison comme dans les salles de conseil.

Mais arrêtez-vous un instant et réfléchissez. Avons-nous *vraiment* peur de la personne qui nous fait face ? À quelques très rares exceptions près, je peux vous jurer qu'elle ne se jettera pas sur vous pour vous frapper.

Nos mains moites ne sont qu'une expression de peur physiologique, quelques neurones à la gâchette facile qui s'activent pour une raison basique : notre désir humain inné de bien nous entendre avec les autres membres de la tribu. Ce n'est pas notre interlocuteur qui nous effraie : c'est le conflit en lui-même.

J'espère que, grâce à ce livre, vous dépasserez cette peur et parviendrez à vous y frayer un chemin avec empathie. Si vous voulez être excellent dans n'importe quel domaine – un très bon négociateur, un très bon manager, un très bon mari, une très bonne épouse –, vous ne pourrez pas y échapper. Ignorez ce diablotin qui vous suggère d'abandonner, de juste bien vous entendre avec votre interlocuteur – ainsi que l'autre diablotin, qui vous conseille de vous en prendre à votre interlocuteur et de hurler.

Vous allez devoir accepter le conflit normal, réfléchi, comme base d'une négociation réussie – et de la vie. N'oubliez pas que, tout au long de ce livre, nous avons mis l'accent sur le fait que votre adversaire, c'est la situation ; et la personne avec qui vous semblez être en conflit est en réalité votre partenaire.

Bien des études ont montré qu'un débat authentique et honnête, avec des objectifs, contribue à la résolution des problèmes de manière collaborative. Les négociateurs expérimentés savent utiliser le conflit pour laisser les négociations se poursuivre sans tomber dans une bataille personnelle.

N'oubliez pas qu'insister fortement pour défendre vos positions n'est pas égoïste. Ce n'est pas agressif. Ce n'est pas juste agir dans votre intérêt. Votre amygdale, la partie de votre cerveau qui traite la peur, cherchera à vous convaincre d'abandonner, de fuir, parce que l'autre a raison ou parce que vous agissez de façon cruelle.

Mais si vous êtes quelqu'un de bien, d'honnête, qui recherche un résultat raisonnable, ignorez votre amygdale.

Avec le style de négociation enseigné dans ce livre – une recherche pleine d'empathie, se focalisant sur l'information, pour le meilleur marché possible –, vous tâcherez de tirer le maximum. Et ce, sans employer la méthode forte ou humilier quiconque.

Quand vous posez des questions calibrées, oui, vous dirigez votre interlocuteur vers vos objectifs. Mais vous l'amenez aussi à examiner et à formuler ce qu'il veut et pourquoi, et comment il peut y parvenir. Vous exigez de sa part de la créativité, et vous le poussez donc vers une solution collaborative.

Quand j'ai acheté mon 4Runner rouge, bien sûr que j'ai déçu le vendeur en lui donnant moins d'argent que ce qu'il aurait aimé. Mais je l'ai aidé à atteindre son quota et il n'y a pas de doute que ce concessionnaire a fait des bénéfices. Si tout ce que j'avais voulu, c'était « gagner » pour l'humilier, j'aurais volé le véhicule.

Je vous donne un dernier conseil : quelle que soit la situation, ne fuyez pas un conflit honnête, transparent. C'est ainsi que vous obtiendrez une voiture au meilleur prix, un salaire plus important ou les dons les plus élevés. Cela pourrait aussi préserver votre mariage, vos amitiés et votre famille.

On peut devenir un négociateur exceptionnel et une très bonne personne en écoutant et en parlant de façon claire et empathique ; en traitant ses interlocuteurs – et soi-même – avec dignité et respect ; et, par-dessus tout, en étant honnête sur ce que l'on veut et ce que l'on peut – ou que l'on ne peut pas – faire. Chaque négociation, chaque conversation, chaque instant de la vie est une suite de petits conflits qui, bien gérés, peuvent donner naissance à de la beauté créative.

Acceptez-les.

Leçons clés

Ce que nous ignorons peut tuer nos accords. Mais si on le découvre, cela peut totalement changer le cours d'une négociation et nous mener à des succès inespérés.

Trouver les cygnes noirs – ces puissantes *inconnues inconnues* – est une tâche intrinsèquement difficile, pour la simple raison que nous ne savons pas quelles questions poser. Parce que nous ne savons pas quel est le trésor, nous ne savons pas où creuser.

Voici quelques-unes des meilleures techniques pour débusquer les cygnes noirs – et les exploiter. Rappelez-vous que votre interlocuteur ne sait lui-même peut-être pas à quel point ces informations sont importantes, ou même qu'il ne devrait pas les révéler. Continuez donc à pousser, à questionner et à collecter des informations.

- Laissez-vous guider par ce que vous savez – vos *connus connus* –, mais ne vous laissez pas aveugler par eux. Chaque cas est nouveau, restez donc flexible et souple. Repensez au drame de la banque avec Griffin : avant lui, aucun preneur d'otages n'avait jamais tué sur un ultimatum.
- Les cygnes noirs sont des multiplicateurs de leviers. Rappelez-vous les trois types de leviers : positif (la capacité de donner à quelqu'un ce qu'il veut) ; négatif (la capacité de faire du mal à quelqu'un) ; et normatif (se servir des normes de votre interlocuteur pour le convaincre).
- Travaillez pour comprendre la « religion » de la partie adverse. Pour entrer dans sa vision du monde, il faut sortir de la table des négociations et entrer dans la vie – notamment émotionnelle – de votre interlocuteur. C'est là que résident les cygnes noirs.
- Écoutez attentivement tout ce que dit votre interlocuteur. Vous n'entendrez pas tout la première

fois, vérifiez donc deux fois. Comparez vos notes avec celles de vos collègues. Demandez à des gens d'écouter avec vous : leur seule tâche sera de lire entre les lignes. Ils entendront des choses que vous aurez ratées.

- Exploitez le principe de similarité. Les gens sont plus à même de faire des concessions à quelqu'un avec qui ils partagent des similarités culturelles ; cherchez donc ce qui motive les gens et montrez que vous partagez les mêmes préoccupations.
- Quand quelqu'un semble irrationnel ou fou, il est très probable que tel ne soit pas le cas. Si vous vous trouvez dans cette situation, recherchez les contraintes, les désirs cachés et traquez les mauvaises informations.
- Passez du temps en tête à tête avec votre interlocuteur. Une entrevue de dix minutes vous en apprendra souvent davantage que des jours et des jours de recherches. Prêtez une attention particulière à la communication verbale et non verbale de votre interlocuteur dans les moments de relâchement – au début et à la fin de la session ou quand quelqu'un dit quelque chose qui sort du cadre.

ANNEXE

Préparez une feuille de négociation

La négociation est une enquête psychologique. Vous pouvez gagner de la confiance en vous lançant dans une telle enquête avec un exercice préparatoire simple que nous recommandons à tous nos clients. Il s'agit de la liste de tous les principaux outils que vous prévoyez d'utiliser, comme les étiquettes et les questions calibrées, adaptées à la négociation particulière que vous entamez.

Quand la pression est là, vous ne vous hissez pas à la hauteur de la situation – vous vous placez à votre plus haut niveau de préparation.

Une mise en garde avant d'entrer plus en profondeur dans cet exercice : certains experts en négociation fétichisent la préparation à un degré tel qu'ils conseillent aux gens de créer l'équivalent de scénarios prédéterminés pour établir exactement comment la négociation se déroulera et quelles forme et substance exactes prendra l'accord. Si vous êtes arrivé jusque-là dans la lecture de ce livre, vous comprenez pourquoi c'est un marché de dupes. Non seulement une telle approche vous rendra moins agile et créatif à la table des négociations, mais elle vous rendra plus vulnérable face à ceux qui le sont.

Sur la base de mon expérience professionnelle, je crois qu'une bonne préparation initiale donne un taux de rendement de 7 pour 1 sur le temps économisé sur la renégociation des accords ou la clarification de leur mise en œuvre.

Dans l'industrie du divertissement, les gens utilisent un document qui résume un produit pour les publicitaires et pour les commerciaux, qu'ils appellent un « *one sheet* ». Dans le même esprit, nous voulons créer un « *one sheet* » de la négociation qui rassemble les outils dont nous allons nous servir.

Il compte cinq sections courtes.

Section 1 : l'objectif

Réfléchissez attentivement au meilleur et au pire scénario possible, mais n'écrivez qu'un seul objectif, qui représente le meilleur scénario.

Typiquement, les experts en négociation vous conseilleront de vous préparer en établissant une liste : votre limite la plus basse ; ce que vous voulez vraiment ; comment vous comptez y arriver ; et des contre-arguments à opposer à votre interlocuteur.

Mais cette préparation spécifique échoue de bien des façons. Elle manque d'imagination et conduit à la dynamique prévisible offre/contre-offre/coupons la poire en deux. En d'autres termes, elle aboutit à des résultats, mais souvent médiocres.

La pièce centrale de cette dynamique de préparation traditionnelle – et son talon d'Achille le plus grand – s'appelle le Batna (Mesore, en français).

Roger Fischer et William Ury ont forgé l'expression dans leur best-seller de 1981, *Getting to Yes*, et l'acronyme signifie *Best Alternative to a Negotiated Agreement* (« meilleure solution de rechange »). Pour l'essentiel, c'est la meilleure option possible pour vous si les négociations échouent. Votre dernier recours. Disons que vous êtes chez un concessionnaire automobile et que vous cherchez à vendre votre vieille BMW série 3. Si un autre concessionnaire vous a déjà fait une offre écrite pour 10 000 dollars, voilà votre Mesore.

Le problème, c'est que la Mesore pousse les négociateurs à viser bas. Des chercheurs ont montré que les hommes ont une capacité limitée à rester concentrés dans des situations complexes et stressantes. Et donc, quand la négociation est en cours, nous avons tendance à être attirés par le point focal qui a le plus de signification psychologique pour nous.

Dans ce contexte, être obsédé par une Mesore fait qu'elle devient votre cible, fixant ainsi la limite supérieure de ce que vous allez demander. Après avoir passé des heures sur une Mesore, vous concédez mentalement tout ce qui va plus loin qu'elle.

Dieu sait qu'il est séduisant de viser bas. L'estime de soi est un facteur énorme dans la négociation, et nombreux sont ceux qui se fixent des objectifs modestes afin de la protéger. Il est plus simple de crier victoire quand vous visez bas. C'est pourquoi certains experts en négociation affirment que beaucoup de personnes qui pensent avoir des objectifs *win-win* (« gagnant-gagnant ») ont en réalité une mentalité *win-wimp* (« gagnant-poule mouillée »). Le négociateur de ce type se concentre sur sa limite la plus basse, et c'est généralement là qu'il arrive.

Et donc, si la Mesore n'est pas au centre de votre stratégie, qu'est-ce qui devrait y figurer ?

Je dis à mes clients que cela fait partie de leur préparation de penser aux résultats extrêmes : le meilleur et le pire. Si vous avez réfléchi aux deux côtés, vous serez prêt à tout. Sachez ce que vous ne pouvez pas accepter et ayez une idée du meilleur résultat possible, mais gardez à l'esprit que, comme il y a encore des informations à obtenir de la partie adverse, il se pourrait que le meilleur scénario possible soit encore surpassé.

Souvenez-vous bien de cela : ne soyez jamais sûr de ce que vous voulez au point de ne pas accepter une meilleure offre. Quand vous placez la flexibilité aux premières loges de votre esprit, vous arrivez dans une négociation avec un état d'esprit de vainqueur.

Imaginons que vous vendez de vieux baffles parce que vous avez besoin de 100 dollars pour un nouveau jeu d'enceintes. Si vous vous focalisez sur ce minimum de 100 dollars, vous allez vous détendre quand vous entendrez ce chiffre et c'est ce que vous en tirerez. Mais si vous savez qu'elles sont en vente dans les magasins hi-fi d'occasion pour 140 dollars, vous pourriez vous fixer un objectif maximal de 150 dollars tout en restant ouvert à de meilleures offres.

Si je conseille de penser à une fourchette entre le meilleur et le pire pour que mes clients aient la sécurité d'une structure, je leur recommande – quand on en vient à ce qu'il faut vraiment mettre sur sa feuille de négociation – de s'accrocher à l'objectif maximal, qui vous motivera et focalisera vos pouvoirs psychologiques, vous préparant à considérer que vous faites une « perte » avec tout ce qui est en deçà. De décennies de recherches sur le fait de se fixer des objectifs, il ressort clairement que les gens qui se fixent des buts précis – qui représentent un défi mais sont réalistes – obtiennent de meilleurs accords que ceux qui ne se fixent pas de but ou simplement qui chercheront à faire de leur mieux.

En deux mots : ce sont ceux qui attendent le plus (et qui le formulent) qui obtiennent le plus. Voici les quatre étapes pour fixer votre objectif :

— Fixez un objectif optimiste mais raisonnable et définissez-le clairement.
— Écrivez-le.
— Débattez de votre objectif avec un collègue (c'est plus dur de se dégonfler ensuite).
— Suivez ce but écrit pendant la négociation.

Section 2 : les résumés

Résumez et écrivez en quelques phrases les faits établis qui ont mené à la négociation.

Vous devez avoir des sujets de conversation au-delà d'une évaluation intéressée de ce que vous voulez obtenir. Et vous avez intérêt à être prêt à répondre avec empathie tactique aux arguments de votre interlocuteur ; à moins qu'elle ne soit incompétente, la partie adverse arrivera en étant préparée à défendre une interprétation des faits qui l'avantage.

Mettez-vous au diapason dès le commencement.

Vous devez décrire clairement la configuration du terrain avant de penser à agir sur la situation. Pourquoi êtes-vous là ? Que voulez-vous ? Que veulent-ils ? Pour quelles raisons ?

Vous devez être capable de résumer la situation d'une façon telle que votre interlocuteur répondra « c'est vrai ». S'il ne le fait pas, vous vous y êtes mal pris.

Section 3 : les étiquettes et l'audit des accusations

Préparez trois à cinq étiquettes pour procéder à un audit des accusations.

Anticipez la façon dont votre interlocuteur ressent les faits que vous venez de synthétiser. Dressez une liste succincte de toutes les accusations qu'il pourrait formuler – aussi injustes ou ridicules qu'elles paraissent. Puis transformez chaque accusation en une liste comprenant cinq étiquettes au maximum ; prenez du temps pour les répéter.

Il existe des étiquettes que l'on peut adapter à presque toutes les situations pour tirer des informations de son interlocuteur ou pour désamorcer un reproche :

On dirait que ________ a de la valeur pour vous.
On dirait que vous n'aimez pas ________.
On dirait que vous accordez de l'importance à ________.
On dirait que ________ rend les choses plus faciles.
On dirait que vous êtes réticent à ________.

Par exemple, si vous cherchez à renégocier le bail d'un appartement pour permettre des sous-locations et que vous savez que le propriétaire y est opposé, les étiquettes que vous aurez préparées seront du style « on dirait que vous n'appréciez pas beaucoup les sous-locations » ou « on dirait que vous cherchez de la stabilité avec vos locataires ».

N'oubliez pas que, quand vous proposez une étiquette – surtout celles qui concernent une accusation –, elle devrait être précédée par des affirmations d'empathie tactique focalisées sur la reconnaissance de leur vision d'eux-mêmes (pourquoi ils pensent qu'ils sont formidables).

Section 4 : les questions calibrées

Préparez trois à cinq questions calibrées afin de révéler ce qui a de l'importance pour vous et votre interlocuteur, et de repérer et surmonter les potentiels obstacles à un accord.

Les négociateurs efficaces regardent au-delà des positions défendues par leurs interlocuteurs (*ce que* la partie adverse demande) et plongent dans leurs motivations sous-jacentes (*ce qui fait* qu'ils veulent ce qu'ils veulent). Ce sont les motivations qui les préoccupent et ce sont elles qu'ils cherchent, voire qu'ils désirent avidement.

Comprendre ce qui préoccupe la partie adverse paraît simple, mais nos présupposés se mettent souvent en travers de la route. La plupart d'entre nous ont tendance à supposer que les besoins de la partie adverse sont en conflit avec les nôtres. Nous avons tendance à limiter notre champ de vision à nos problèmes et enjeux, et à oublier que la partie adverse a ses propres enjeux, fondés sur sa propre vision du monde. Les grands négociateurs regardent par-delà leurs œillères et sont d'une curiosité inlassable sur ce qui motive réellement la partie adverse.

L'auteur de la saga *Harry Potter*, J. K. Rowling, résume ce concept avec une citation limpide : « Vous devez accepter la réalité des autres. Vous pensez que la réalité est négociable, que, pour nous, la réalité est ce que vous avez décrété. Vous devez accepter que nous sommes aussi réels que vous ; vous devez accepter que vous n'êtes pas un dieu. »

Il y a un petit groupe de questions de type « quoi » et « comment » que vous allez utiliser dans presque toutes les situations. En voici quelques-unes :

Qu'est-ce que nous essayons d'accomplir ?
Comment cela peut-il être utile ?
Quel est l'enjeu central ici ?
Comment cela affecte-t-il les choses ?
Quel est le plus gros défi auquel vous faites face ?
Comment cela s'adapte-t-il à l'objectif ?

Quelques questions pour débusquer les obstacles à un accord en arrière-plan

Quand la mise en œuvre se fait de façon collective, le soutien du groupe est fondamental. Vous devez personnaliser vos questions calibrées pour repérer et mettre au jour les motivations de ceux qui sont au second plan, notamment :

Comment cela affecte-t-il le reste de votre équipe ?

Quel est le degré de soutien des gens qui ne participent pas à cette réunion ?

Quel est le principal défi à relever dans ce domaine selon vos collègues ?

Quelques questions pour trouver et atténuer les enjeux qui risquent de faire échouer l'accord

Les personnes les plus influentes en interne sont souvent les plus à l'aise avec la situation telle qu'elle est. Le changement peut leur donner l'impression qu'ils n'ont pas fait ce qu'il fallait. Dans une telle négociation, votre dilemme est : comment peuvent-ils faire bonne figure face à ce changement ?

Vous serez tenté de vous concentrer sur l'argent, mais mettez ça de côté pour le moment. Un pourcentage étonnamment élevé de négociations repose sur des éléments non monétaires. Souvent, ça a plus à voir avec l'estime de soi, le statut, l'autonomie et autres besoins non financiers.

Pensez à ce qu'ils jugent être en train de perdre. N'oubliez jamais qu'une perte marque au moins deux fois plus qu'un gain équivalent.

Par exemple, la personne avec qui vous négociez peut hésiter à installer le nouveau système comptable dont elle a besoin (et que vous vendez) parce qu'elle ne veut pas courir le risque de rater quelque chose avant son évaluation annuelle qui a lieu dans quatre mois. Au lieu de baisser votre prix, vous pouvez proposer de l'aider à impressionner son supérieur, et le faire de façon sûre, en promettant de terminer l'installation en quatre-vingt-dix jours, avec garantie.

Des questions pour révéler les problèmes qui peuvent nuire à un accord

Contre quoi nous battons-nous ici ?

Quel est le plus grand défi que vous affrontez ?

Comment ce marché que vous conclurez avec nous modifiera-t-il la situation ?

Que se passe-t-il si vous ne faites rien ?

Qu'est-ce que cela vous coûte de ne rien faire ?

Comment la signature de cet accord fait-elle écho à ce dont s'enorgueillit votre entreprise ?

Il est souvent très efficace de poser ces questions par groupe de deux ou trois, puisqu'elles sont suffisamment similaires pour aider votre interlocuteur à penser à la même chose sous différents angles.

Chaque situation est unique, bien entendu, mais choisir le bon mélange de ces questions poussera votre interlocuteur à révéler des informations sur ce qu'il veut et sur ce dont il a besoin – et simultanément l'incitera à considérer les choses de votre point de vue.

Préparez-vous à le relancer avec des étiquettes quand il répondra à vos questions calibrées.

Le fait d'avoir préparé des étiquettes vous permettra de renvoyer rapidement les réponses à votre interlocuteur. Ainsi, il continuera à vous donner plus d'informations nouvelles. Une fois de plus, ce sont des étiquettes standard que vous pouvez employer rapidement sans trop y réfléchir :

On dirait que ______ est important.

On dirait que vous avez le sentiment que mon entreprise est dans une position unique pour ________.

On dirait que vous craignez que ________.

Section 5 : les offres non monétaires

Préparez une liste de biens non monétaires que possède votre interlocuteur et qui pourraient être de valeur.

Demandez-vous : « Que pourrait-il m'offrir qui me donnerait presque envie de travailler gratuitement ? » Repensez à l'anecdote que j'ai racontée quelques chapitres plus haut au sujet de mon travail pour l'association d'avocats : l'intérêt de mon interlocuteur était de me donner aussi peu d'argent que possible afin de se faire bien voir de son conseil d'administration. Nous avons finalement trouvé l'idée suivante : ils me paieraient en partie en me consacrant un article de une dans leur magazine. Ça ne leur coûtait pas grand-chose et cela servait considérablement mes intérêts.

Remerciements

Ce livre n'aurait pas été possible sans l'aide de mon fils Brandon. Il s'est impliqué pour m'aider à façonner et à développer ces idées depuis que j'ai commencé à enseigner à l'université de Georgetown. Au début, il n'était là que pour filmer les cours, mais il m'apporta aussi des retours sur la façon dont ça se passait et ce qui fonctionnait. Pour être honnête, il a commencé à négocier avec moi dès l'âge de 2 ans. Je le sais depuis que j'ai découvert qu'il utilisait l'empathie pour ne pas avoir d'ennuis avec son proviseur adjoint au lycée. Lors de ma première réunion avec mon brillant coauteur, Tahl Raz, Brandon était présent pour que l'information continue à circuler au fur et à mesure que Tahl l'absorbait. Lors du premier rendez-vous d'étape avec mon éditrice extraordinaire, Hollis Heimbouch, celle-ci m'interrogea sur le rôle de Brandon. Tahl répondit qu'avoir Brandon avec nous, c'était comme avoir un autre Chris dans la pièce. Brandon a été indispensable.

Tahl Raz est un pur génie. Sans lui, je ne serais pas allé au bout de mes limites en écrivant ce livre. C'est aussi simple que ça. Je n'en reviens pas de son intelligence, de la vitesse à laquelle il comprend. C'est un vrai artiste de l'écriture de livres sur le monde des affaires. Et c'est aussi une personne formidable.

Steve Ross, mon agent, est un homme intègre, qui a été parfait pour ce livre. Il connaît admirablement bien le marché et a permis à cet ouvrage d'exister. J'ai de la chance de le connaître.

Hollis Heimbouch assure ! Je suis enchanté qu'elle dirige l'équipe d'HarperCollins et qu'elle ait cru suffisamment en ce projet pour l'acquérir. Merci, Hollis.

Merci à Maya Stevenson d'avoir rejoint l'équipe de Black Swan et d'avoir veillé à notre cohésion. C'est grâce à toi que nous allons plus loin.

Sheila Heen et John Richardson sont deux personnes extraordinaires. Ce sont elles qui ont réellement ouvert la voie en montrant que ces idées sur la négociation visant à libérer des otages appartenaient au monde de l'entreprise. Sheila fut mon enseignante à la Harvard Law School. Elle m'inspira par sa façon d'enseigner et par sa personnalité. Deux ans plus tard, elle me proposa d'enseigner à ses côtés. John me demanda d'enseigner la négociation commerciale internationale à Harvard avec lui un an plus tard. Il me guida tout au long de ce processus, et cela me donna ensuite l'opportunité de devenir assistant à Georgetown. Quand rien n'avançait pour moi, John et Sheila furent présents. Sans eux, je ne sais pas où je serais maintenant. Qu'ils en soient remerciés.

Gary Noesner était mon mentor au FBI. Il inspira et refonda le monde de la négociation avec les preneurs d'otages (avec l'aide de son équipe à la Crisis Negotiation Unit, CNU). Il me soutint, quoi que je décide de faire. Il me nomma négociateur principal du FBI pour les kidnappings à l'étranger. Je pouvais appeler Gary à 5 heures du matin et lui annoncer que je montais dans un avion dans trois heures pour me rendre sur la scène d'un enlèvement et il me répondait : « Vas-y. » Son soutien ne faiblit jamais. À la CNU, il rassembla la brochette de négociateurs spécialisés dans les prises d'otages la plus talentueuse de tous les temps. La CNU atteignit des sommets quand nous étions là. Aucun d'entre nous n'avait conscience de sa chance. John Flood, Vince Dalfonzo, Chuck Regini, Winnie Miller, Manny Suarez, Dennis Braiden, Neil Purtell et Steve Romano étaient tous des virtuoses. À vos côtés, j'ai beaucoup appris. Je me demande comment Chuck a pu me supporter comme partenaire. Dennis fut un mentor et un très bon ami. J'étais constamment en désaccord avec Vince, et j'ai progressé grâce à son talent.

J'ai également appris aux côtés de toutes les personnes qui travaillaient dans la Critical Incident Negotiation Team du FBI. Merci à eux.

Tommy Corrigan et John Liguori furent mes frères quand j'étais à New York. Nous avons réalisé des choses extraordinaires tous les trois. Encore aujourd'hui, je suis inspiré par le souvenir de Tommy Corrigan. J'ai eu le privilège d'être membre de la Joint Terrorist Task Force. Nous combattions le Mal. Richie DeFilippo et Charlie Beaudoin furent des partenaires exceptionnels dans l'équipe de négociation de crise. Merci à vous deux pour tout ce que vous m'avez enseigné.

Hugh McGowan et Bob Louden, de l'équipe de négociation avec les preneurs d'otages du NYPD, partagèrent avec moi leurs connaissances. Vous avez été des atouts indispensables pour le monde de la négociation avec des preneurs d'otages. Merci.

Derek Gaut a été un incroyable associé dans la région métropolitaine de Washington. Derek pige tout. Merci, Derek. Kathy Ellingsworth et son défunt mari, Bill, ont été des amis précieux et j'ai pu tester avec eux de nouvelles idées. Je suis reconnaissant pour votre soutien et votre amitié.

Tom Strentz est le parrain du programme de négociation de crise et en situation de prise d'otages et a été un ami sans faille. Je n'arrive pas à croire qu'il réponde encore quand je l'appelle.

Mes étudiants à Georgetown et à l'université de Californie du Sud, USC, ont démontré que ces idées fonctionnaient dans tous les domaines. Plus d'un étudiant a cessé de respirer quand je le regardais et que je disais : « J'ai besoin d'un véhicule dans soixante secondes, ou alors elle mourra. » Merci de m'avoir accompagné. Georgetown et l'USC ont été deux endroits extraordinaires pour enseigner, véritablement dévoués à l'enseignement supérieur, aux standards académiques les plus élevés et au succès de leurs étudiants.

Bénis soient les otages et leurs familles qui m'ont accepté pendant leurs heures les plus sombres pour que j'essaie de les aider. Je suis reconnaissant d'être encore en contact avec certains d'entre vous. Quelle sagesse dans l'univers a décidé que vos épreuves étaient nécessaires, je l'ignore. Je fus béni par votre grâce (toute aide est bonne à prendre).

Table des matières

Composition et mise en pages
Nord Compo à Villeneuve-d'Ascq

Imprimé en France par

MAURY IMPRIMEUR
à Malesherbes (Loiret)
en novembre 2019

N° d'impression : 240625
S29637/01